Wolfram Gieseke

Android-Tablets

Android-Tablets

optimal nutzen

WOLFRAM GIESEKE

Markt+Technik

ISBN 978-3-95982-051-6

Espenpark 1a
90559 Burgthann

Produktmanagement Christian Braun, Burkhardt Lühr
Lektorat, Herstellung Jutta Brunemann, j.brunemann@mut.de
Covergestaltung David Haberkamp
Coverfoto © kirill_makarov – Shutterstock.com
Satz inpunkt[w]o, Haiger (www.inpunktwo.de)
Druck Media-Print, Paderborn
Printed in Germany

Inhaltsverzeichnis

1. Das Android-Tablet optimal bedienen und individuell anpassen

Android-Tablets lassen sich sprichwörtlich mit dem richtigen Fingerspitzengefühl steuern. Das Grundprinzip von Tippen, Ziehen und Wischen ist nicht schwer. Mit den richtigen Kniffen geht jedoch alles noch schneller und direkter:

- Wie kann ich wichtige Apps schnell und direkt aufrufen? ➢➢ Seite 13
- Kann ich Apps thematisch in Ordnern sortieren und zusammenfassen? ➢➢ Seite 23
- Wie lassen sich nicht benötigte Symbole vom Bildschirm entfernen? ➢➢ Seite 47
- Wie kann ich ein eigenes Hintergrundbild verwenden? ➢➢ Seite 24
- Wie kann ich Informationen wie neue E-Mails, Twitter-Nachrichten oder Facebook-Updates am schnellsten sehen? ➢➢ Seite 29
- Wie kann ich eine App im Hintergrund weiterlaufen lassen, während ich mit einer anderen arbeite? ➢➢ Seite 46
- Wie kann ich nervige ständige Benachrichtigungen von bestimmten Apps unterdrücken? ➢➢ Seite 35
- Wie kann ich die Zuordnung eines Dateityps zu einer App wieder aufheben? ➢➢ Seite 34
- Wie kann ich mein Tablet per Sprachsteuerung noch komfortabler nutzen? ➢➢ Seite 42
- Welche Bedienmöglichkeiten bietet der Touchscreen außer einfachem Antippen noch? ➢➢ Seite 18
- Wie funktionieren Multitouch-Gesten? ➢➢ Seite 19

Das erste Einschalten und Einrichten

Wenn Sie ein ganz neues Android-Tablet zum ersten Mal einschalten, wird automatisch ein Setup-Assistent gestartet. Der hilft Ihnen dabei, das Tablet in Betrieb zu nehmen und mit einem Google-Konto zu verknüpfen. Sollten Sie das schon erledigt haben, können Sie diesen Abschnitt schnell überspringen.

Gerät zurücksetzen und von vorne starten

Falls Sie noch mal frisch von vorne starten möchten, wechseln Sie in die *Einstellungen*, tippen dort im Bereich *Nutzer* auf *Sichern & zurücksetzen* und anschließend auf den Punkt *Auf Werkszustand zurück*. Achtung: Durch diesen Vorgang gehen sämtliche auf dem Tablet gespeicherten Daten – also auch Fotos, E-Mails, Chatverläufe etc. – verloren. Nur der Inhalt einer eingelegten SD-Karte bleibt unversehrt. Entspricht das Ihrer Absicht, bestätigen Sie den Vorgang mit *Tablet zurücksetzen*. Beim anschließenden Neustart tritt der im Folgenden beschriebene Assistent in Aktion.

1 Im Willkommen-Dialog können Sie zunächst Ihr Land auswählen.

2 Jetzt ist es wichtig, dass Sie ein WLAN einrichten, denn im weiteren Verlauf benötigen Sie eine Internetverbindung. Wählen Sie dazu den Namen Ihres WLAN durch Antippen aus und tippen Sie mit der eingeblendeten virtuellen Tastatur das dazugehörige Passwort ein. Wenn die Verbindung hergestellt wurde, setzen Sie den Vorgang mit *Weiter* fort.

3 Wenn Sie bereits ein anderes Android-Smartphone oder -Tablet besitzen und beide NFC beherrschen, können Sie viele der Einstellungen direkt auf diesem Wege übertragen. Halten Sie dazu beide Geräte eingeschaltet, entsperrt und mit aktiviertem NFC kurz mit dem Rücken aneinander. Folgen Sie dann den Anweisungen des Assistenten zur Datenübernahme. (Dieser Schritt wird bei Tablets ohne NFC-Funktion ausgelassen.)

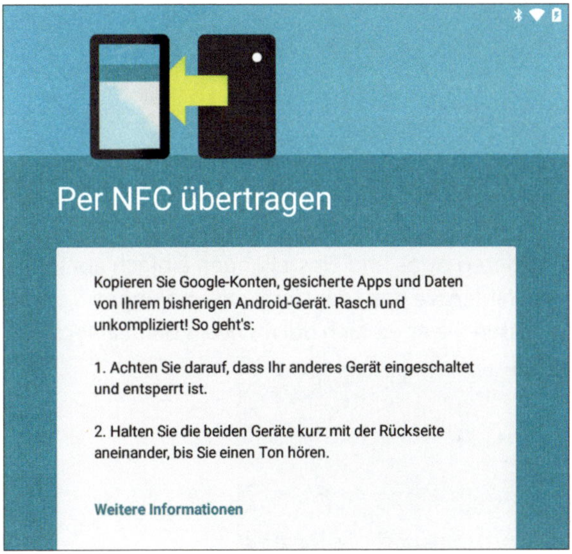

4 Als Nächstes können Sie ein Google-Konto hinzufügen. Das kann ich nur empfehlen, denn andernfalls können Sie den größten App-Store für Android-Apps nicht nutzen. Es gibt zwar Alternativen, aber keine ist so bequem und einfach wie der Weg über den Google Play Store (siehe Seite 61).

Haben Sie schon ein Google-Konto, tippen Sie diese E-Mail-Adresse ein und melden sich an. Ansonsten tippen Sie auf *Oder ein neues Konto erstellen* (siehe auch Seite 62). Mit *Überspringen* können Sie diesen Vorgang auch auf später verschieben.

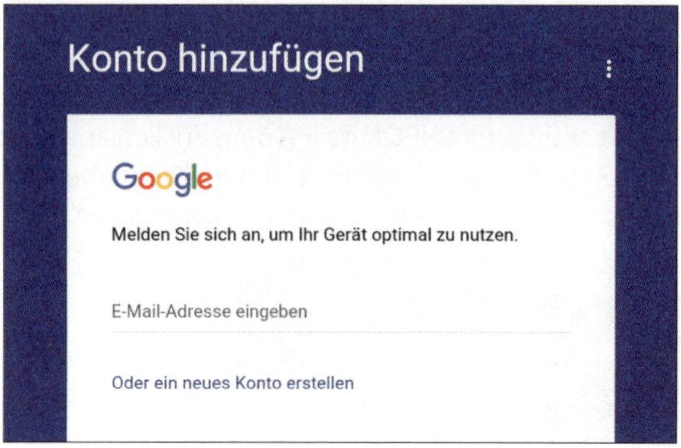

5 Wenn Sie das verwendete Google-Konto bereits auf einem anderen Android-Gerät genutzt haben (egal ob Smartphone oder Tablet), können Sie die dort verwendeten Apps und Einstellungen einfach auf Ihr neues Tablet übertragen. Wählen Sie dazu das Gerät aus und tippen Sie auf *Weiter*. Andernfalls belassen Sie es einfach bei *Als neues Gerät einrichten*.

6 Zu den Vorteilen eines Google-Kontos gehört die Möglichkeit, Daten Ihres Tablets zu sichern. Diese können später nach einem Defekt oder auch auf anderen Geräten wiederhergestellt werden. Durch Standortdienste kennt Ihr Smartphone stets Ihren aktuellen Aufenthaltsort und kann Ihnen mitteilen, wo die nächste Haltestelle ist, wann der nächste Bus kommt oder welches Wetter Sie in den nächsten Stunden erwartet.

7 Glückwunsch, Sie sind fertig. Wenn Sie während des Einrichtens ein bestehendes Google-Konto angegeben haben, werden Ihre E-Mails sowie gegebenenfalls Kontakte und Termine direkt auf Ihr Tablet geladen. Benutzen Sie ein E-Mail-Postfach eines anderen Anbieters, lesen Sie auf Seite 151, wie auch diese Nachrichten ganz schnell auf Ihrem neuen Tablet ankommen.

Wichtige Touch-Gesten für eine einfache und komfortable Bedienung

Die Bedienung eines Tablets per Touchscreen ist zunächst einmal intuitiv und einfach: Man tippt auf dem Bildschirm ein Symbol, ein Menü oder ein Auswahlfeld an, um eine Funktion auszuführen. Ihr Touchscreen kann aber noch mehr. So finden sich viele Entsprechungen zu den Mausaktionen, die Sie von Ihrem PC kennen.

Wischen statt Scrollen

Auch auf ein großes Tablet-Display passt längst nicht immer alles drauf. Wo Sie beim PC mit der Maus scrollen würden, können Sie beim Touchscreen wischen: Sie setzen den Finger auf den Bildschirm und ziehen ihn dann in die Richtung, in die sich der Inhalt bewegen soll.

Das funktioniert bei längeren Webseiten oder E-Mails, aber z. B. auch in Menüs mit Befehlslisten.

Tipp: Wenn Ihnen irgendwo Inhalt „fehlt", wischen Sie einfach mal auf Verdacht hin und her. Vielleicht geht es in einer Richtung noch weiter.

Länger antippen statt rechte Maustaste

Neben dem einfachen kurzen Antippen können viele Objekte auch länger angetippt werden. Sie setzen also den Finger darauf und lassen ihn ein paar Sekunden dort ruhen, bis ein Menü angezeigt wird oder Sie eine haptische Rückmeldung durch eine kurze Vibration erhalten.

Tipp: Durch längeres Antippen lassen sich in vielen Situationen Kontextmenüs mit zusätzlichen Funktionen öffnen (siehe Seite 44).

Doppeltipp statt Doppelklick

Auch eine Entsprechung für den Doppelklick gibt es bei Android. Das Doppeltippen wird vom Betriebssystem selbst allerdings nur selten genutzt. Apps aber können auf diese Funktion zurückgreifen.

Tipp: Wenn Sie im Webbrowser doppeltippen, wird der Inhalt einer Webseite automatisch optimal an die Bildschirmgröße angepasst.

Multitouch-Gesten für Zoom und Rotieren

Fast alle Android-Tablets unterstützen Multitouch-Gesten, bei denen Sie den Bildschirm gleich mit mehreren Fingern berühren. Das ermöglicht weitere intuitive Funktionen. So lässt sich z. B. das Vergrößern (Zoomen) von Bildschirminhalten erledigen:

1 Platzieren Sie zwei Fingerspitzen – praktisch sind z. B. Daumen und Zeigefinger – dicht nebeneinander über dem zu verändernden Bildschirminhalt, etwa einem angezeigten Bild.

2 Bewegen Sie die Fingerspitzen auf dem Bildschirm auseinander, um den Inhalt zu vergrößern, sozusagen auseinanderzuziehen. Die Veränderung erfolgt in Echtzeit unter Ihren Fingerspitzen.

3 Haben Sie die gewünschte Vergrößerung erreicht, nehmen Sie beide Finger gleichzeitig vom Bildschirm weg. Der Inhalt verbleibt in der eingestellten Darstellung.

Verkleinern funktioniert genau umgekehrt: Setzen Sie die Fingerspitzen möglichst weit voneinander entfernt auf und ziehen Sie sie dann aufeinander zu.

Auch das Rotieren von Bildern können Sie per Multitouch-Geste erledigen. Platzieren Sie wiederum zwei Fingerspitzen zugleich auf dem Bild und führen Sie damit eine rotierende Bewegung in die gewünschte Richtung aus. Das Bild dreht sich unter Ihren Fingern mit.

Android-Einstellungen: die Werkzeugkiste zum Anpassen und Optimieren

Ihr Android-Tablet lässt sich über eine Vielzahl von Einstellungen optimieren und an Ihre Bedürfnisse sowie persönlichen Vorlieben anpassen. Deshalb werde ich Sie in diesem Buch immer wieder in die *Einstellungen* „schicken", um dort die eine oder andere Option zu verändern. Auf den ersten Blick ist die Vielzahl der Einstellungen etwas unübersichtlich, aber eigentlich ist alles sinnvoll strukturiert. Zum Einstieg zeige ich Ihnen, wie Sie schnell in die *Einstellungen* gelangen und sich dort gut zurechtfinden. In den weiteren Anleitungen beschreibe ich dann jeweils genau, wo Sie eine bestimmte Einstellung finden können.

Abweichende Gestaltung der Einstellungen bei einzelnen Herstellern

Im Folgenden zeige ich die Einstellungen, wie sie bei einem „unverbauten" Android-System von Google vorzufinden sind. Auf Ihrem Tablet können die Einstellungen etwas anders aussehen. Zum einen verfügen manche Geräte über spezielle Funktionen, wofür die Einstellungen ergänzt werden müssen. Zum anderen gestalten einige Hersteller – insbesondere Samsung – die Einstellungen gern um. Auch wenn die Optik und Aufteilung etwas anders sein mag, bleiben die Grundprinzipien aber die gleichen und Sie dürften sich nach einer kurzen Orientierungsphase gut zurechtfinden.

1 Das wichtigste Element für die *Einstellungen* ist das gleichnamige Symbol. Im Prinzip werden die Android-Einstellungen nämlich wie eine App behandelt, die Sie jederzeit aufrufen können. Diese App finden Sie immer in der App-Übersicht, die Sie mit dem App-Symbol in der Favoritenleiste öffnen können.

2 Die App-Übersicht ist im Allgemeinen alphabetisch geordnet, manche Hersteller bieten zusätzlich andere Sor-

tierungsmöglichkeiten an, wobei Sie aber immer zur alphabetischen Sortierung wechseln können. Damit sollte es kein Problem sein, das Symbol für die *Einstellungen* ausfindig zu machen und durch einfaches Antippen zu starten.

3 Die *Einstellungen* sind eine lange Liste von Menüpunkten, die allerdings grob in Kategorien wie *Drahtlos & Netzwerke*, *Gerät* oder *Nutzer* unterteilt sind. Alle diese Rubriken enthalten Unterpunkte, die ihrerseits direkt zu den entsprechenden Optionen oder bei komplexeren Themengebieten zunächst in weitere Untermenüs führen.

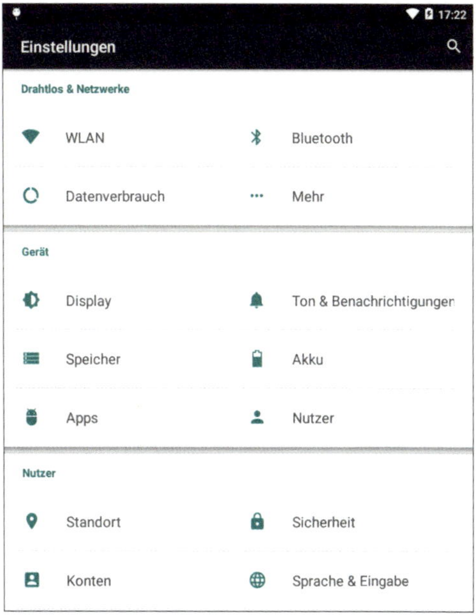

4 Teilweise finden Sie direkt in den Menüs auf der rechten Seite Schalter, mit denen Sie Funktionen wie WLAN oder Bluetooth direkt ein- und ausschalten können. Tippen Sie in diesem Fall rechts auf die Schalter zum Aktivieren oder Deaktivieren. Tippen Sie hingegen links auf den Text des Menüeintrags, um das Untermenü für weitere Optionen zu öffnen.

Die Optionen in den *Einstellungen* sind ebenso zahlreich wie vielfältig. Von angedeuteten Schaltern über klassische Kästchen bis hin zu komplexen Auswahlmenüs ist alles dabei. Wie bereits erwähnt, führen viele Anleitungen in diesem Buch in die Einstellungsmenüs und beschreiben dabei auch, wie welche Einstellungen vorzunehmen sind. Spätestens am Ende dieses Buches dürften Sie die Android-Einstellungen also gut beherrschen und Ihr Tablet jederzeit beliebig in Ihrem Sinne konfigurieren können.

Kein Rückgängigmachen für Einstellungen

Ein kleiner Hinweis sei noch erlaubt: Es gibt für die *Einstellungen* keine Rückgängig-Funktion, mit der Sie einfach zur letzten Konfiguration zurückkehren können, wenn es nicht so klappt wie geplant. Selbstverständlich können Sie jederzeit manuell zur vorherigen Konfiguration zurückkehren, indem Sie Ihre Änderungen manuell zurücknehmen. Dazu ist es gegebenenfalls sinnvoll, sich die vorherige Einstellung einer Option zu notieren.

Oft genutzte Apps und Funktionen auf dem Bildschirm platzieren

In der App-Übersicht finden Sie alle Programme Ihres Tablets jederzeit zusammengefasst. Sie öffnen die Übersicht mit dem App-Symbol in der Mitte der Favoritenleiste, die auf jeder Startseite unten oder am Seitenrand angezeigt wird. Häufig genutzte Apps sollten Sie aber besser direkt auf den Startseiten platzieren, damit Sie schneller darauf zugreifen können.

1 Lassen Sie zunächst die Startseite anzeigen, auf der Sie die App platzieren möchten, und öffnen Sie dann mit dem App-Symbol die App-Übersicht.

2 Tippen Sie hier die gewünschte App an und lassen Sie den Finger darauf, bis das Gerät automatisch wieder zur Startseite wechselt.

3 Sie halten das Symbol nun weiter „in der Hand“, solange Sie den Finger nicht vom Bildschirm entfernen. Ziehen es mit dem Finger an die gewünschte Position. Ein Viereck zeigt die Stelle an, an der das Symbol einsortiert würde. Entspricht diese Ihrem Wunsch, nehmen Sie den Finger einfach vom Bildschirm.

> **Symbole auf dem Bildschirm verändern**
>
> Nach dem gleichen Prinzip können Sie die Positionen von Apps auf dem Bildschirm auch nachträglich beliebig verändern: antippen, bis das Symbol erfasst ist, bewegen und an der gewünschten Stelle loslassen.

App-Symbole auf andere Startseiten verlegen

Sie können mehrere Startseiten verwenden, durch die Sie sich von links nach rechts „durchwischen". Apps lassen sich bequem auch nachträglich von einer Seite auf eine andere Seite verschieben:

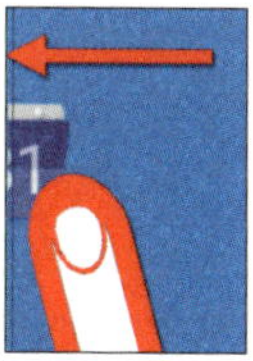

1. Tippen Sie das Symbol einer App länger an, bis sie erfasst ist.
2. Ziehen Sie nun das Symbol mit dem Finger ganz an den linken bzw. rechten Rand des Bildschirms – je nachdem, wohin Sie die App verschieben möchten.
3. Der Bildschirm wechselt dann zu der entsprechenden Seite. Hier können Sie die App loslassen oder aber damit noch einen Bildschirm weiter wandern.

Ordner mit mehreren Apps auf der Startseite anlegen

Vielleicht sind Sie es vom PC gewohnt, mit Ordnern zu arbeiten und so Ordnung auf Ihrem Bildschirm zu halten? Während man dazu bei Android früher zusätzliche Apps benötigte, bringen die aktuellen Versionen eine solche Funktion von Haus aus mit.

1. Suchen Sie sich zunächst auf der Startseite zwei App-Symbole aus, die Sie in einem Ordner zusammenfassen möchten.

2. Tippen Sie nun eines der beiden Symbole lange an, bis Sie es mit dem Finger bewegen können.
3. Ziehen Sie es dann auf das andere Symbol und entfernen Sie den Finger vom Bildschirm.

4 Damit haben Sie einen Ordner erstellt, der beide Symbole umfasst. Solche Ordner erkennen Sie an einem Kreis, der kleinere Versionen der im Ordner enthaltenen Symbole umfasst.

5 Diesem Ordner können Sie nun weitere Apps hinzufügen, indem Sie deren Symbole wie beschrieben erfassen und auf den Ordner fallen lassen.

Um einen Ordner zu „öffnen" und eine der darin enthaltenen Apps zu starten, tippen Sie einfach kurz darauf. Der Kreis erweitert sich dann zu einem rechteckigen Feld, in dem wieder jedes einzelne Symbol angewählt werden kann. Tippen Sie eines der Symbole an, wird die entsprechende App aktiviert und der Ordner automatisch wieder „geschlossen". Wie Sie aus dem Standardnamen *Unbenannter Ordner* eine individuelle Bezeichnung machen, lesen Sie auf Seite 46.

Ordner wieder entfernen

Ordner entfernen sich wie von selbst: Wenn ein Ordner nur zwei Elemente enthält und Sie eines davon mit dem Finger herausziehen, wird er automatisch aufgelöst und das verbleibende Element für sich an seiner Stelle angezeigt.

Ihr eigenes Hintergrundbild mit dem Scroll-Effekt einrichten

Mit einem eigenen Hintergrundbild können Sie Ihr Android-Tablet schnell und einfach personalisieren. Einige Besonderheiten sind allerdings zu beachten, damit es klappt und auch richtig gut aussieht.

Schnell und einfach: fertige Hintergründe auswählen

Android-Tablets bringen meist schon eine Auswahl an fertigen Hintergründen mit, die perfekt auf das Gerät abgestimmt sind.

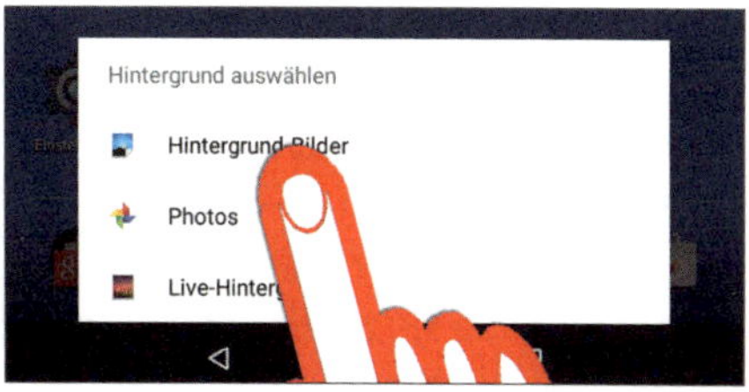

1 Tippen Sie lange auf eine freie Stelle des Startmenüs, bis der Dialog zur Auswahl des Hintergrunds angezeigt wird.

2 Wählen Sie hier als Quelle *Hintergrund-Bilder* aus.

3 Im anschließenden Dialog werden die vorhandenen, speziell für die Hintergrundgestaltung vorgesehenen Bilder angezeigt. Unten wischen Sie sich durch die horizontale Liste, das dort gewählte Bild wird jeweils oben groß angezeigt.

4 Haben Sie etwas Passendes gefunden, können Sie es mit der Schaltfläche ganz unten als *Hintergrund festlegen*.

Eigene Bilder als Hintergrund verwenden

Neben den mitgelieferten speziellen Hintergrundbildern können Sie auch eigene Bilder verwenden – entweder mit der Kamera selbst geschossene oder Bilddateien, die Sie online heruntergeladen oder vom PC auf das Gerät übertragen haben.

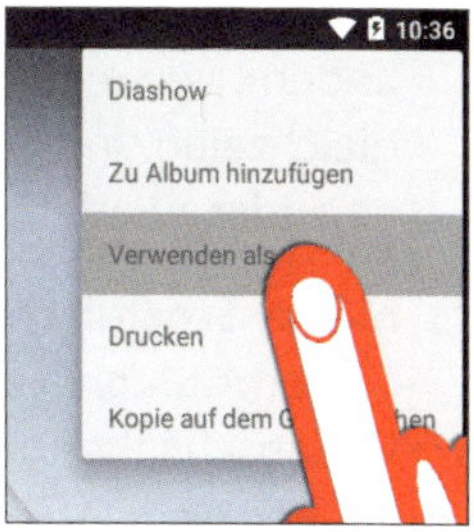

1 Während das Bild in voller Größe auf Ihrem Gerät angezeigt wird, tippen Sie oben rechts auf das Menüsymbol und wählen im Menü *Verwenden als*.

Wenn das Bild z. B. in der Galerie oder in einem Dateimanager als Symbol angezeigt wird, können Sie meist lange darauf tippen, um im Kontextmenü eine entsprechende Funktion zu finden.

2 Tippen Sie im anschließenden Dialog auf *Hintergrund*. Sollten mehrere Menüpunkte dieses Namens angeboten werden, orientieren Sie sich am Namen der App, die Sie zuvor verwendet haben, also beispielsweise *Galerie*.

Das optimale Bild für den Hintergrund

Um einen wirklich attraktiven Hintergrund zu erhalten, sollte das Bild nicht zu klein sein. Es sollte mindestens der Displaygröße Ihres Gerätes entsprechen, idealerweise aber noch etwas breiter sein. Dann wirkt der Scroll-Effekt beim Wischen durch die Startseiten am besten, weil das Hintergrundbild jeweils ein Stück „mitwandert". Als Motiv eignen sich Bilder mit wenigen Details wie Landschaften oder Texturen. Familienfotos sind meist nicht so schön, weil dann doch immer gerade irgendein Kopf oder Körper abgeschnitten ist. Außerdem lassen sich Symbole vor einem ruhigen Hintergrund besser erkennen.

3 Nun können Sie einen Bildausschnitt wählen, der genau den Dimensionen für ein Hintergrundbild entspricht. Dazu können Sie das Bild mit dem Finger so ziehen, dass der gewünschte Ausschnitt auf dem Bildschirm zu sehen ist.

4 Um die Größe des Ausschnitts zu verändern, verwenden Sie zwei Finger gleichzeitig und bewegen diese aufeinander zu oder voneinander weg.

5 Mit der Schaltfläche oben links legen Sie den Ausschnitt als Hintergrund fest. Die anschließenden Berechnungen können ein paar Sekunden dauern.

6 Dann wird das neue Hintergrundbild auch schon angezeigt.

Spektakuläre Live-Hintergründe als HD-Augenschmaus

Aktuelle Android-Tablets sind so leistungsfähig, dass Sie sich nicht mit einem statischen Hintergrundbild begnügen müssen. Stattdessen können Sie einen Live-Hintergrund verwenden, der sich beständig dynamisch verändert und Ihrem Tablet so ein attraktives Aussehen verleiht. Funktionell bringt das keine Vorteile, aber es ist einfach ein richtiger Augenschmaus.

1 Tippen Sie lange auf eine freie Stelle der Startseite, bis der Dialog zum Auswählen des Hintergrunds angezeigt wird.

2 Tippen Sie dort auf *Live-Hintergründe*.

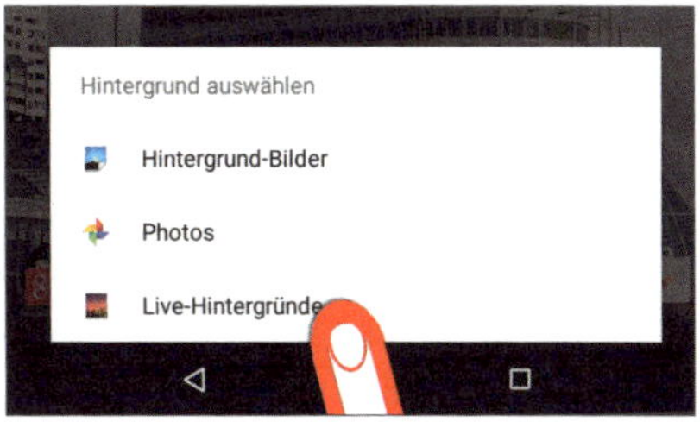

3 Dadurch wird eine Auswahl der auf Ihrem Tablet vorhandenen dynamischen Hintergründe angezeigt. Häufig gehören schon ein oder zwei zur Grundausstattung, ansonsten verrät der nachfolgende Abschnitt, wo Sie (weitere) Live-Hintergründe für Ihr Tablet finden.

4 Tippen Sie einfach einen der angebotenen Live-Hintergründe an, um ihn zu aktivieren.

5 Anschließend sehen Sie zunächst eine Vorschau dieses dynamischen Hintergrunds. Teilweise können Sie mit *Einstellungen* noch Aussehen und Verhalten anpassen. Ist alles zu Ihrer Zufriedenheit, tippen Sie auf *Hintergrund festlegen*.

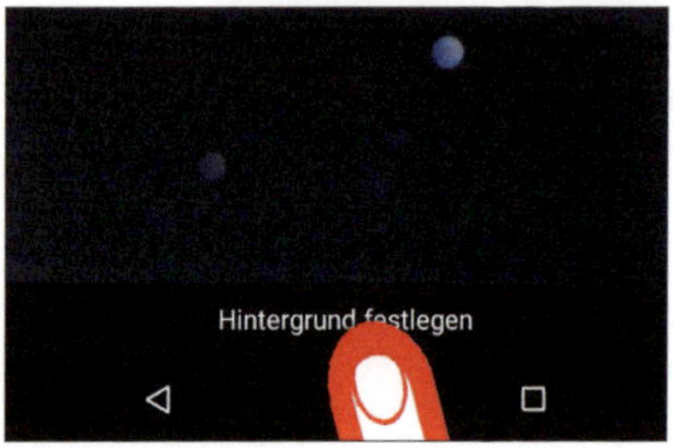

Weitere spektakuläre Live-Hintergründe finden

Der Play Store kennt eine eigene Kategorie für Live-Hintergründe.

1 Öffnen Sie im Play Store den Bereich *Apps & Spiele* und tippen Sie dort auf die Rubrik *Kategorien*.

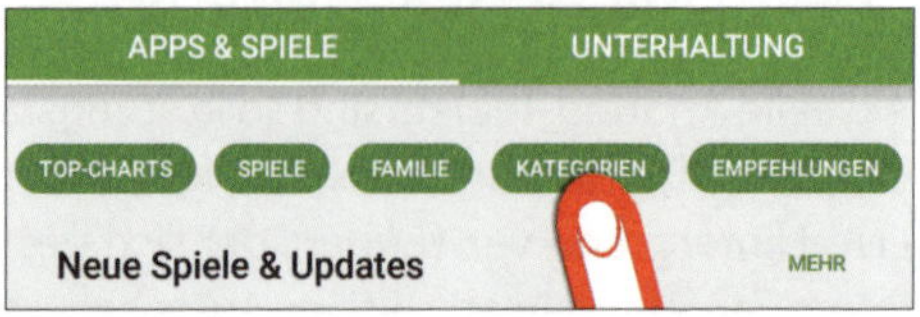

2 Suchen Sie in der Liste den Eintrag *Live-Hintergründe* und tippen Sie darauf.

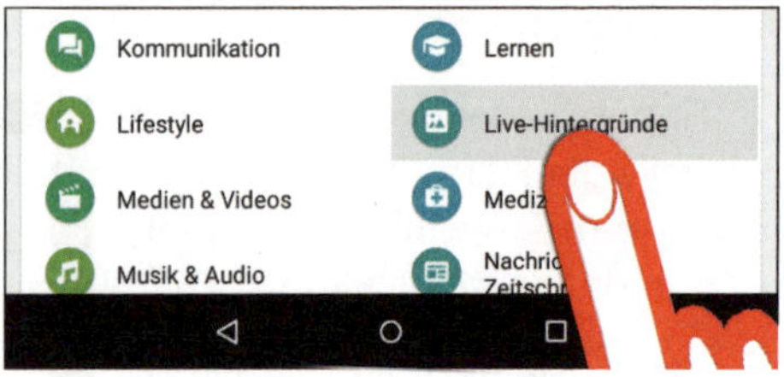

3 Der Play Store präsentiert Ihnen dann eine Vielzahl von Live-Hintergründen und Apps, die als solche verwendet werden können. Teilweise sind diese kostenlos, teil-

weise müssen sie bezahlt werden. Das Herunterladen erfolgt genau wie bei herkömmlichen Apps (siehe Kapitel 3).

Wichtige Informationen mit Widgets stets im Blick

Startseiten können nicht nur Symbole zum Starten von Apps beinhalten, sondern auch Widgets für wichtige Informationen und Funktionen. Diese können Sie selbst auswählen und nach Ihren Wünschen konfigurieren.

Was sind Widgets?

Widgets, auch Gadgets oder Minianwendungen genannt, sind kleine interaktive Programme, die direkt auf einer Startseite angezeigt und genutzt werden können. Sie verraten wichtige Informationen wie eingegangene E-Mails, zeigen die aktuelle Wetterprognose oder einfach die Uhrzeit an. Sie können aber auch interaktiv sein und Funktionen bereitstellen, wie z. B. ein kleines Formular, aus dem heraus sich direkt bei Google suchen lässt, oder die in Kapitel 8 vorgestellte schnelle Energiesteuerung.

1 Wählen Sie am besten zunächst eine Startseite aus, auf der noch Platz für weitere Elemente ist.

2 Tippen Sie in der Favoritenleiste mittig auf das App-Symbol, um die App-Übersicht zu öffnen.

Widgets bei älteren oder angepassten Android-Versionen

Bei manchen Android-Tablets ist die Vorgehensweise zum Einfügen von Widgets etwas anders, etwa bei älteren Android-Versionen oder wenn Hersteller wie Samsung die Benutzeroberfläche angepasst haben. Wenn die hier beschriebene Methode nicht zum Erfolg führt, tippen Sie lange auf eine freie Stelle einer Startseite. Dann erhalten Sie meist ein Auswahlmenü, mit dem Sie App-Symbole, Widgets oder Hintergründe hinzufügen können. Wählen Sie dann *Widgets*, um alle verfügbaren Widgets zu sehen.

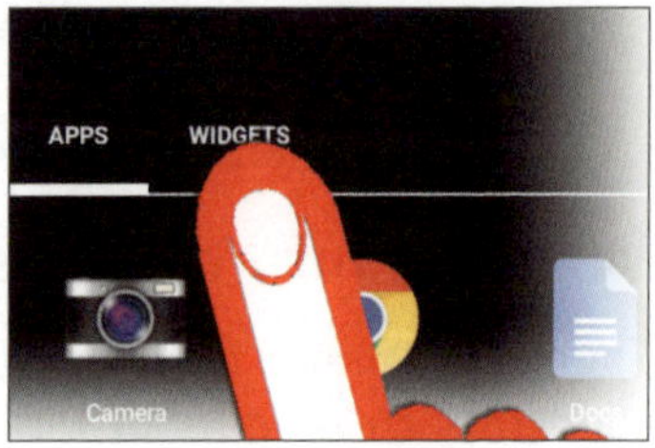

3 Damit öffnen Sie zunächst die Liste der installierten Apps. Oben finden Sie dort aber auch eine Schaltfläche für *Widgets*.

4 Sie erhalten dann eine Übersicht der verfügbaren Widgets für Ihr Tablet. Welche Widgets genau vorhanden sind, hängt von der installierten Software ab. Einige Standard-Widgets von Android sind aber immer dabei.

5 Mit Wischbewegungen können Sie sich horizontal durch die Liste bewegen. Wollen Sie eines der Widgets auf die Startseite holen, tippen Sie lange darauf.

6 Nun wird die Startseite angezeigt, und Sie können das Widget dort genauso wie ein App-Symbol platzieren. Auch hier wird der dafür benötigte Platz mit einem Kästchen angedeutet.

Widgets auf dem Bildschirm platzieren

Widgets lassen sich genauso wie die Symbole für Apps auf Startseiten platzieren, von einer Bildschirmseite auf eine andere verschieben und mit dem Papierkorbsymbol wieder entfernen.

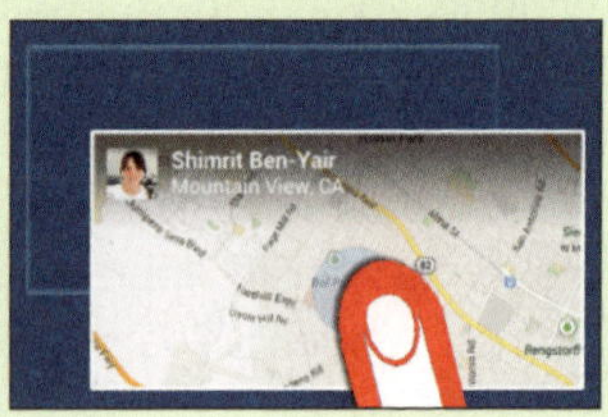

Widgets individuell konfigurieren

Einfache Widgets wie etwa die Analoguhr werden auf dem Bildschirm angezeigt und fertig. Andere Miniprogramme bieten eigene Funktionen und lassen sich individuell einstellen. Ein Beispiel dafür ist das Fotogalerie-Widget, dessen Inhalt sich so vorgeben lässt:

1 Suchen Sie in der Widget-Liste den Eintrag *Play - Meine Bibliothek* und fügen Sie dieses Widget an beliebiger Stelle in die Startseite ein.

2 Nach dem Loslassen folgt ein Dialog, in dem Sie angeben, welche Bibliothek dieses Widget genau anzeigen soll, also etwa Musik, Bücher, Filme & Serien oder Artikel aus dem Kiosk.

3 Anschließend wird ein entsprechendes Widget auf dem Bildschirm platziert.

Auf diese Weise können Sie ein Widget auch mehrfach mit verschiedenen Inhalten verwenden, beispielsweise einmal für die Musik-Bibliothek und einmal für E-Books.

Apps können Widgets mitbringen

Standardmäßig bringt Android nur eine kleine Auswahl von Widgets mit. Vielleicht hat der Hersteller Ihres Tablets aber eigene Widgets hinzugefügt. Außerdem können Sie weitere Widgets über den Play Store beziehen (siehe Kapitel 3). Vor allem aber können Apps ihre eigenen Widgets mitbringen, die spezielle Funktionen direkt auf den Startseiten anbieten. Schauen Sie also immer mal wieder in die Widget-Liste hinein, wenn Sie neue Apps installiert haben.

Zu kürzlich gestarteten Apps schnell zurückkehren

Android bietet eine praktische Abkürzung, die zuletzt gestarteten Apps und Funktionen schnell erneut zu erreichen.

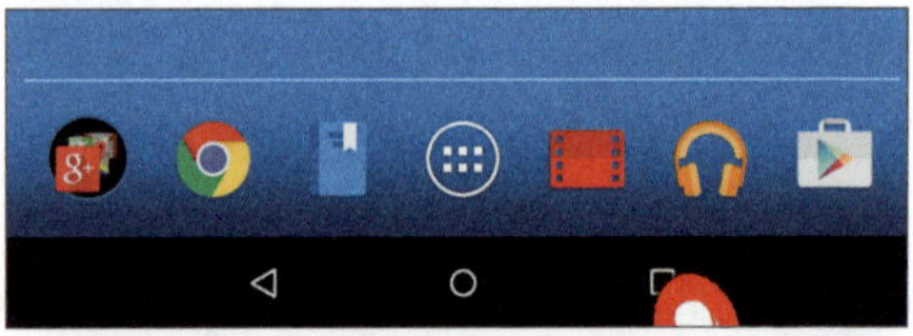

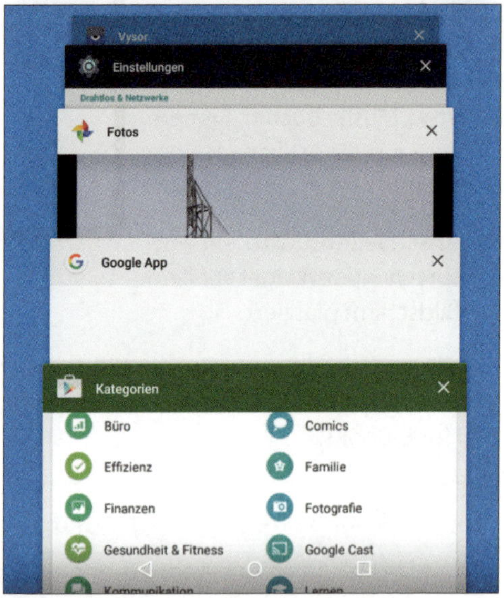

1 Tippen Sie in der Statusleiste Ihres Tablets ganz rechts auf das viereckige Verlaufssymbol.

2 Dadurch holen Sie eine Liste der zuletzt aufgerufenen Apps auf den Bildschirm. Jede App wird mit Namen, Symbol und einer aktuellen Vorschau des Inhalts aufgeführt. Tippen Sie auf die App, mit der Sie weiterarbeiten möchten.

3 Befindet sich die App noch im Speicher, kehren Sie direkt zu der Stelle zurück, an der Sie die App verlassen hatten. Andernfalls wird sie neu gestartet.

Um ein häufiges Missverständnis zu vermeiden: Die angezeigten Apps befinden sich nicht zwangsläufig noch im Arbeitsspeicher. Android zeigt einfach nur die zuletzt aufgerufenen Apps an. In vielen Fällen sind diese Apps aber tatsächlich noch im Speicher, sodass sich diese Abkürzung gut eignet, Apps aus dem Hintergrund wieder nach vorne zu holen.

Kleiner Exkurs: Anwendungen verlassen oder beenden?

Wenn Sie das Arbeiten mit einem PC gewohnt sind, erfordert Android eine gewisse Umgewöhnung. Hier gibt es zwar auch Programme (= Apps), aber man geht damit etwas anders um. Nachfolgend ein paar Tipps dazu:

- Android kann wie ein PC mehrere Programme gleichzeitig ausführen. Während eine App läuft, können Sie einfach weitere starten. Die bisherige läuft im Hintergrund weiter, und Sie können später dorthin zurückkehren.
- Sie brauchen Apps im Allgemeinen nicht zu beenden. Sie können ganz unten links in der Statusleiste Ihres Tablets das Zurück-Symbol antippen, bis von der App nichts mehr zu sehen ist.
- Sie können aber genauso direkt zur Startseite zurückkehren oder mit einer anderen App weitermachen. Die nicht mehr benötigte App verbleibt zwar noch im Speicher, wird aber vom System automatisch entladen, sobald der Platz für andere Apps benötigt wird.
- Ein ausdrückliches Speichern erstellter Inhalte ist in der Regel nicht erforderlich. Eine sauber programmierte App sorgt automatisch dafür, dass nichts verloren gehen kann.

Hintergrund: So verwaltet Android den Arbeitsspeicher

Bei Android kümmert sich das Betriebssystem sehr effektiv um den Arbeitsspeicher, sodass Sie selbst keinen Gedanken daran verschwenden müssen. Machen Sie mit Ihrem Tablet einfach, was gerade anliegt. Sie brauchen nichts zu schließen, speichern, beenden – das alles erledigt Android ganz automatisch.

Das Grundprinzip dabei ist einfach: Jede gestartete App bleibt so lange wie möglich im Arbeitsspeicher. Ist der Speicher voll und es soll eine weitere App gestartet werden, wird die älteste (also die am längsten ungenutzte App) aus dem Speicher verbannt.

Benachrichtigungen von System und Apps halten Sie auf dem Laufenden

Das Benachrichtigungsfeld versteckt sich unscheinbar am oberen Rand des Bildschirms, ist aber im alltäglichen Umgang mit Ihrem Tablet von großer Bedeutung.

Hier finden Sie schnell heraus, was auf Ihrem Tablet passiert und ob irgendwelche neuen Nachrichten vorliegen. Dann werden in der Statuszeile am oberen Bildschirmrand links Symbole der Apps angezeigt, die Ihnen etwas mitteilen möchten.

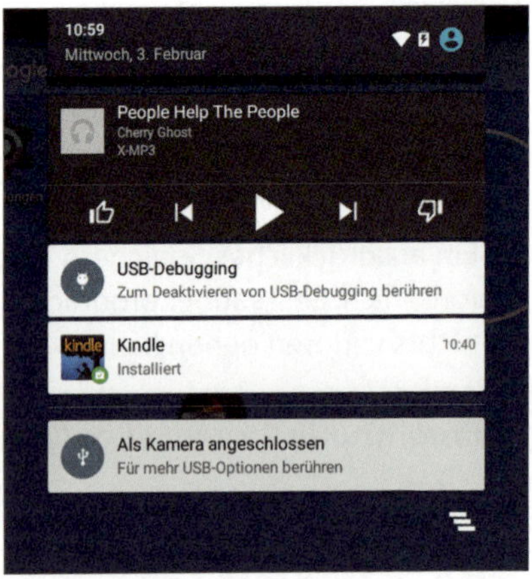

1 Um die Benachrichtigungen zu öffnen, wischen Sie von der oberen Bildschirmkante nach unten.

2 Dann wird der Benachrichtigungsbereich angezeigt, in dem Sie ganz oben Uhrzeit und Datum finden.

3 Rechts verraten Ihnen verschiedene Systemsymbole beispielsweise WLAN-Empfangsstärke, Akkuladestand, Mobilfunknetzstatus oder den angemeldeten Benutzer.

4 Darunter finden Sie Ihre aktuellen Benachrichtigungen. Hier gibt es Hinweise auf verpasste Anrufe oder neue Nachrichten, Hinweise auf App-Updates und mehr.

5 Teilweise können Sie direkt im Benachrichtigungsfeld bestimmte Aktionen durchführen. Aber wenn Sie auf eine Benachrichtigung tippen, öffnet sich auch immer die dazugehörige Anwendung.

6 Wollen Sie einzelne Einträge löschen, halten Sie diese gedrückt und ziehen sie zur Seite weg.

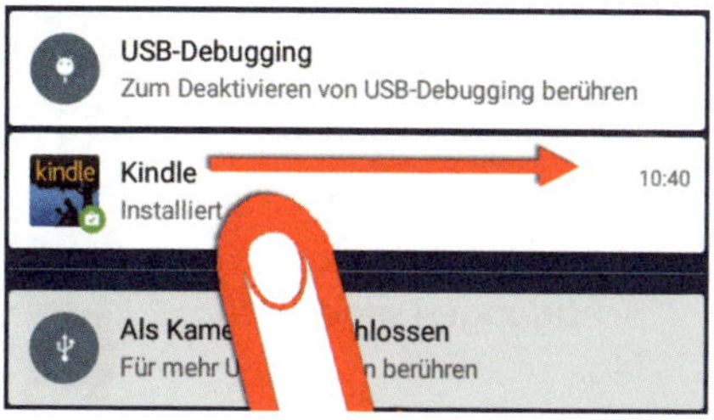

7 Alle Benachrichtigungen auf einmal löschen Sie mit der kleinen Schaltfläche rechts unterhalb der Benachrichtigungen.

Nervige Werbe-Benachrichtigungen von Apps unterdrücken

Klar, über verpasste Tweets oder eingegangene Mails möchte man gern sofort informiert werden. Bei Android geht das (neben akustischen Hinweisen) über ein Symbol im Infobereich. Leider kann diese Benachrichtigungsfunktion von jeder App für beliebige Zwecke genutzt werden. Manche Gratis-App pflastert den Bildschirm auf diese Weise mit Werbung zu. Um das zu vermeiden, können Sie festlegen, dass einzelne Apps gar keine Benachrichtigungen auf den Bildschirm senden dürfen. Warten Sie dazu einfach, bis Sie mal wieder so einen lästigen Hinweis präsentiert bekommen.

1 Wenn mal wieder eine unerwünschte Benachrichtigung kommt, lassen Sie den Infobereich anzeigen.

2 Tippen Sie hier lange auf die unerwünschte Benachrichtigung und dann rechts auf das Infosymbol. Dies bringt Sie zu den ausführlichen Informationen zu dieser App. Diesen Dialog können Sie auch jederzeit in den Android-Einstellungen unter *Apps* aufrufen.

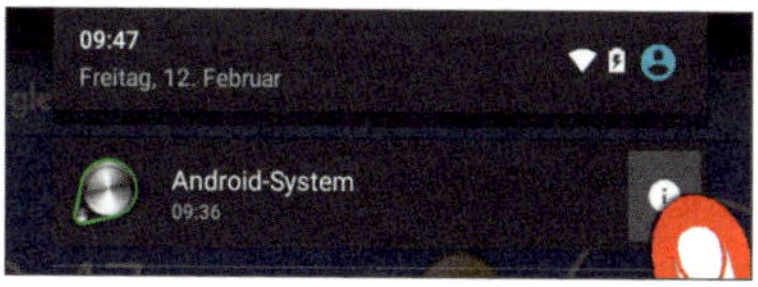

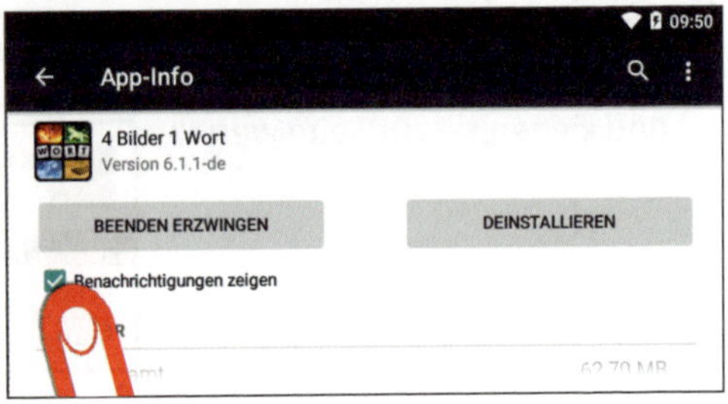

3 Hier findet sich die Option *Benachrichtigungen zeigen*. Sie ist standardmäßig bei jeder App aktiviert, sodass alle Apps erst mal Benachrichtigungen senden dürfen.

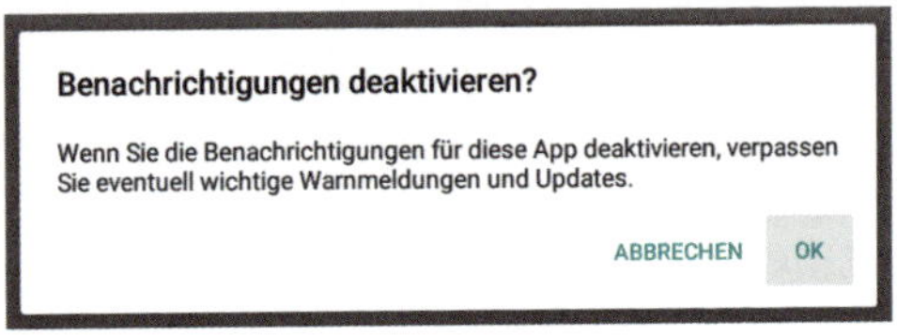

4 Tippen Sie auf die Option, um die Benachrichtigungen dieser App zu blockieren, und bestätigen Sie den Sicherheitshinweis vor dem Deaktivieren mit *OK*.

5 Anschließend gelangen Sie zurück in die App-Einstellungen, wo die Option nun ausgeschaltet ist. Ab sofort haben Sie Ruhe vor Meldungen dieser App.

Das System weist Sie beim Deaktivieren richtigerweise darauf hin, dass Sie auf diese Art sämtliche Benachrichtigungen dieser App abschalten. Eine Unterscheidung, welche Benachrichtigungen zulässig sind und welche nicht, ist nicht möglich. Dies müsste – wenn überhaupt – durch die Einstellungen innerhalb der fraglichen App selbst geschehen.

Wichtige Tablet-Funktionen schnell steuern

Der Benachrichtigungsbereich hat noch eine weitere wichtige Bedeutung, die sich aber erst auf den zweiten Blick (bzw. zweiten Finger) erschließt. Wenn Sie nämlich nicht mit einer, sondern mit zwei Fingerspitzen nebeneinander vom oberen Bildschirmrand nach unten ziehen, wird zusätzlich zu den Benachrichtigungen noch ein Steuerbereich für die wichtigsten Funktionen Ihres Tablets angezeigt. Der erspart in vielen Fällen den Weg in die Einstellungen:

1 Mit dem Schieberegler oben verstellen Sie die Helligkeit des Bildschirms nach Bedarf.

2 Darunter finden Sie Einstellungen für wichtige Komponenten und Funktionen wie WLAN, Bluetooth, GPS (Standort) oder den Flugmodus.

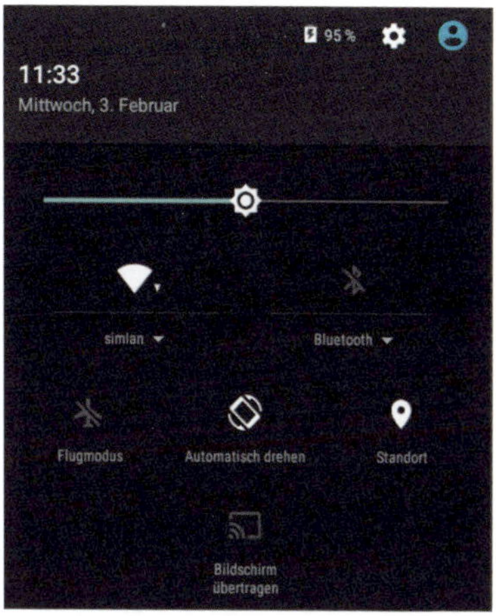

3 Tippen Sie ein Symbol an, um die dazugehörige Funktion zu aktivieren oder zu deaktivieren – hell bedeutet aktiv, grau inaktiv.

4 Beim WLAN-Symbol wird darunter der Name des derzeit verbundenen Drahtlosnetzwerks angezeigt. Mit einem Tipp erhalten Sie eine Auswahl, mit der Sie zu einem anderen erreichbaren Netzwerk wechseln können. Mit *Weitere Einstellungen* gelangen Sie direkt in den WLAN-Bereich der Einstellungen Ihres Tablets.

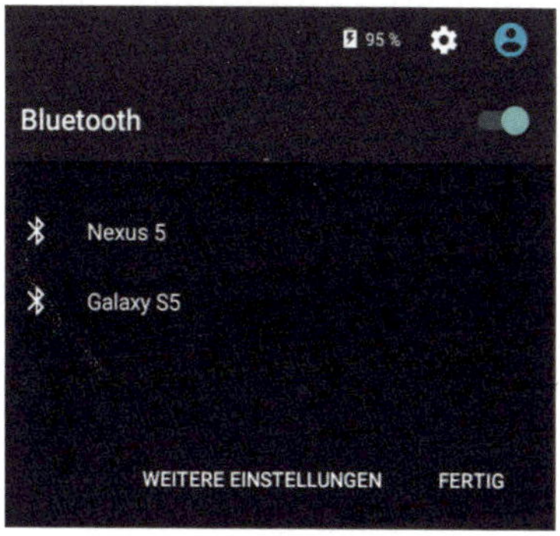

5 Ähnlich können Sie auch bei Bluetooth die Verbindung zu eingerichteten Geräten direkt im Benachrichtigungsbereich vornehmen oder mit *Weitere Einstellungen* zu den eigentlichen Bluetooth-Einstellungen wechseln.

Standard-Apps für bestimmte Dateitypen festlegen

Gängige Dateitypen wie Bilder, Musik- und Videoclips oder z. B. PDF-Dokumente können von verschiedenen Apps geöffnet werden. Dabei können Sie nicht nur auswählen, welche App Sie jeweils verwenden möchten. Sie können diese Auswahl auch speichern und so eine Standard-App festlegen, die in Zukunft ohne Rückfrage automatisch genutzt wird.

1 Stehen für eine gewählte Datei mehrere Apps zur Auswahl, wird automatisch der *Öffnen mit*-Dialog angezeigt. Tippen Sie hier zunächst das Symbol der App an, die Sie für diese Aufgabe bevorzugen.

2 Tippen Sie dann auf *Immer*. Das System merkt sich Ihre Wahl und wird in Zukunft nicht mehr nachfragen, sondern automatisch immer diese App für solche Aufgaben verwenden.

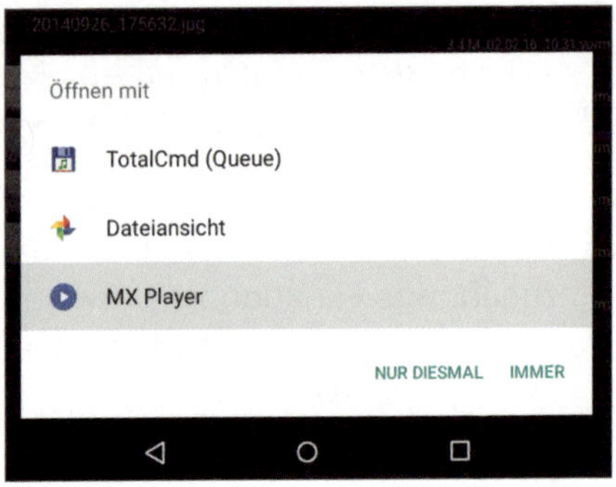

Dateityp-Zuordnungen wieder aufheben

Sie können eine einmal festgelegte Zuordnung eines Dateityps zu einer App selbstverständlich nachträglich aufheben oder ändern, beispielsweise wenn Sie zukünftig lieber eine andere App dafür verwenden möchten.

1 Merken Sie sich, welche App standardmäßig geöffnet wird, und rufen Sie dann die *Einstellungen* auf.

2 Öffnen Sie dort die Kategorie *Apps* und lokalisieren Sie in der Liste die zuvor gemerkte App.

3 In den Details dieser App ist im Bereich *Standardmäßig starten* die Schaltfläche *Aktionen auf Standard zurücksetzen* aktiviert. Das bedeutet, dass diese App für einen Dateityp als Standard-App festgelegt ist.

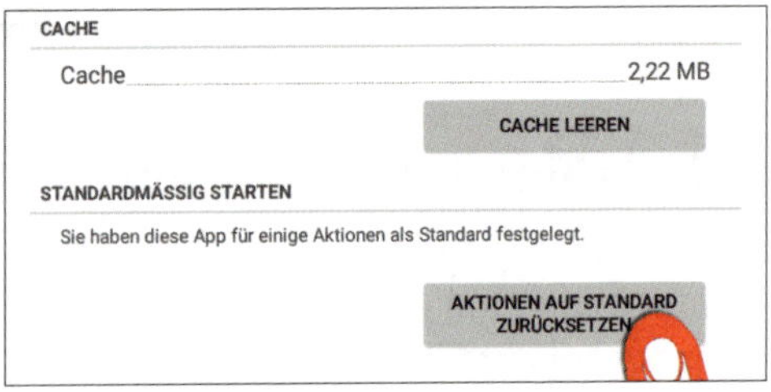

4 Tippen Sie auf die Schaltfläche, um diese Standardvorgabe zu entfernen. Wenn Sie nun erneut eine Datei dieses Typs öffnen, wird wieder die gewohnte Abfrage angezeigt und Sie können gegebenenfalls eine andere Standard-App wählen.

> **Android-eigene Apps finden**
>
> Handelt es sich um eine App aus dem Lieferumfang von Android, die Sie also nicht aus dem Play Store heraus installiert haben (etwa der Bildbetrachter *Galerie* bzw. *Fotos*), dann müssen Sie in der *Apps*-Liste in die Kategorie *Alle* wechseln, um deren Eintrag anzeigen zu können.

Texte mit der virtuellen Tastatur eingeben

Die größte Herausforderung stellt für viele Nutzer anfangs die virtuelle Tastatur dar. Dabei ist es egal, ob man kleine Finger hat oder nicht, der nächste Vertipper kommt bestimmt. Aber mit ein wenig Übung entwickelt man schnell das nötige Fingerspitzengefühl (im wahrsten Sinn des Wortes).

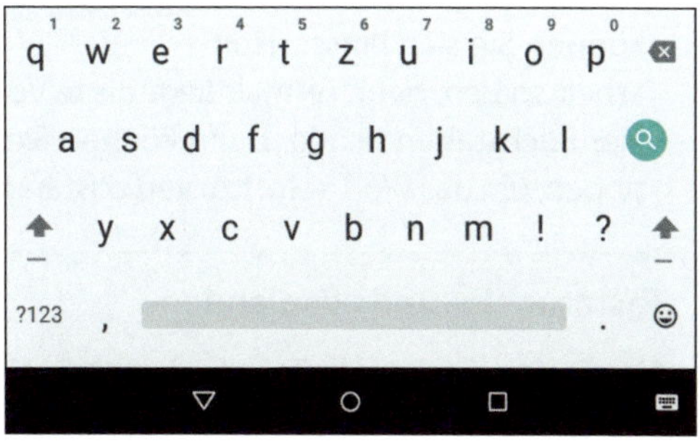

1 Wenn Sie einen Großbuchstaben am Anfang eines Wortes schreiben möchten, tippen Sie einmal auf diese Taste. Möchten Sie in Versalien schreiben, halten Sie die Taste gedrückt, bis sie blau eingefärbt wird.

2 Möchten Sie eine Eingabe rückgängig machen, tippen Sie einmal auf die Löschtaste. Halten Sie sie gedrückt, um schnell ganze Wörter zu löschen.

3 Hinter der Taste mit Fragezeichen und Ziffern verstecken sich Zahlen sowie die gängigsten Sonderzeichen. Tippen Sie kurz darauf, um in diesen Modus zu wechseln.

4 Wenn Sie fertig sind, können Sie mit der Eingabetaste abschließen. Diese kann abhängig von der Situation mit unterschiedlichen Texten oder Symbolen beschriftet sein, etwa bei einem Suchfeld mit einem Lupensmbol. Bei mehrteiligen Dialogen gelangen Sie mit *Weiter* zum nächsten Schritt, beispielsweise um nach einem Benutzernamen gleich das Passwort eingeben zu können.

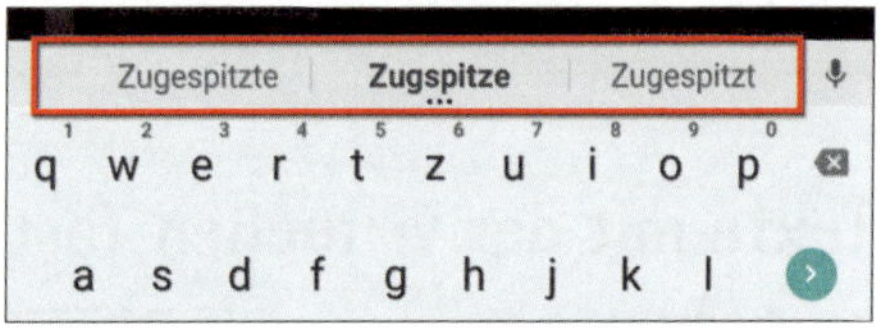

5 In der Leiste oberhalb werden ständig Vorschläge angezeigt, wie sich die bislang eingetippten Zeichen zu einem sinnvollen Wort ergänzen lassen. So können Sie sich einige Tipparbeit sparen, denn oftmals liegt diese Vorhersage schon nach drei oder vier Buchstaben richtig. Dann können Sie auf den passenden Vorschlag tippen, um das Wort sofort zu vervollständigen.

Tastatur ein- und ausblenden

Sie können die virtuelle Tastatur bei Bedarf jederzeit ausblenden. Tippen Sie dazu unten links in der Statuszeile auf das Pfeil-nach-unten-Symbol. Möchten Sie die Tastatur wieder einblenden, tippen Sie einfach erneut in das Eingabefeld.

Wischen statt tippen: alternative Eingabemethoden verwenden

Als Alternative zum Tippen auf der virtuellen Tastatur hat sich inzwischen das Wischen über die Tasten etabliert: Anstatt den Finger immer wieder zu heben und auf die nächste Taste zu tippen, bleibt die Fingerspitze immer auf dem Glas, sodass ein komplexes Bewegungsmuster entsteht. Die Tastatur erkennt anhand dieses Bewegungsmusters, welches Wort getippt werden soll. Deshalb ist keine absolute Präzision beim Treffen der einzelnen Tasten mehr erforderlich. Wenn Ihr Tablet von Haus aus keinen solchen Wisch- oder Swype-Modus beherrscht, können Sie ihn z. B. mit der Gratis-App *TouchPal X* nachrüsten.

1 Auch beim Wischen tippen Sie zunächst auf das Eingabefeld, damit die virtuelle Tastatur eingeblendet wird.

2 Setzen Sie nun die Fingerspitze auf den ersten Buchstaben des Wortes.

3 Lassen Sie den Finger auf dem Touchscreen und ziehen Sie nun auf die Taste des zweiten Buchstabens. Es ist am Anfang einfacher, auf den einzelnen Tasten kurz zu verharren, aber im Prinzip kann es in einer flüssigen Bewegung direkt weitergehen.

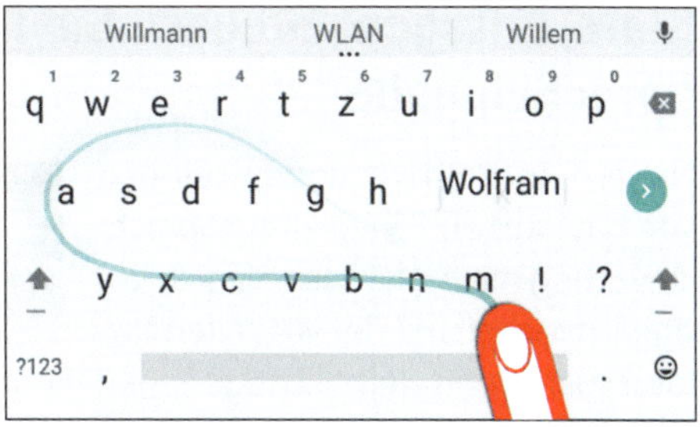

4 Ziehen Sie die Fingerspitze dann der Reihe nach auf die weiteren Buchstaben. Nehmen Sie die Fingerspitze nun vom Touchscreen.

Eine alternative Eingabemethode wählen

Tablets bieten meist genügend Platz, um auf der virtuellen Tastatur bequem tippen zu können. Trotzdem können Sie auch andere Eingabemethoden parallel nutzen, also beispielsweise mal die einfache Tipptastatur, mal die Spracheingabe oder mal das Wischen über die virtuellen Tasten. Welche Eingabemethode standardmäßig zum Zug kommt, legen Sie in den *Einstellungen* fest (*Sprache & Eingabe*). Sie können aber auch bei jeder Eingabe neu entscheiden.

1 Tippen Sie auf das Feld, in das Sie etwas eingeben möchten, damit die virtuelle Tastatur angezeigt wird.

2 Zusätzlich zur Tastatur finden Sie nun in der Statusleiste auch ein kleines Tastatursymbol. Tippen Sie darauf, um eine Liste der verfügbaren Eingabemethoden zu öffnen.

3 Wählen Sie darin die Eingabemethode, die Sie in diesem Fall nutzen möchten. Damit wechseln Sie direkt zur entsprechenden Eingabemethode und können sofort loslegen.

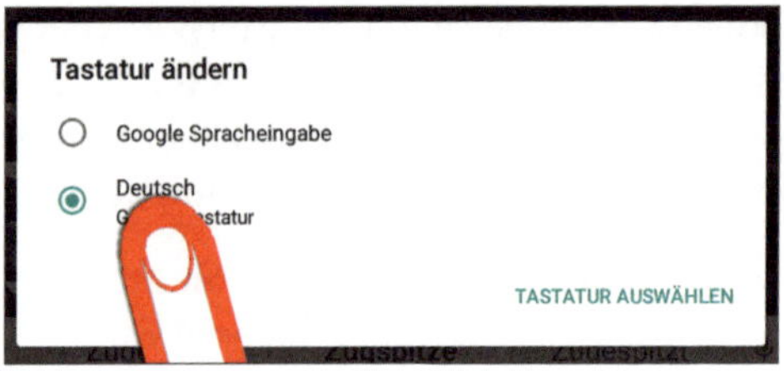

Klare Ansagen: Steuern Sie Ihr Tablet per Spracheingabe

Neuere Android-Versionen bringen von Haus aus die Fähigkeit zur Sprachsteuerung mit. So können Sie sich lästige Tipparbeit mit der virtuellen Tastatur sparen und viele wichtige Funktionen einfach per Spracheingabe nutzen. Tippen Sie dazu auf der Startseite auf das kleine Mikrofonsymbol neben dem Google-Symbol. Je nach Ausrichtung des Tablets befindet dieses sich beispielsweise am oberen oder am linken Rand.

Damit aktivieren Sie die Spracheingabe, was mit einem Mikrofondialog angezeigt wird. Sprechen Sie nun einfach Ihre Anweisung in Richtung Tablet. Hierfür müssen Sie sich lediglich einige wenige Schlüsselwörter merken. Wenn Sie diese verwenden, machen Sie deutlich, dass Sie nichts suchen, sondern beispielsweise ein Musikstück abspielen, eine App öffnen oder eine bestimmte Webseite anzeigen möchten. Die Befehle dafür sind recht intuitiv:

- *Karte mit <Adresse, Name, Geschäft etc.>* zum Anzeigen eines Standorts auf der Karte, z. B. „Karte vom Berliner Tiergarten“.
- *Route nach* oder *Navigiere zu <Adresse, Kontaktname, Geschäft, Sehenswürdigkeit etc.>*, um eine Route zu einem bestimmten Ziel zu planen, z. B. „Navigiere zu Reichstag“.

- *Öffne <Webseite>*, um eine Webseite im Browser zu öffnen, z. B. „Öffne spiegel.de".
- *E-Mail senden <Kontaktname>*, um eine E-Mail zu erstellen, z. B. „E-Mail senden an Hans Mustermann".
- *Abspielen <Musiktitel, Album oder Interpret>*, um Musik abzuspielen, z. B. „Abspielen Bruce Springsteen".

Hat die Sprachsteuerung Ihre Anweisung erkannt, zeigt sie sie auf dem Bildschirm an. Sie haben nun noch kurz Zeit, eine falsch erkannte Aktion abzubrechen. Andernfalls wird sie nach Ablauf der Wartefrist automatisch ausgeführt.

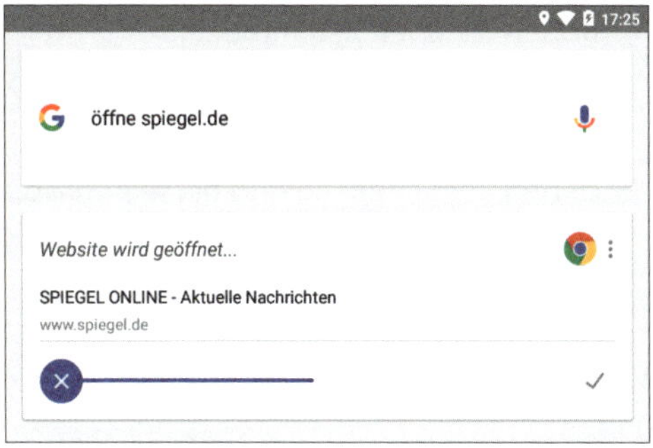

Zusätzliche Funktionen entdecken: versteckte Kontextmenüs nutzen

Auf den ersten Blick enthüllt sich nur ein Teil der Funktionen Ihres Android-Tablets. Spezielle, seltener genutzte Funktionen verstecken sich in Kontextmenüs und werden dort leicht übersehen.

Mehr Funktionen mit dem Menüsymbol

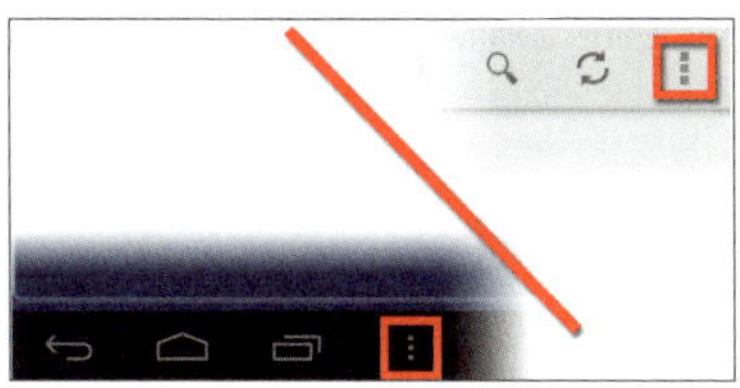

Das Menüsymbol von Android wird gern übersehen. Es wird automatisch angezeigt, wenn eine App über Menüfunktionen verfügt. Hier verstecken die Entwickler gern Funktionen, die vermeintlich nicht so häufig benötigt werden. Auch der Zugang zu den Einstellungen von Apps findet sich hier häufig. Dass die Position des Menüsymbols nicht einheitlich ist, hilft auch nicht unbedingt. Klassische Smartphone-Apps blenden das Symbol unten in der Statusleiste ein. Mittlerweile setzt es sich bei Tablets allerdings durch, das Menüsymbol oben ganz rechts anzuzeigen.

1 Durch das Antippen dieses Symbols öffnen Sie ein Menü mit zusätzlichen Funktionen.

2 Der genaue Inhalt hängt völlig von der jeweiligen App ab. Einen Menüpunkt *Einstellungen* finden Sie aber fast immer.

3 Teilweise unterscheidet sich der Inhalt des Menüs auch, wenn Sie das Symbol in verschiedenen Bereichen ein und derselben App abrufen. Es lohnt sich also, immer mal wieder auf das Symbol zu tippen.

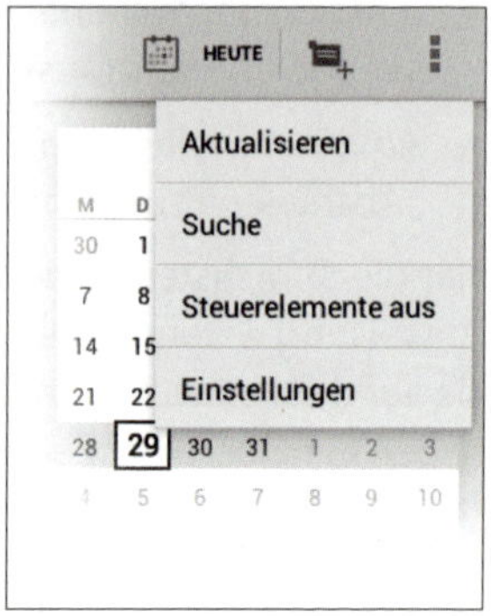

Kontextmenüs für Objekte

Auch einzelne Objekte auf den Startseiten oder innerhalb einer App können über ein Kontextmenü verfügen, das zusätzliche Funktionen beinhaltet. Ein gutes Beispiel dafür sind Links im Webbrowser.

1 Wenn Sie auf einer Webseite einen Link kurz antippen, wird er geöffnet.

2 Tippen Sie ihn hingegen länger an, zeigt Android ein Kontextmenü an, in dem Sie verschiedene Funktionen wie *In neuem Tab öffnen*, *Link speichern* oder *Linktext kopieren* vorfinden.

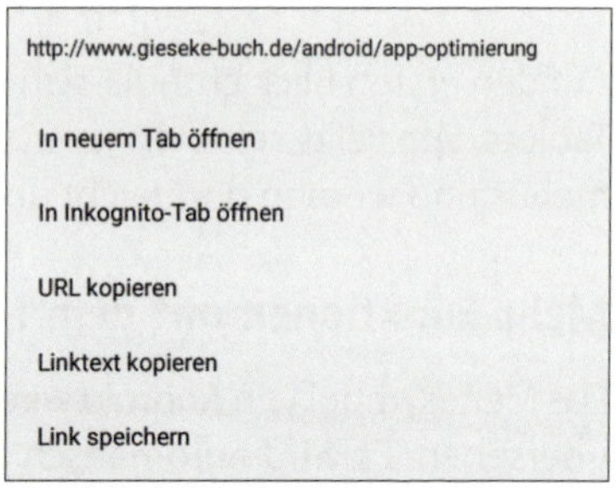

Kopieren & Einfügen – so funktioniert es bei Android

Auch wenn man es bei einem Tablet nicht ganz so häufig benötigt, ist es doch hin und wieder ganz praktisch: Inhalte aus einer Anwendung kopieren und in eine andere einfügen. Ganz so global wie etwa bei Windows funktioniert es bei Android allerdings nicht. Aber an den entscheidenden Stellen steht Ihnen diese Funktion zur Verfügung.

Inhalte kopieren

Bei vielen Anwendungen wie dem Webbrowser oder E-Mail-Programm, aber auch in beliebigen Eingabefeldern können Sie bei Bedarf in einen Textauswahlmodus umschalten.

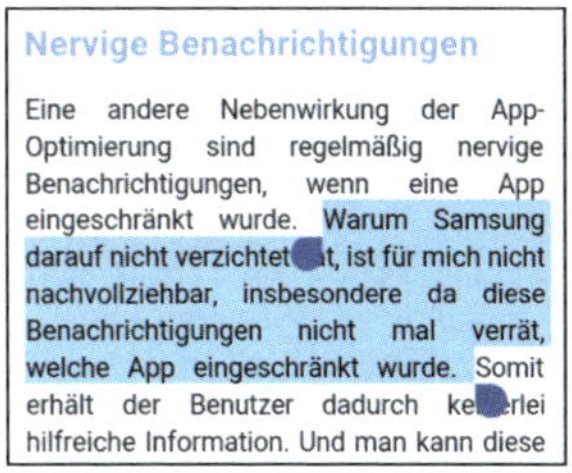

1 Wenn der zu kopierende Text auf dem Bildschirm angezeigt wird, tippen Sie lange mit einem Finger darauf.

2 Der Text unmittelbar unter Ihrem Finger wird dann markiert sowie mit Anfangs- und Endmarkierungen versehen. Diese können Sie nun beliebig verschieben, um genau den Inhalt zu erfassen, den Sie kopieren möchten.

3 Am oberen Bildschirmrand finden Sie in diesem Modus außerdem die *Textauswahl*-Leiste mit den wichtigsten Bearbeitungsmöglichkeiten. Tippen Sie hier auf *Kopieren*, um den markierten Text in die Zwischenablage zu übertragen.

Inhalte einfügen

Den Inhalt der Zwischenablage können Sie in beliebige Eingabefelder einfügen.

1 Tippen Sie an einer freien Stelle länger auf das Eingabefeld.

2 Die Einfügemarke wird dann gegebenenfalls an das Ende des vorhandenen Textes platziert und eine *Einfügen*-Schaltfläche angezeigt.

3 Soll der Text aus der Zwischenablage nicht am Ende angehängt, sondern irgendwo mitten in den vorhandenen Text eingefügt werden, können Sie die Positionsmarkierung noch verschieben.

4 Tippen Sie dann auf *Einfügen*. Der komplette Inhalt der Zwischenablage wird an der gewählten Position eingefügt.

Die besten Tipps zu Startseiten, App-Steuerung und Eingabemethoden

App-Ordner benennen

Um Ordner unabhängig von den enthaltenen Symbolen einfach unterscheiden zu können, sollten Sie ihnen Namen geben.

1 „Öffnen" Sie dazu einen Ordner durch einfaches Antippen.

2 Tippen Sie dann auf den Namen bzw. den Schriftzug *Unbenannter Ordner*.

3 Dadurch wird eine Einfügemarke aktiviert und die virtuelle Tastatur eingeblendet.

4 Geben Sie nun einen kompakten, aber aussagekräftigen Namen ein und bestätigen Sie diesen mit der [Enter]-Taste.

In Zukunft wird dieser Name wie bei einer App als Schriftzug unterhalb des Ordnersymbols angezeigt.

Apps in den Hintergrund schicken und später weiternutzen

Aufgrund der Speicherverwaltung von Android ist es einfach, eine App vorübergehend in den Hintergrund zu schicken und später damit weiterzuarbeiten.

1 Wenn eine Anwendung im Hintergrund weiterlaufen soll, lassen Sie diese App einfach, wie sie ist. Verwenden Sie nicht die Zurück-Taste, um die App zu verlassen!

2 Nutzen Sie die Startseite oder eine beliebige andere Methode, um direkt eine andere App zu starten.

3 Um später zur ursprünglichen App zurückzukehren, rufen Sie diese einfach erneut auf. Da die App noch im Speicher geladen ist, kehren Sie direkt zu dem Punkt zurück, an dem Sie sie verlassen haben.

Diese Methode funktioniert mit einer Einschränkung: Wenn Sie zwischenzeitlich mehrere Apps starten, im Web surfen, Nachrichten schreiben etc., reicht der Speicher eventuell nicht aus, und Android entlädt die ursprüngliche Anwendung automatisch. In dem Fall wird sie durch den späteren erneuten Aufruf neu gestartet.

Apps und Widgets wieder von Startseiten entfernen

Wenn Sie eine App oder ein Widget nicht mehr benötigen oder einfach Platz für Neues auf Ihren Startseiten brauchen, können Sie Elemente einfach wieder verbannen.

1 Tippen Sie das Symbol bzw. Widget länger an, bis es erfasst ist.

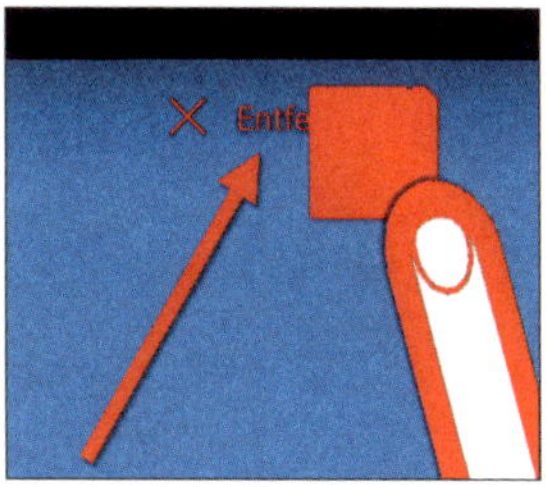

2 In diesem Modus wird je nach Ausrichtung des Tablets oben links oder oben mittig ein kleines *x* mit dem Schriftzug *Entfernen* angezeigt (bei älteren Android-Versionen finden Sie auch ein Papierkorbsymbol unten in der Mitte). Ziehen Sie das Element darauf.

3 Liegt es passend auf dem Löschen-Symbol, färbt es sich rot ein. Lassen Sie nun los, um es vom Bildschirm zu verbannen.

Dieses Entfernen bezieht sich wohlgemerkt nur auf die Anzeige auf der Startseite. Die dazugehörige App können Sie über die *Apps*-Liste weiterhin wie gewohnt aufrufen.

Apps ausdrücklich beenden

Bei Apps, die laufend Datenverbindungen nutzen oder viel Energie verbrauchen, kann es sinnvoll sein, diese ausdrücklich zu beenden, wenn sie nicht mehr benötigt werden. Das spart Strom und Verbindungskosten. In den meisten Fällen reicht hierzu die Zurück-Taste am Gerät, um die entsprechende Funktion der App abzubrechen oder die App insgesamt zu beenden. Weitere Hinweise zum Beenden von Apps finden Sie auf Seite 33.

2. Überall im Netz – zu Hause und unterwegs jederzeit einfach online gehen

Erst durch die Onlineverbindung erreicht ein Tablet seinen vollen Wert. Ob Surfen, Mailen, soziale Netze, das Herunterladen von Apps oder das Betrachten von Onlinevideos: Fast alle beliebten Anwendungen von Tablets gelingen nur mit einer guten Internetverbindung. Zu Hause und an anderen festen Orten nutzt diese meist WLAN, unterwegs kann das Tablet per Mobilfunk Kontakt herstellen. Und wenn Ihr Tablet dafür nicht die notwendige Hardware mitbringt, können Sie es mit Ihrem Smartphone verbinden und dessen Onlineverbindung am großen Bruder mitnutzen.

- Wie kann ich mein Tablet am einfachsten mit dem Internet verbinden? >> Seite 49
- Was mache ich, wenn mein Tablet das WLAN nicht findet, obwohl es ganz sicher vorhanden ist? >> Seite 51
- Wie kann ich mein Tablet drahtlos mit Zusatzgeräten verbinden? >> Seite 52
- Kann ich die Onlineverbindung meines Smartphones unterwegs auch für das Tablet nutzen? >> Seite 54
- Gibt es eine Alternative für das Internet-Tethering, wenn Bluetooth nicht funktioniert? >> Seite 55
- Wie kann ich nicht mehr benötigte WLAN-Netzwerke aus der Liste entfernen? >> Seite 58
- Wie benutze ich bei meinem Tablet mit SIM-Karte das mobile Internet? >> Seite 56

So gelingt der Kontakt zum WLAN schnell und sicher

WLAN gehört zur Standardausstattung eines Android-Tablets, und ein Drahtlosnetzwerk zu Hause oder am Arbeitsplatz ist heutzutage schon beinahe selbstverständlich. Somit bietet diese Technik die einfachste, günstigste und leistungsfähigste Möglichkeit, Ihr Tablet mit der Außenwelt zu verbinden.

Die WLAN-Funktion aktivieren

Grundvoraussetzung ist das Aktivieren der WLAN-Funktion, falls diese ab Werk zunächst ausgeschaltet ist. Das geht wie auf Seite 34 beschrieben im Benachrichtigungsbereich oder in den *Einstellungen*.

1 In den *Einstellungen* finden Sie ganz oben die Kategorie *Drahtlos & Netzwerke*.

2 Darin wiederum ist *WLAN* der oberste Menüpunkt. Tippen Sie dort rechts auf den angedeuteten Schalter, um die WLAN-Funktion Ihres Smartphones zu aktivieren.

3 Das Aktivieren dauert nur kurz, dann ist der *An*-Schalter blau unterlegt, und Sie können Drahtlosnetzwerke verwenden.

Verbinden Sie sich mit einem Drahtlosnetzwerk

Wenn Sie sich in Reichweite eines Drahtlosnetzwerks befinden, können Sie eine Verbindung herstellen. Dies muss nur beim ersten Mal erfolgen. Anschließend stellt Android diese Verbindung automatisch wieder her, sobald dieses Netzwerk erneut in Reichweite ist.

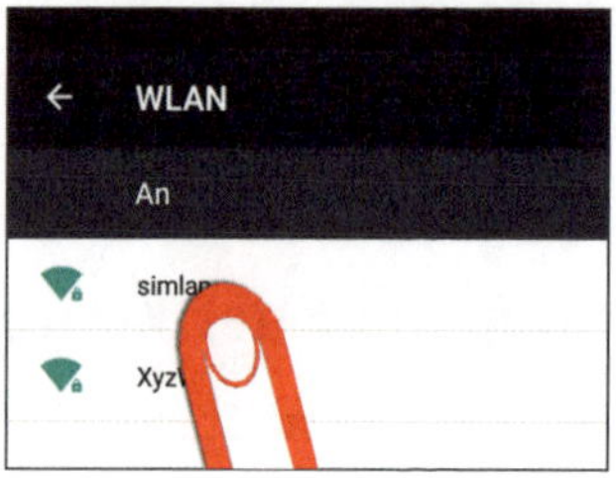

1 Öffnen Sie wie vorangehend beschrieben in der Kategorie *Drahtlos & Netzwerke* den Menüpunkt *WLAN*.

2 Befinden sich Drahtlosnetzwerke in Reichweite, werden diese in der Liste rechts mit einem Funksymbol angezeigt. Tippen Sie den gewünschten Eintrag an.

3 Handelt es sich um ein gesichertes Netzwerk, geben Sie anschließend das Passwort dafür ein und tippen auf *Verbinden*.

4 Android stellt dann die Verbindung her. Hat alles geklappt, finden Sie oben in der Statuszeile das WLAN-Symbol, das zugleich die Empfangsstärke dieser Verbindung verrät.

Eine einmal eingerichtete Verbindung wird automatisch wiederhergestellt, wenn Sie sich das nächste Mal in der Reichweite dieses Netzes befinden.

Bei versteckten WLANs ohne SSID anmelden

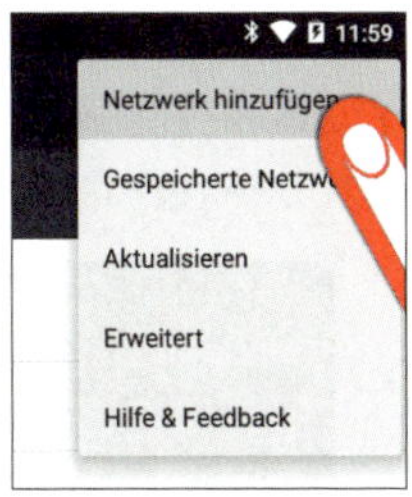

Wenn ein Drahtlosnetzwerk seine Netzwerk-ID nicht ausstrahlt, kann es nicht automatisch erkannt werden. In diesem Fall müssen Sie die Kennung wissen und eintippen, um die Verbindung herzustellen.

1 Tippen Sie in den WLAN-Einstellungen oben rechts auf das Menüsymbol. Wählen Sie im Menü ganz oben den Punkt *Netzwerk hinzufügen*.

2 Im folgenden Dialog können Sie den *Netzwerknamen* und den verwendeten Sicherheitsstandard angeben (meist *WPA…*).

3 Dementsprechend wird gegebenenfalls ein weiteres Eingabefeld für das Passwort eingeblendet.

4 Tippen Sie dann auf *Speichern*. Befindet sich dieses Netzwerk in Reichweite, wird die Verbindung gegebenenfalls direkt hergestellt.

Eine Bluetooth-Verbindung zu Smartphones und Zusatzgeräten herstellen

Mit der drahtlosen Bluetooth-Technologie können Sie Ihr Android-Tablet mit externen Geräten wie Tastaturen, Headsets oder Musikplayern verbinden. Sie können es aber auch mit einem Smartphone koppeln, um beispielsweise dessen Onlineverbindung mit zu nutzen.

Die Bluetooth-Funktion nach Bedarf steuern

Die Bluetooth-Funktion Ihres Tablets benötigt wie alle Zusatzfunktionen Strom. Da diese Drahtlosverbindung nur auf kürzere Distanzen ausgelegt ist, hält sich der Verbrauch allerdings in Grenzen. Trotzdem ist es akkuschonender, Bluetooth nur bei Bedarf einzuschalten.

1 Ähnlich wie die WLAN-Optionen finden Sie *Bluetooth* in den *Einstellungen* im Bereich *Drahtlos & Netzwerke*.

2 Damit öffnen Sie die Bluetooth-Einstellungen, wo Sie mit dem Schalter oben rechts diese Funktion insgesamt ein- und ausschalten können.

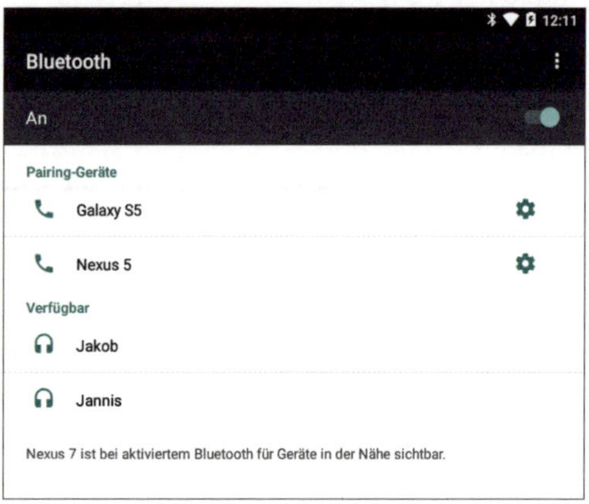

3 Darunter wird gegebenenfalls eine Liste der Geräte angezeigt, die bereits per Bluetooth mit dem Tablet verbunden sind bzw. sich in Reichweite befinden.

Bluetooth schnell steuern

Auf Seite 34 zeige ich Ihnen, wie Sie verschiedene Funktionen Ihres Tablets direkt im Benachrichtigungsbereich steuern können. Hier finden Sie auch ein Symbol für Bluetooth sowie die Möglichkeit, von dort direkt in die Bluetooth-Einstellungen zu wechseln.

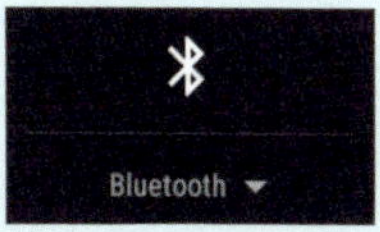

Die Verbindung zu einem neuen Gerät herstellen

Damit Ihr Tablet per Bluetooth z. B. mit Ihrem Smartphone kommunizieren kann, muss die Verbindung einmalig eingerichtet werden (Pairing).

1 Schalten Sie das andere Gerät ein und aktivieren Sie gegebenenfalls in dessen Einstellungen die Bluetooth-Sichtbarkeit für einen gewissen Zeitraum. Tippen Sie nun beim Tablet oben rechts auf das Menüsymbol und wählen Sie *Aktualisieren*, um die Liste der erreichbaren Bluetooth-Geräte zu erneuern.

2 Das Tablet sucht dann nach Bluetooth-Kontakten in der Umgebung und sollte das Gerät nach kurzer Wartezeit in der Liste unter *Verfügbar* anzeigen. Um eine dauerhafte Verbindung zu einem der angezeigten Geräte herzustellen, tippen Sie einfach auf dessen Eintrag in der Liste.

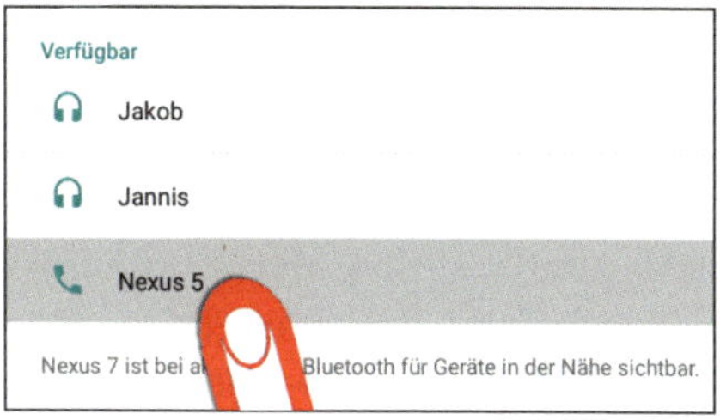

3 Um den Missbrauch von Bluetooth zu vermeiden, sind die Verbindungen teilweise mit einer PIN geschützt. Diese müssen Sie am jeweils anderen Gerät eingeben bzw. bestätigen. Meist reicht es aber, das Koppeln auf beiden Geräten zu bestätigen.

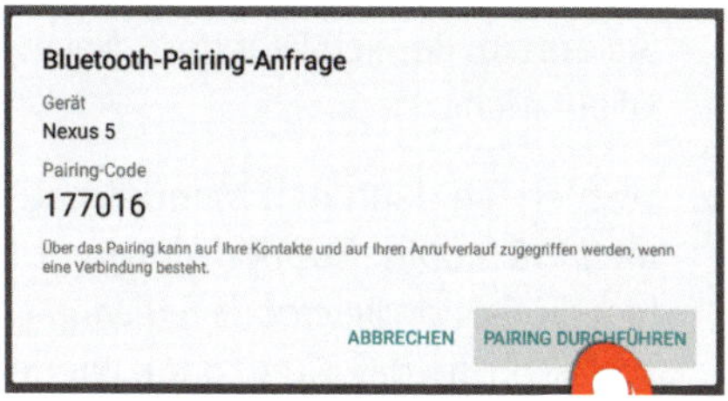

4 Nun wird die Verbindung zwischen den beiden Geräten ausgehandelt und hergestellt. Dies kann beispielsweise bei einer Freisprecheinrichtung länger dauern, wenn dabei eine größere Anzahl an Kontakten übermittelt werden muss.

Dieses „Kennenlernen" zwischen beiden Geräten muss nur einmal durchgeführt werden. Anschließend kennen sich die beiden und stellen die Verbindung wieder her, sowie sie in Reichweite sind.

Das eigene Telefon sichtbar machen

Ihr eigenes Telefon muss seine Gerätekennung ausstrahlen, um eine Verbindung zu einem anderen Gerät herzustellen. Einige Geräte tun dies standardmäßig nicht. In diesem Fall suchen Sie in den Bluetooth-Einstellungen dieses Gerätes einen Menüpunkt wie *Timeout für Sichtbarkeit* o. Ä. und legen fest, wie lange das Gerät sichtbar sein soll. Anschließend wird die Funktion aus Sicherheitsgründen automatisch wieder deaktiviert.

Die Onlineverbindung des Handys per Bluetooth nutzen

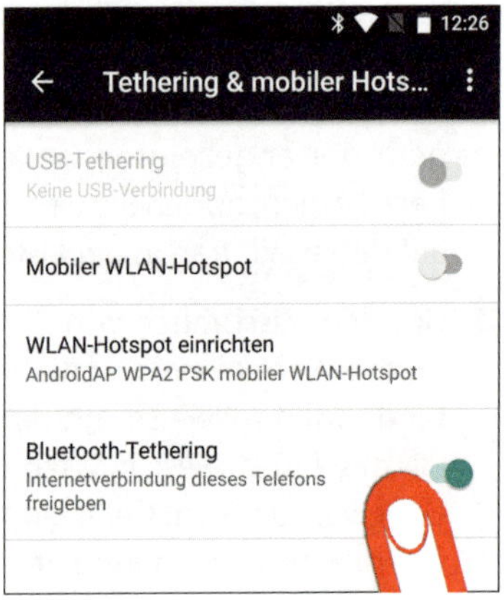

Wenn die Bluetooth-Verbindung zwischen Tablet und Smartphone steht, brauchen Sie nur noch das Bluetooth-Tethering auf dem Handy zu aktivieren. Bei einem Android-Smartphone geht das folgendermaßen:

1 Öffnen Sie die *Einstellungen* und tippen Sie dort im Bereich *Drahtlos & Netzwerke* auf *Mehr.*

2 Wählen Sie dann den Menüpunkt *Tethering & mobiler Hotspot.* Aktivieren Sie hier die Option *Bluetooth-Tethering* und verlassen Sie das Menü dann wieder.

Ab sofort kann Ihr Tablet die Internetverbindung des Smartphones mitbenutzen, solange die beiden per Bluetooth verbunden sind.

WLAN-Tethering: das Smartphone als mobilen WLAN-Router nutzen

Falls es mit dem Verbinden per Bluetooth nicht klappt oder Ihr Tablet kein Bluetooth beherrscht, geht es eigentlich immer per WLAN. Wählen Sie dazu auf dem Smartphone (nicht dem Tablet!) die folgenden Einstellungen:

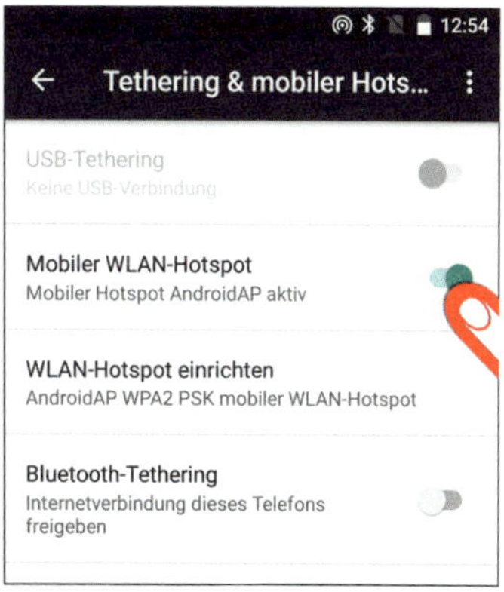

1 Öffnen Sie in den *Einstellungen* im Bereich *Drahtlos & Netzwerke* den Punkt *Tethering & mobiler Hotspot* (ggf. unter *Mehr* zu finden).

2 Tippen Sie im anschließenden Menü auf *Mobiler WLAN-Hotspot*.

3 Tippen Sie dann auf *WLAN-Hotspot einrichten*.

4 Wählen Sie dann einen Namen für das Mini-WLAN-Netzwerk aus, legen Sie den zu verwendenden Sicherheitsstandard sowie das Passwort dafür fest und tippen Sie auf *Speichern*.

5 Das Smartphone bietet nun einen WLAN-Zugang an, den Sie mit dem WLAN-Empfänger Ihres Tablets finden und nutzen können. Geben Sie dazu am Tablet die hier festgelegten Zugangsdaten (siehe Schritt 4) ein.

Tethering ist nicht immer zulässig

Tethering wird von den Mobilfunkanbietern teilweise ausdrücklich untersagt und unterbunden bzw. mit Zusatzkosten belegt. Vergewissern Sie sich deshalb vorher, ob Sie diese Funktion nutzen dürfen bzw. ob dadurch zusätzliche Kosten entstehen.

Bei Tablets mit SIM-Karte das mobile Internet nutzen

Wenn Ihr Tablet mit einer Mobilfunkoption ausgestattet ist, können Sie eine SIM-Karte in das Gerät einstecken und unterwegs das Mobilfunknetz für die Datenübertragung nutzen. Verwenden Sie dafür möglichst einen für diese Nutzungsart optimierten Tarif. Für Tablets gibt es spezielle Tarife, die den Zugriff auf das mobile Internet günstiger machen, als dies bei klassischen Mobilfunktarifen der Fall ist.

1 War das Tablet während des Einsteckens ohnehin aus, schalten Sie es nun einfach ein. Andernfalls folgen Sie dem Hinweis und tippen Sie auf *Neustart*.

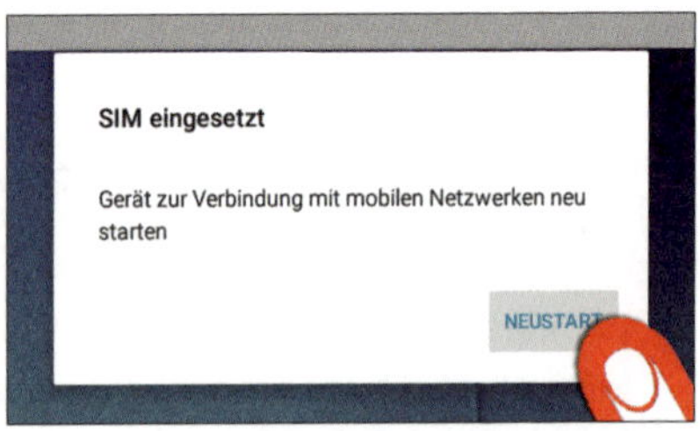

2 Mit eingelegter SIM-Karte wird jeweils beim Starten bzw. Neustart des Gerätes standardmäßig die PIN dieser Karte abgefragt.

3 Tippen Sie die Zahlenkombination ein und dann auf *OK*.

4 In der Statuszeile oben finden Sie nun zusätzlich ein Symbol für die Mobilfunkverbindung, das zugleich die aktuelle Qualität der Verbindung angibt. Zusätzlich werden gegebenenfalls Symbole für den verfügbaren Datenübertragungsstandard (z. B. 3G) angezeigt.

Sie können nun mit Ihrem Tablet sowohl via Mobilfunk surfen als auch telefonieren, SMS schreiben und empfangen etc.

Das wiederholte Abfragen der SIM-PIN vermeiden

Wenn Sie Ihr Tablet mit dem Sperrbildschirm schützen und dabei eine Methode verwenden, bei der nur autorisierte Personen entsperren können, können Sie auf einen zusätzlichen Schutz der SIM-Karte mit der dazugehörigen PIN verzichten. Das gilt beispielsweise für das Entsperren per PIN oder per selbstgewähltem Wischmuster. In diesem Fall lässt sich der PIN-Schutz der SIM-Karte deaktivieren.

1 Öffnen Sie dazu in den *Einstellungen* im Bereich *Nutzer* den Eintrag *Sicherheit*.

2 Hier finden Sie eine eigene Untergruppe *SIM-Kartensperre* mit dem Menüpunkt *SIM-Sperre einrichten*.

3 Öffnen Sie diesen Menüpunkt und deaktivieren Sie hier den Schalter bei *SIM-Karte sperren*.

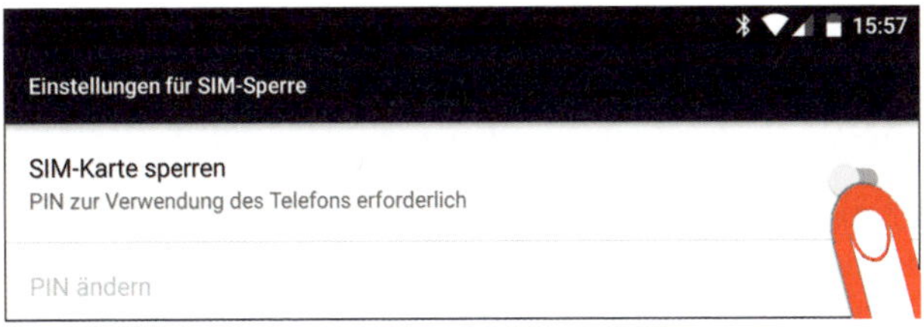

Ab sofort wird der PIN-Code der SIM-Karte beim Starten des Gerätes nicht mehr abgefragt.

Die besten Tipps zu Onlineverbindungen

WLAN im Stand-by ausschalten und Strom sparen

Neben dem Bildschirm ist die WLAN-Funktion einer der größten Stromverbraucher Ihres Tablets. Je nach Nutzung kann es deshalb sinnvoll sein, WLAN automatisch zu deaktivieren, wenn der Bildschirm abgeschaltet wird (das Tablet also in den Stand-by-Modus wechselt). Kehrseite der Medaille: Das Tablet kann ohne WLAN keine E-Mails und andere aktuelle Inhalte abrufen und Sie darauf aufmerksam machen. Dies wird aber automatisch nachgeholt, sowie Sie das Tablet verwenden.

1 Öffnen Sie in den *Einstellungen* die Rubrik *WLAN*.

2 Tippen Sie dort oben rechts auf das Menüsymbol und wählen Sie im Menü *Erweitert*.

3 In den erweiterten WLAN-Einstellungen tippen Sie auf *WLAN im Ruhemodus aktiviert lassen*.

4 Im anschließenden Menü können Sie mit *Nie* in den Stromsparmodus schalten. Mit *Immer* bleibt WLAN grundsätzlich an.

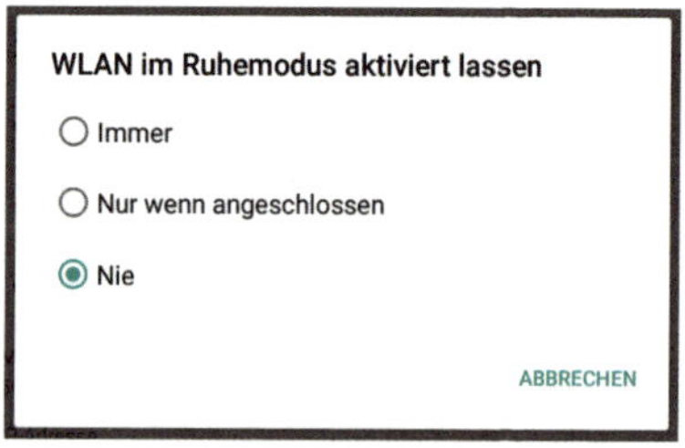

5 Als Kompromiss bleibt noch die Möglichkeit, mit *Nur wenn angeschlossen* WLAN zumindest aktiviert zu lassen, während das Tablet aufgeladen wird. Dann spielt der zusätzliche Energieverbrauch keine Rolle.

Besuchte WLANs aus der Liste entfernen

Ihr Smartphone merkt sich alle jemals besuchten Drahtlosnetzwerke, um die Verbindung hierzu gegebenenfalls sofort wiederherstellen zu können. Dadurch kann die Liste nach und nach sehr umfangreich werden. Vor allem aber kann das negative Nebenwirkungen haben, etwa wenn an einem Standort mehrere WLANs vorhanden sind und das Gerät sich automatisch mit dem falschen verbindet.

1 In der *WLAN*-Liste sind alle Drahtlosnetzwerke vermerkt, mit denen Sie bislang in Verbindung waren.

2 Tippen Sie lange auf das zu entfernende WLAN.

3 Wählen Sie im Menü den Befehl *Netzwerk entfernen*.

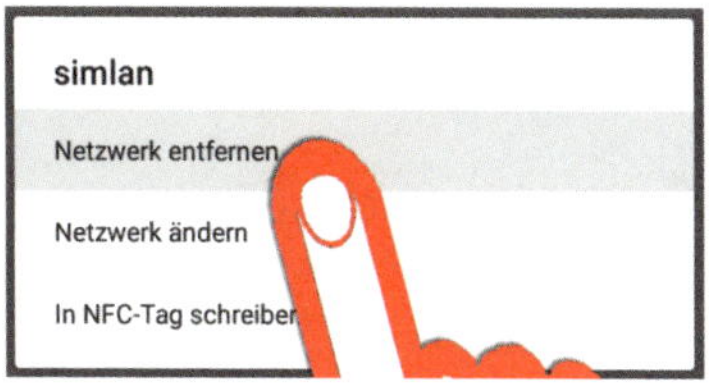

Bei neueren Android-Versionen gibt es eine separate Liste für eingerichtete Drahtlosnetzwerke, die im Moment nicht in Reichweite sind. Tippen Sie dazu in den WLAN-Einstellungen auf das Menüsymbol oben rechts und wählen Sie im Menü *Gespeicherte Netzwerke*. Um eines dieser Netzwerke zu löschen, tippen Sie es an und wählen dann *Entfernen*.

Den Datenverbrauch kontrollieren

Im lokalen WLAN spielt die Kontrolle eine weniger wichtige Rolle als beim Nutzen einer Mobilfunkverbindung oder eines kostenpflichtigen Gastnetzwerks. Aber so oder so kann es nicht schaden, die Nutzung der Onlinedaten im Blick zu behalten. Neuere Android-Versionen bringen von Haus aus eine praktische Übersicht mit, die sowohl die gesamte Menge als auch den Bedarf einzelner Apps verrät.

1 Tippen Sie in den *Einstellungen* im Bereich *Drahtlos & Netzwerke* auf den Punkt *Datenverbrauch*.

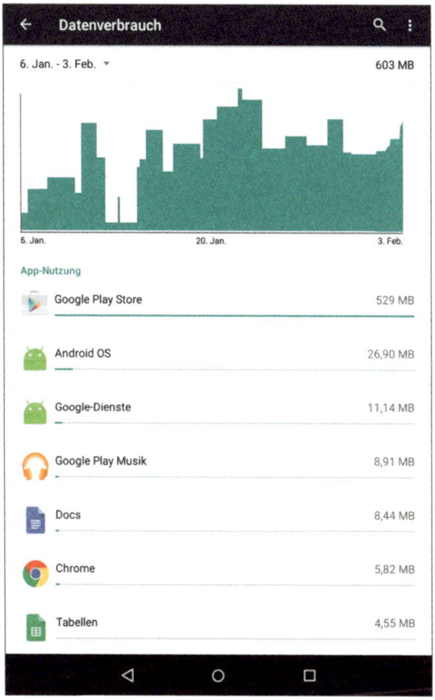

2 Oben rechts sehen Sie den Datenverbrauch als konkrete Zahl, wobei Sie links den Zeitraum für die Betrachtung einstellen können.

3 Die Grafik zeigt den Verlauf des Datenverbrauchs an. Darunter sind in absteigender Reihenfolge die größten Verbraucher aufgeführt.

4 Durch Anklicken eines Eintrags öffnen Sie die Details zu dieser App. Diese verraten teilweise noch weitere Details wie etwa das Unterscheiden zwischen Datentransfers im Vordergrund (also während Sie die App aktiv genutzt haben) und im Hintergrund. Ebenso können Sie hier teilweise in die Einstellungen von Apps wechseln, um deren Datenabrufverhalten zu konfigurieren.

Fremde WLANs als kostenpflichtige Netze behandeln

Vielleicht bewegen Sie sich mit Ihrem Tablet gelegentlich in fremden Gefilden und nehmen dort Gastnetzwerke in Anspruch, die womöglich sogar kostenpflichtig sind? Dann nutzen Sie die Möglichkeit, solche Netzwerke wie Mobilfunknetze zu behandeln. Android selbst bietet ebenso wie viele Apps die Möglichkeit, größere Datentransfers bei der Nutzung von Mobilfunknetzen zu vermeiden. Das spart Kosten und unterbindet große Datentransfervolumen, wenn man nur zu Gast ist.

1 Tippen Sie in den *Einstellungen* im Bereich *Drahtlos & Netzwerke* auf den Punkt *Datenverbrauch.*

2 Tippen Sie dort oben rechts auf das Menüsymbol und wählen Sie *Netzwerkbeschränkungen.*

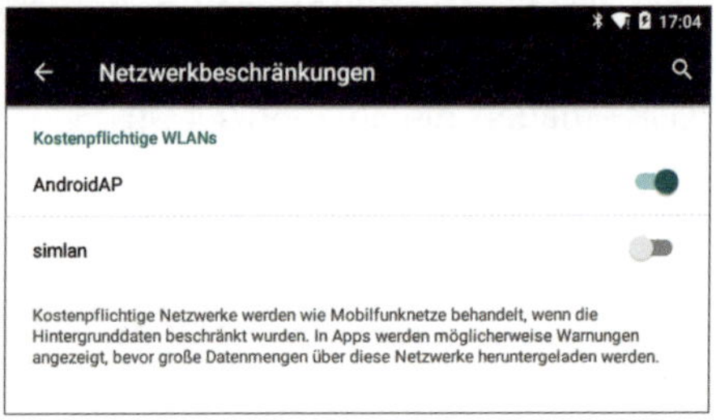

3. Softwaresupermarkt – erweitern Sie Ihr Tablet mit den besten Apps aus dem Play Store

Apps ist das bei Mobilgeräten gängige Kürzel für „Applikationen" oder auf gut Deutsch „Anwendungen". Apps bringt jedes Tablet mit. Einige gehören schon zum Lieferumfang des Android-Betriebssystems, andere fügen die Tablet-Hersteller hinzu.

Sie können aber auch selbst Apps installieren. Der Google-Onlinemarktplatz Play Store bietet Hunderttausende Anwendungen und Spiele an, darunter auch zahlreiche kostenlose.

- Wie finde ich die besten Anwendungen und Spiele? >> Seite 65
- Wie werden Apps aus dem Play Store installiert? >> Seite 71
- Was muss ich beim Kaufen von Apps beachten? >> Seite 72
- Kann ich gekaufte Apps bei Nichtgefallen zurückgeben? >> Seite 75
- Gibt es attraktive Alternativen zum Google Play Store? >> Seite 80
- Wie kann ich Apps installieren, die nicht im Play Store angeboten werden? >> Seite 79
- Kann ich mir Apps bequem am PC aussuchen und dann auf meinem Tablet installieren? >> Seite 76
- Wie kann ich Apps aus dem knappen internen Speicher auf eine SD-Karte auslagern? >> Seite 84
- Wie kann ich hängende Apps beenden? >> Seite 82
- Wie kann ich Apps von meinem Tablet entfernen? >> Seite 85

Der Play Store und das Google-Konto

Um den Play Store zu nutzen und Apps von dort herunterzuladen, müssen Sie Ihr Tablet mit einem Google-Konto verbinden. Das geschieht üblicherweise schon beim ersten Einschalten und Einrichten des Gerätes. Falls nicht, können Sie mit der nachfolgenden Anleitung ein Google-Konto anlegen. Dieses ist kostenlos und verpflichtet Sie zu nichts. Durch das Konto merkt sich der Play Store, welche Apps Sie installiert und gegebenenfalls auch gekauft haben. Wenn Sie gleichzeitig ein anderes Gerät mit demselben Google-Konto verknüpfen, können Sie so die gekauften Apps auf weiteren Geräten nutzen. Das gilt auch, wenn Sie von einem Android-Tablet zu einem neuen wechseln: einfach das alte Google-Konto auch beim neuen Gerät angeben, und schon können Sie die gekauften Apps wieder herunterladen und nutzen.

Ein neues Google-Konto für Ihr Tablet anlegen

Falls Ihr Tablet noch nicht mit einem Google-Konto verknüpft ist oder Sie für den Play Store ein anderes Konto verwenden möchten, können Sie dies jederzeit einrichten. Im Fall eines fehlenden Kontos weist die Play-Store-App Sie beim Start automatisch darauf hin.

1 Um ein Konto anzulegen, öffnen Sie in den *Einstellungen* im Bereich *Nutzer* den Menüpunkt *Konten*.

2 Tippen Sie im anschließenden Dialog auf *Konto hinzufügen* und dann auf *Google*.

3 Damit starten Sie einen Assistenten, mit dem Sie entweder ein bereits vorhandenes Google-Konto dem Tablet hinzufügen oder ein ganz neues anlegen können. Für Letzteres wählen Sie *Oder ein neues Konto erstellen*.

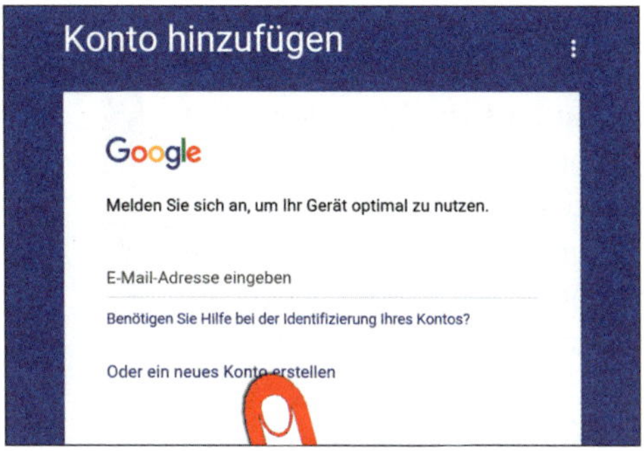

4 Geben Sie im anschließenden Dialog einen Vor- und Nachnamen für das Konto an und wählen Sie dann eine Google-Mailadresse dafür aus.

5 Da schon viele Menschen Google-Konten angelegt haben, ist die gewünschte E-Mail-Adresse vielleicht nicht mehr verfügbar und Sie müssen es erneut versuchen. Der Assistent schlägt Ihnen auf Wunsch aber verfügbare Alternativen vor. Wählen Sie eine davon aus und tippen Sie dann unten auf *Weiter*.

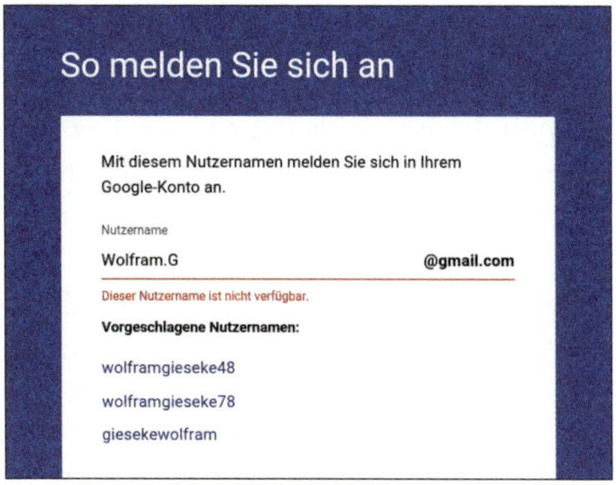

6 Haben Sie einen freien Nutzernamen gefunden, muss noch ein Passwort für das Konto festgelegt werden. Dieses muss zweimal eingegeben werden und mindestens acht Zeichen umfassen. Der Hinweis rechts unter dem oberen Feld verrät Ihnen, wann das gewählte Kennwort sicher ist.

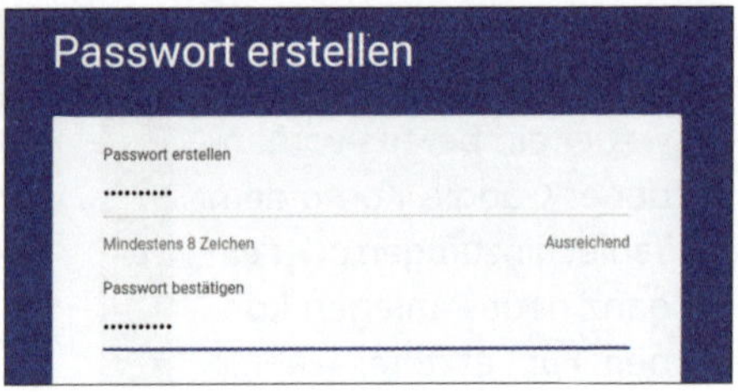

7 Schließlich können Sie eine Telefonnummer angeben. Diese ist wichtig, falls Sie das Passwort einmal vergessen sollten. Am besten verwenden Sie eine Mobilfunknummer. Dann können Sie sich zum Zurücksetzen eines vergessenen Passworts einen Zahlencode per SMS zusenden lassen. Die Nummer wird direkt mit einer Test-SMS überprüft. Tippen Sie den empfangenen Code ins Eingabefeld ein.

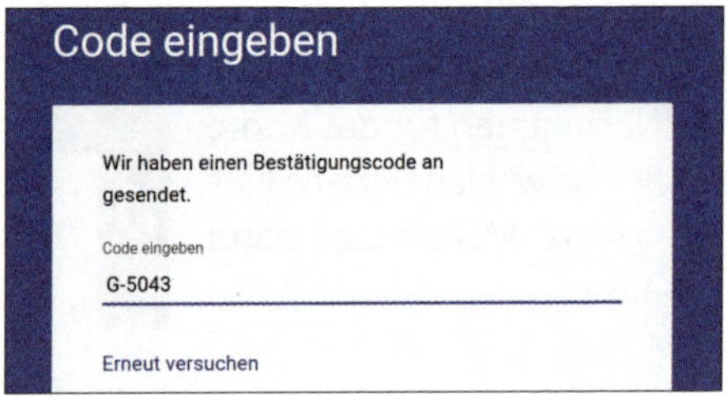

Nutzername und Passwort gut aufbewahren

Eigentlich ist es selbstverständlich, aber trotzdem der Hinweis: Bewahren Sie die Zugangsdaten Ihres Google-Kontos sorgfältig auf. Auf Ihrem Tablet müssen Sie sie normalerweise nicht mehr eingeben (deshalb vergisst man sie im Laufe der Zeit auch gern). Es gibt aber Situationen, in denen sie wichtig sind, etwa wenn Sie nach einem System-Update Ihr Gerät neu einrichten müssen, wenn Sie ein weiteres Gerät mit demselben Konto verwenden oder Ihre Apps per Webbrowser verwalten möchten. Insbesondere wenn Sie kostenpflichtige Apps installieren wollen, ist der Zugang zum Google-Konto ganz wichtig. Sonst können Sie in den oben beschriebenen Situationen nicht mehr auf die bereits bezahlten Apps zugreifen und müssen diese gegebenenfalls erneut bezahlen!

8 Stimmen Sie schließlich den Datenschutz- und Nutzungsbedingungen zu, um das neue Google-Konto endgültig einzurichten.

Damit ist Ihr Google-Konto erstellt und automatisch mit Ihrem Tablet verknüpft. Sollte es das einzige Google-Konto auf diesem Gerät sein, wird es vom Play Store automatisch verwendet. Andernfalls können Sie in der Play-Store-App jederzeit auswählen, welches Konto benutzt werden soll.

So finden Sie im Play Store die besten Apps und Spiele

Der Play Store ist der offizielle Onlinemarktplatz für alle Android-Geräte. Es ist nicht das einzige Verzeichnis, aber mit Abstand das umfangreichste. Um den Play Store mit Ihrem Tablet nutzen zu können, müssen Sie Ihr Gerät einmalig mit einem Google-Konto verbinden, falls das nicht bereits geschehen ist (siehe Seite 62). Dann können Sie den Play Store jederzeit besuchen. Am besten nutzen Sie dafür eine WLAN-Verbindung. Per Mobilfunkinternet geht es auch, aber das ist langsamer und je nach Mobilfunktarif teurer.

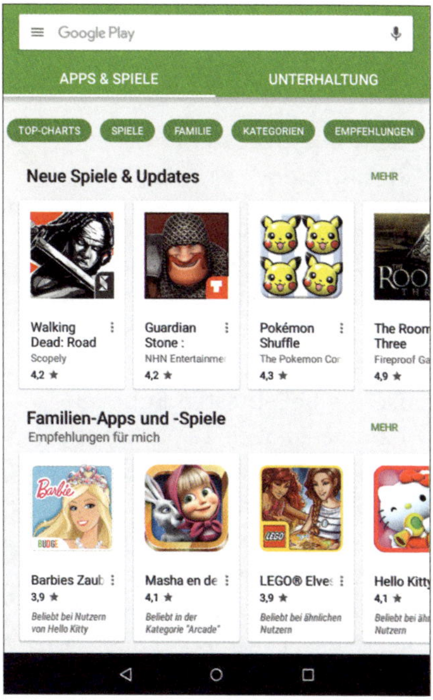

Der Play Store präsentiert Ihnen auf der Startseite seine digitalen Inhalte in den beiden Hauptkategorien *Apps & Spiele* sowie *Unterhaltung*. Innerhalb dieser Bereiche wird das Angebot weiter verfeinert mit verschiedenen Rubriken, aus denen jeweils einige Apps angezeigt werden. Mit einem Tipp auf *Mehr* lassen Sie sich den jeweiligen Bereich ausführlicher anzeigen. Wollen Sie sich hingegen direkt über eine konkrete App informieren, tippen Sie deren Namen oder die dazugehörige Abbildung an, um die Detailseite zu öffnen.

Mit dem Menüsymbol links im Suchfeld ganz oben blenden Sie die Seitenleiste ein. Diese enthält Abkürzungen zu den verschiedenen Bereichen sowie zu den Einstellungen und Ihrem Konto.

Ganz oben in der Seitenleiste können Sie zwischen Ihren Google-Konten wechseln, wenn mehr als eines auf dem Tablet eingerichtet ist.

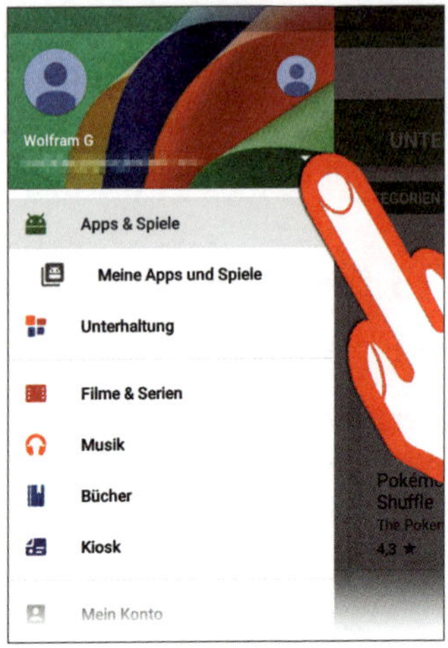

Schnelle Übersicht mit Kategorien

In der Navigationsleiste des Play Store finden Sie den Eintrag *Kategorien*. Mit einem Tipp darauf öffnen Sie eine Übersicht aller Kategorien. Ganz oben finden Sie die beliebtesten Rubriken, darunter folgt eine alphabetisch sortierte vollständige Liste. Wählen Sie einen Eintrag aus, können Sie ihn mit einem erneuten Tipp auf *Kategorien* weiter verfeinern, etwa die Kategorie *Spiele* in *Abenteuer, Action, Rennsport* oder *Simulation*.

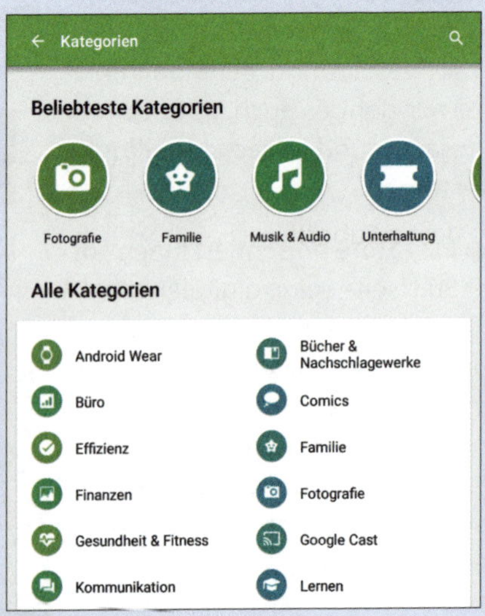

Um sich eine der Apps genauer anzusehen, tippen Sie deren Eintrag an.

- Dieser verrät zunächst einige Eckdaten sowie eine kurze Beschreibung und Bilder der App.
- Mit *Weiterlesen* erhalten Sie eine ausführlichere Beschreibung. Ebenso können Sie die Abbildungen antippen, um sie vergrößert anzuzeigen.
- Interessant sind oft auch die *Bewertungen* durch andere Nutzer. Diese bestehen aus einer Sternchen-Bewertung und oftmals auch aus Anmerkungen. Darin finden sich auch Hinweise auf Probleme oder zur Stabilität der App auf einem bestimmten Gerät. Besonders bei kostenpflichtigen Apps lohnt es sich, diese Einträge vor dem Kauf zumindest zu überfliegen.
- Weiter unten zeigt die Rubrik *Nutzer haben auch installiert* Apps an, die einem vergleichbaren Zweck dienen, bzw. Spiele, die nach dem gleichen Prinzip funktionieren. Das ist praktisch, um etwa Gratisalternativen zu einer kostenpflichtigen App zu finden.

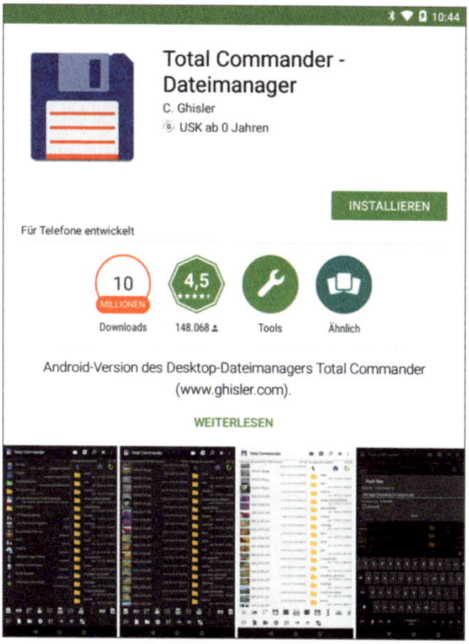

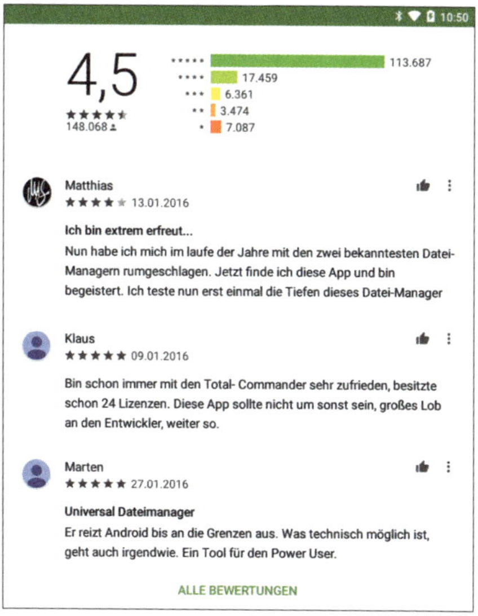

Eine ganz bestimmte App schnell finden

Der Play Store verfügt über eine einfache Suchfunktion. Wenn Sie eine ganz bestimmte App suchen und deren Namen oder zumindest einen Teil davon kennen, können Sie damit schnell fündig werden.

1 Starten Sie den Play Store und tippen Sie oben in das Suchfeld. Befinden Sie sich bereits in einer der Kategorien, können Sie das Suchfeld jederzeit mit dem Lupensymbol oben rechts einblenden.

2 Geben Sie hier den Namen der gesuchten App (oder einen eindeutigen Bestandteil davon) ein. Während des Tippens erhalten Sie bereits Vorschläge zu passenden Suchbegriffen.

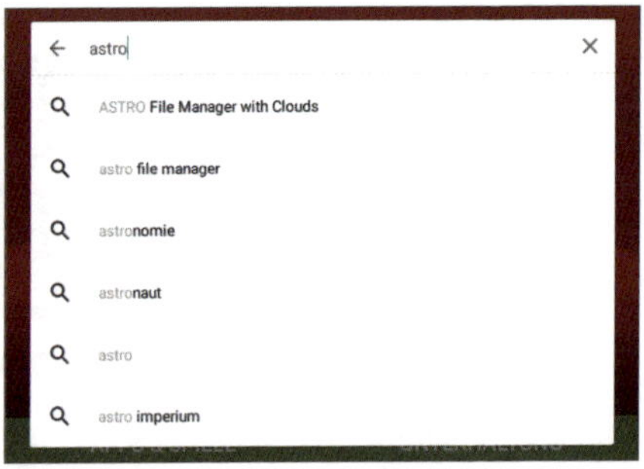

3 Starten Sie die Suche durch Antippen der Eingabetaste oder durch Auswählen eines der vorgeschlagenen Begriffe. Sie erhalten dann nach kurzer Wartezeit eine Liste der Apps, die zu dem gesuchten Begriff passen.

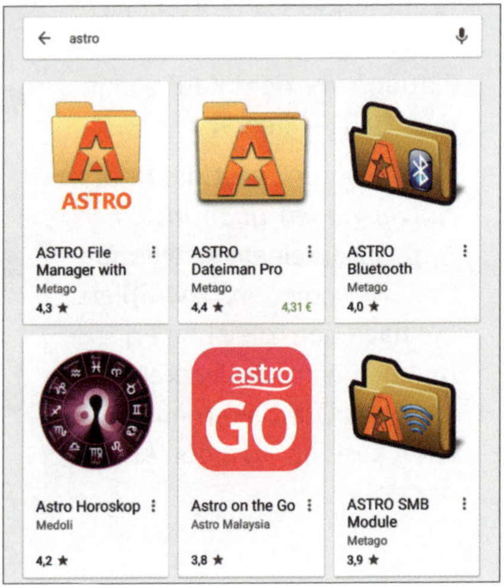

Warum wird die gesuchte App nicht gefunden?

Es kann durchaus passieren, dass Sie eine bestimmte App nicht finden, obwohl Sie genau wissen, dass es sie gibt. Das liegt daran, dass der Play Store automatisch nur Apps anzeigt, die zu Ihrem Tablet passen. Wenn eine App z. B. unbedingt einen GPS-Empfänger benötigt, um ihre Aufgaben erfüllen zu können, ist es sinnlos, sie auf einem Gerät ohne GPS-Hardware zu installieren. Folglich wird diese App im Play Store nur für Geräte angeboten, die mit GPS ausgerüstet sind. Ähnliches gilt für andere Hardwareanforderungen wie Bluetooth, WLAN, eine gewisse Displaygröße oder eine Mindesttaktzahl des Prozessors.

Worauf Sie achten müssen: Berechtigungen, Bewertungen und In-App-Käufe

Die Hinweise hier gelten nicht nur für den Google Play Store, sondern auch für die alternativen Märkte, die ich später vorstelle.

- **Bewertungen**: Ob eine App wirklich etwas taugt, können Sie recht schnell den abgegebenen Bewertungen entnehmen. Allerdings müssen Sie hier zwischen zwei Bewertungstypen unterscheiden: Da gibt es einmal die, die generell nur ganz wenig schreiben („super“, „doof“, „klappt nicht“). Das sind aber oft die, die bewerten, ohne die App gründlich getestet zu haben. Zum Glück gibt es genug Bewerter, die wissen, wovon sie reden. Diese erkennen Sie an ausformulierten Texten, in denen positive wie negative Aspekte genauer ausgeführt werden.

Beispiel: ein kostenlos herunterladbares Live-Wallpaper zu einem Film. Oben sehen Sie bereits, dass die App keine volle Punktzahl vorweisen kann und gerade die 1-Sterne-Bewertungen nicht gerade wenig sind.

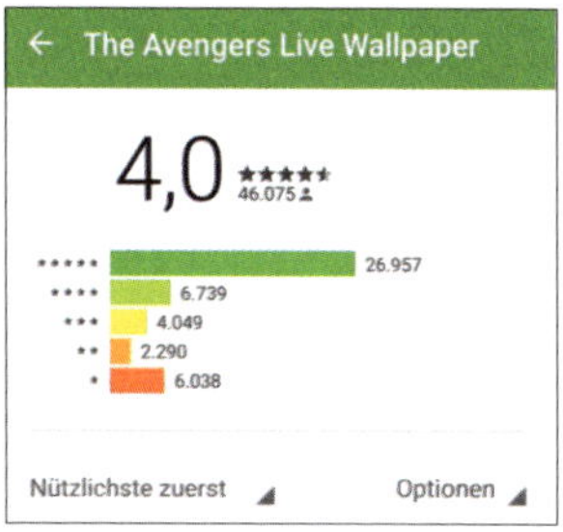

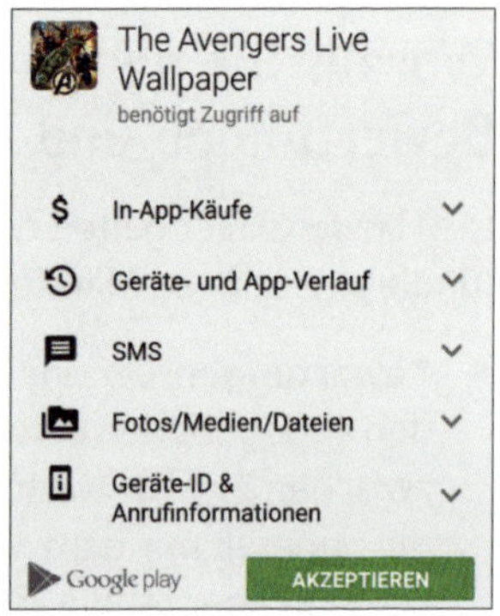

Darunter können Sie die Bewertungen nach Datum, Gerät etc. sortieren. Einige der weniger begeisterten Bewertungen weisen schon darauf hin, dass für ein Wallpaper viele Berechtigungen gefordert werden. Wenn man herunterscrollt, wird klar, dass es sich hier um eine Abofalle handeln könnte (siehe auch In-App-Käufe weiter unten).

- **Zugriffsrechte**: Darum braucht diese App auch so viele Berechtigungen. Besonders *In-App-Käufe* und *Netzwerkkommunikation* sind bedenklich, denn damit erlauben Sie den Zugriff auf den Play-Store-Rechnungsdienst – also Ihre Kreditkarte! Auch der Zugriff auf *SMS* und *Anrufinformationen* erschließt sich bei einem Live-Hintergrund nicht so recht. Tippen Sie eine Berechtigung an, um herauszufinden, was Sie der App damit erlauben. Vertrauenswürdige App-Entwickler erklären in der Beschreibung der App, warum bestimmte Berechtigungen benötigt werden.

Zugriffsrechte nicht einfach hinnehmen

Ab Version 6 erlaubt Android es, Apps einzelne Rechte zu entziehen (siehe Seite 72). Bei früheren Android-Versionen kann man Apps leider nur mit allen angeforderten Zusatzrechten installieren oder eben ganz darauf verzichten. Auch beim Aktualisieren von Apps sollte man darauf achten, ob und welche Rechte sich die Entwickler bei der Gelegenheit nachträglich holen wollen. In solchen Fällen einer Rechteausweitung fragt das System jeweils neu nach. Wer etwas Unterstützung braucht: Die App *Clueful Privacy Advisor* warnt Sie, wenn Anwendungen gar zu forsch mit ihren Forderungen werden – auch bei Updates.

- **In-App-Käufe**: Es gibt leider viele Apps, die man kostenlos herunterladen kann, aber um weitere Funktionen dieser App nutzen zu können, wird man erst zur Kasse gebeten. Um dem vorzubeugen, öffnen Sie die Play-Store-Einstellungen und aktivieren unter *Nutzersteuerung* die Option *Authentifizierung für Käufe erforderlich.*

Apps aus dem Play Store ruck, zuck installieren

Das Installieren von Apps aus dem Play Store ist recht komfortabel, da die Dateien direkt via Internet auf das Gerät heruntergeladen und installiert werden. Im Prinzip müssen Sie nur Ihr Okay dazu geben, das allerdings mehrfach:

1 Haben Sie eine App für Ihre Zwecke gefunden, tippen Sie auf die dazugehörige *Installieren*-Schaltfläche.

2 Daraufhin wird angezeigt, welche Zugriffsrechte diese App benötigt. Das dient Ihrer Sicherheit. Wenn eine App z. B. auf vertrauliche Daten wie Ihre Kontakte zugreifen möchte, können Sie sich an dieser Stelle nochmals überlegen, ob Ihnen das wirklich recht ist. Wenn ja, setzen Sie die Installation mit *Akzeptieren* fort. Ein Hinweis: Ab Android 6 erfolgt dieser Schritt bei einigen Apps erst später, wenn Sie die installierte App zum ersten Mal starten (siehe Seite 72).

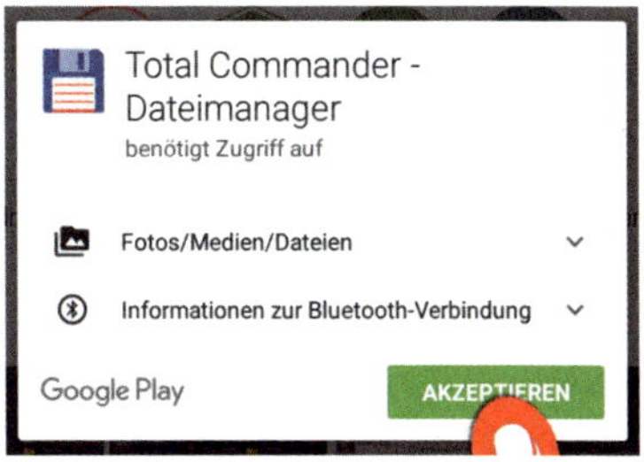

3 Nun beginnt der Download der App. Ist dieser vollständig, installiert Android die Anwendung auch gleich. Das passiert alles automatisch im Hintergrund. Sie bekommen davon lediglich Meldungen in der Statuszeile am oberen Bildschirmrand mit.

4 Dort signalisiert ein Symbol Download und Installation. Nach dem Abschluss der Installation wird ein kleines Play-Store-Symbol angezeigt, das vorläufig in der Statuszeile bleibt. Ziehen Sie den Benachrichtigungsbereich herunter, um die entsprechende Meldung einzusehen.

5 Mit einem Klick auf die Meldung können Sie die neu installierte App direkt zum ersten Mal starten. Oder Sie löschen die Meldung einfach und rufen die Anwendung später ganz regulär in der App-Übersicht auf.

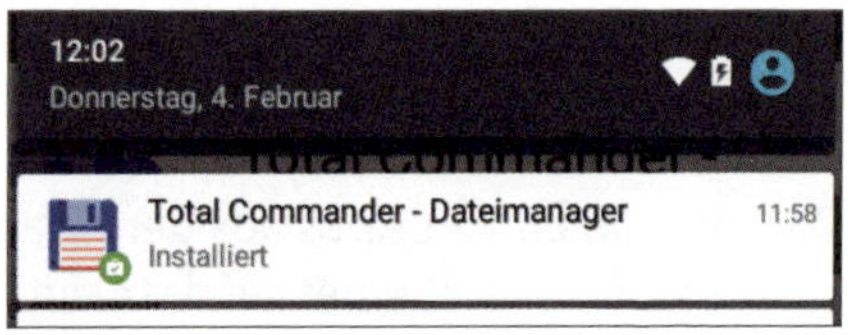

Apps bestimmte Zugriffsrechte entziehen

Ab Android 6 können Sie installierten Apps einzelne Zugriffsrechte verweigern. Bei Apps, die diese Funktion aktiv unterstützen, werden Zugriffsrechte deshalb nicht mehr während der Installation abgefragt, sondern beim ersten Start auf dem Gerät. In dem Fall können Sie einzelne Berechtigungen guten Gewissens verweigern. Die App wird trotzdem ihren Dienst tun.

Apps, die diese Funktion (noch) nicht unterstützen, müssen Sie nach wie vor mit allen Zugriffsrechten installieren, können aber anschließend einzelne Rechte wieder entziehen. Die Kehrseite: Da die Apps darauf nicht vorbereitet sind, kann es sein, dass einzelne Funktionen oder die ganze App dann nicht mehr laufen.

1 Öffnen Sie in den *Einstellungen* im Bereich *Gerät* den Punkt *Apps*.

2 Tippen Sie oben rechts auf das Zahnradsymbol und wählen Sie im Menü *App-Berechtigungen*.

3 Wählen Sie im anschließenden Schritt zunächst die Art des Zugriffsrechts aus, das Sie entziehen möchten. In dieser Liste lässt sich auch recht schön erkennen, welche Rechte besonders „beliebt“ sind.

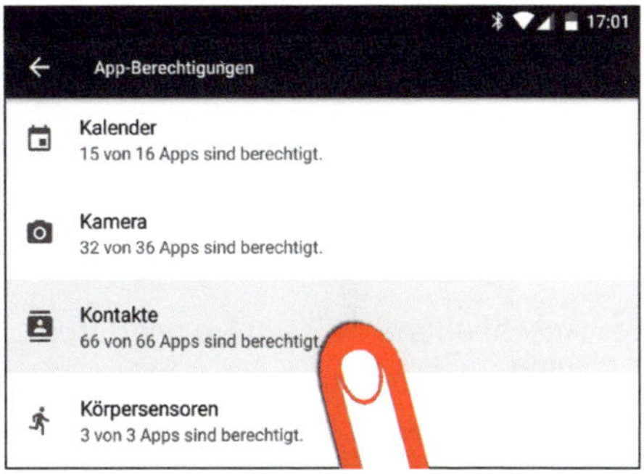

4 Für die gewählte Kategorie werden dann alle Apps aufgelistet, die dafür Zugriffsrechte haben möchten. Am Schalter rechts erkennen Sie, welche der Apps diese Erlaubnis derzeit haben. Gleichzeitig können Sie mit einem Tipp auf diesen Schalter einzelnen Apps dieses Zugriffsrecht verweigern oder genehmigen.

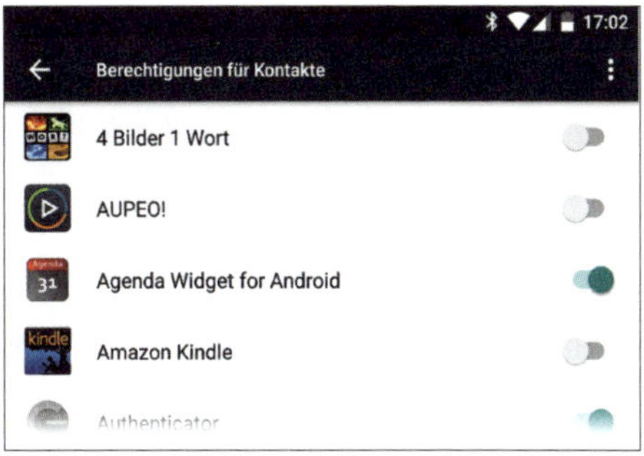

5 Bei Apps, die noch nicht an die Rechteverwaltung angepasst worden sind, wird ein Warnhinweis angezeigt, dass diese App anschließend eventuell nicht mehr funktionieren könnte. Das ist korrekt, aber ein Versuch kann in keinem Fall schaden. Sollte die App anschließend tatsächlich nicht mehr funktionieren, können Sie ihr das Zugriffsrecht einfach wieder erlauben.

Kostenpflichtige Apps kaufen

Neben den zahlreichen kostenlosen Apps im Play Store gibt es auch jede Menge kostenpflichtige Programme. Diese können etwa per Kreditkarte bezahlt werden.

1 Bei Bezahl-Apps finden Sie anstelle der *Installieren*-Schaltfläche einen Button mit dem Preis der App, über den Sie den Kaufvorgang starten.

2 Anschließend müssen Sie wiederum die Zugriffsrechte der App *Akzeptieren* sowie gegebenenfalls die Methode auswählen, mit der Sie die App bezahlen möchten. Haben Sie noch nie im Play Store eingekauft, müssen Sie zunächst eine Zahlungsmethode hinzufügen.

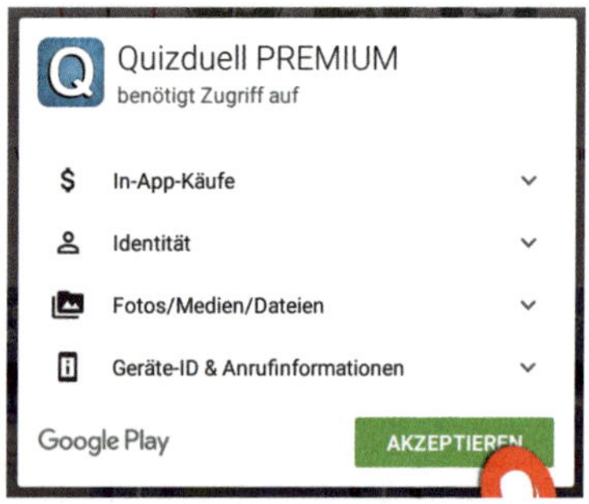

Kreditkarte, PayPal oder Telefonabrechnung

Apps, Medien und auch Käufe innerhalb einer App via Play Store können mit Kreditkarte und mittlerweile auch per PayPal bezahlt werden. Einige Mobilfunkanbieter wie etwa die Telekom ermöglichen Android-Nutzern auch das Bezahlen von Apps per Telefonrechnung. In diesem Fall wird eine entsprechende Option während des Bezahlvorgangs eingeblendet. Ob dies auch für Sie möglich ist, hängt von Ihrem Anbieter und vom verwendeten Gerät ab. Erkundigen Sie sich gegebenenfalls beim Kundendienst Ihres Mobilfunkanbieters, wenn Sie diese Möglichkeit nutzen möchten. Wer ganz ohne Anmeldungen und Zahlungsdaten auskommen möchte, kann Play-Store-Gutscheine einlösen. Diese bekommt man schon bei vielen Discountern an der Kasse.

3 Ist eine gültige Zahlungsmethode hinterlegt, wird noch einmal der Kaufpreis für die gewählte App angezeigt.

4 Stimmen Sie außerdem den Nutzungsbedingungen zu und tippen Sie auf *Kaufen*.

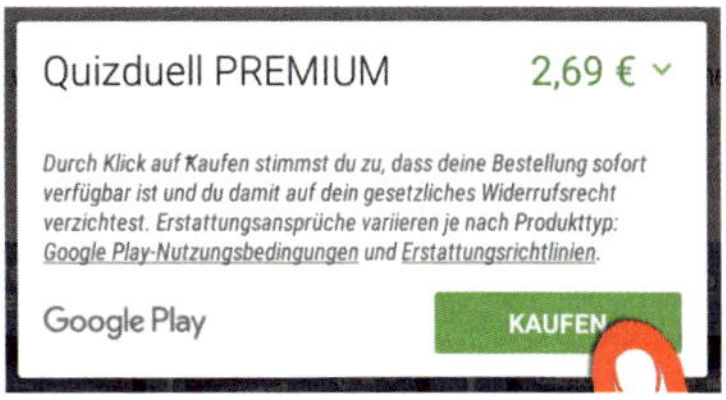

5 Je nach Play-Store-Einstellungen müssen Sie nun noch das Passwort Ihres Google-Kontos eingeben. Dann wird die gekaufte Anwendung wie jede andere App auch heruntergeladen und installiert.

Wollen Sie später eine andere Zahlungsmethode verwenden, Ihre Kreditkartendaten aktualisieren oder zur Zahlung per PayPal wechseln, öffnen Sie die Seitenleiste des Play Store und wählen dort *Mein Konto*. In der anschließenden Übersicht können Sie andere *Zahlungsmittel hinzufügen*.

Gekaufte Apps zurückgeben und Preis erstatten lassen

Alle Kauf-Apps im Play Store können Sie für einen leider nur kurzen Zeitraum von zwei Stunden zunächst ausprobieren. Testen Sie also nach einem App-Kauf sofort, ob die App Ihren Vorstellungen entspricht, und vor allem, ob sie auf Ihrem Tablet ordentlich läuft. Wenn nicht, können Sie die App innerhalb dieser zwei Stunden wieder deinstallieren und sich den Kaufpreis erstatten lassen.

1 Um eine gekaufte App zurückzugeben, öffnen Sie die Startseite des Play Store, tippen dort oben links auf das Menüsymbol und wählen im Menü *Apps & Spiele/Meine Apps und Spiele*.

2 Hier werden alle Apps angezeigt, die Sie derzeit heruntergeladen bzw. gekauft haben. Tippen Sie auf die fragliche Anwendung.

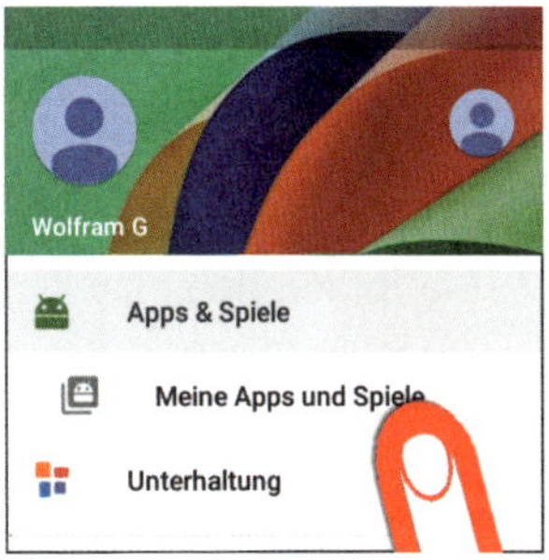

3 Ist der Testzeitraum noch nicht abgelaufen, finden Sie hier die Schaltfläche *Erstatten*. Tippen Sie darauf.

4 Bestätigen Sie die Rückfrage mit *Ja*. Die App wird nun deinstalliert und der Kauf storniert. Der Kaufpreis wird also gar nicht erst abgebucht.

Gekaufte Apps deinstallieren

Sie können bezahlte Apps jederzeit von Ihrem Gerät deinstallieren, z. B. wenn der Speicherplatz knapp wird. Der Play Store merkt sich, welche Apps Sie erworben haben. Sie können die einmal bezahlten Apps also jederzeit wieder installieren, ohne erneut dafür zu bezahlen. Die gekauften Apps sind an das Google-Konto gebunden, mit dem Ihr Tablet verknüpft ist. Dadurch können Sie gekaufte Apps auch bei einem Wechsel des Gerätes „mitnehmen" oder auf anderen Android-Geräten nutzen. Sie müssen dazu nur die Geräte mit demselben Google-Konto verknüpfen.

Den Play Store bequem im Webbrowser besuchen

Dass Sie den Play Store mithilfe der gleichnamigen App direkt mit Ihrem Android-Tablet besuchen können, ist klar. Sie können den Play Store aber auch mit einem beliebigen Webbrowser z. B. am PC öffnen, sich dort in Ruhe informieren und interessante Apps per „Fernsteuerung" installieren lassen. Diese Methode eignet sich beispielsweise auch, wenn Sie beim Surfen Links auf vielversprechende Android-Apps finden. Anstatt den Namen der App im Tablet einzutippen, folgen Sie dem Link am PC und lassen die App direkt auf Ihrem Tablet installieren.

1 Sie finden den Play Store mit einem beliebigen Webbrowser unter der Adresse play.google.com. Wollen Sie einfach nur durch das Angebot stöbern, können Sie direkt loslegen. Wenn Sie auch Apps herunterladen möchten, sollten Sie sich zunächst oben rechts *Anmelden*. Dann erfahren Sie beispielsweise auch, welche Apps für Ihr Tablet geeignet sind.

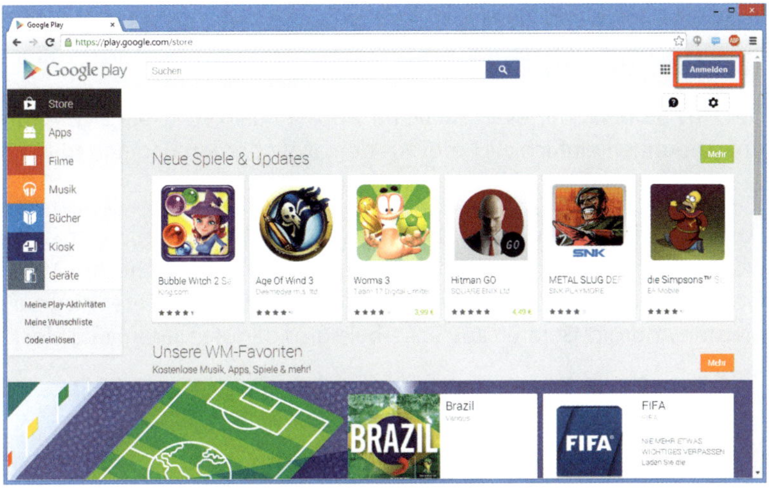

2 Wenn Sie die Details einer App betrachten, finden Sie links einen Hinweis, ob diese mit Ihrem Gerät bzw. all Ihren Geräten kompatibel ist. Sollten Sie mehrere Geräte registriert haben, klicken Sie auf den Hinweis, um detaillierte Auskünfte einzuholen.

3 Wenn Sie eine App kaufen oder kostenlos herunterladen, können Sie im Formular bei *Gerät auswählen* festlegen, auf welchem Gerät diese App installiert werden soll.

Abseits des offiziellen Stores: Software aus anderen Quellen installieren

Der Play Store ist nur eine Quelle für Apps. Prinzipiell lassen sich Android-Anwendungen einfach als Datei aus dem Netz herunterladen und auf dem Gerät installieren.

Da das Veröffentlichen von Apps für Entwickler mit Kosten verbunden ist (selbst wenn die Apps kostenlos angeboten werden), stellen manche ihre Apps einfach als Download auf einer Website bereit. Allerdings ist dieser Weg auf den meisten Android-Geräten aus Sicherheitsgründen standardmäßig blockiert.

1 Öffnen Sie die *Einstellungen* und darin im Bereich *Nutzer* die Seite *Sicherheit*.

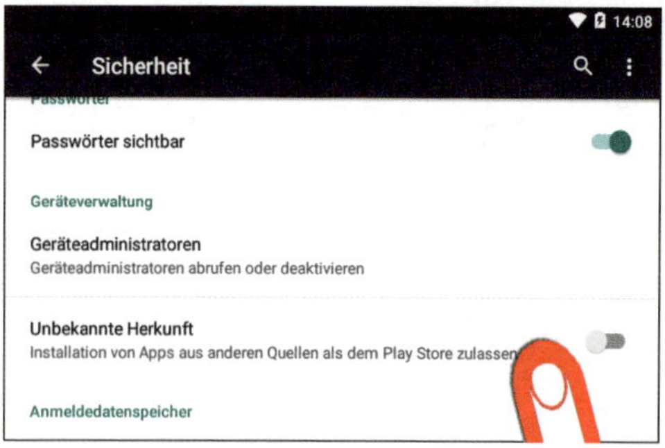

2 Hier finden Sie unter *Geräteverwaltung* den Menüpunkt *Unbekannte Herkunft – Installation von Apps aus anderen Quellen als dem Play Store zulassen*. Tippen Sie darauf, um diese Einstellung zu aktivieren.

3 Bestätigen Sie danach die (berechtigte) Warnung bezüglich Apps aus unbekannten Quellen mit *OK*.

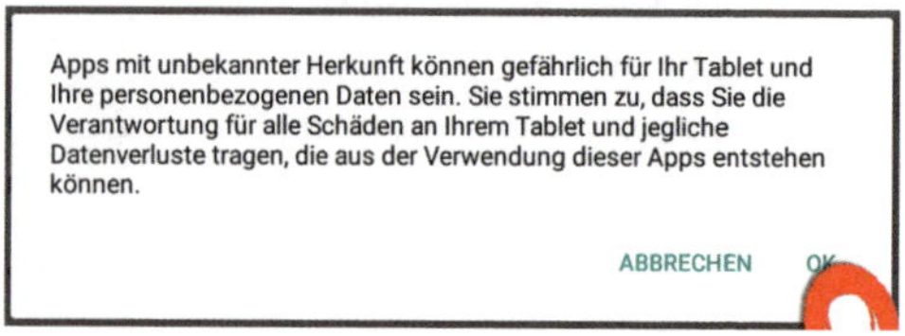

4 Anschließend wird diese Einstellung mit einem Häkchen versehen. Sie können das Menü dann einfach verlassen.

Sicherheitsrisiken auch bei Android

Genauso wie bei Windows und anderen Betriebssystemen besteht auch bei Android das Risiko, sich mit dem Herunterladen einer App zugleich Schadsoftware wie Viren oder Trojaner einzufangen. Im offiziellen Play Store sorgt Google für eine gewisse Kontrolle, wobei aber gelegentlich auch schon mal Schadsoftware durchrutscht. Aber spätestens, wenn Sie selbst direkt aus dem Web Apps herunterladen, sollten Sie vorsichtig sein und nur vertrauenswürdige Quellen oder einen der für Android verfügbaren Virenscanner nutzen.

Mit Vorsicht genießen: Apps aus dem Netz herunterladen

Android-Apps werden in Dateien mit der Endung *.apk* verbreitet. Um eine solche Datei zu installieren, können Sie sie z. B. per Webbrowser direkt auf das Tablet herunterladen. Oder Sie übertragen die Datei von einem PC auf das Tablet. Zum Installieren der App benutzen Sie einen Dateimanager. Sollte Ihrem Tablet keiner beiliegen, können Sie beispielsweise den kostenlosen deutschsprachigen ASTRO-Dateimanager aus dem Play Store verwenden.

1 Wenn Sie die Datei direkt mit dem Tablet heruntergeladen haben, tippen Sie nach Beendigung des Downloads auf die entsprechende Benachrichtigung.

2 Andernfalls starten Sie den ASTRO-Dateimanager und navigieren zu dem Ordner Ihres Tablets, in dem Sie die APK-Datei der App zuvor gespeichert haben.

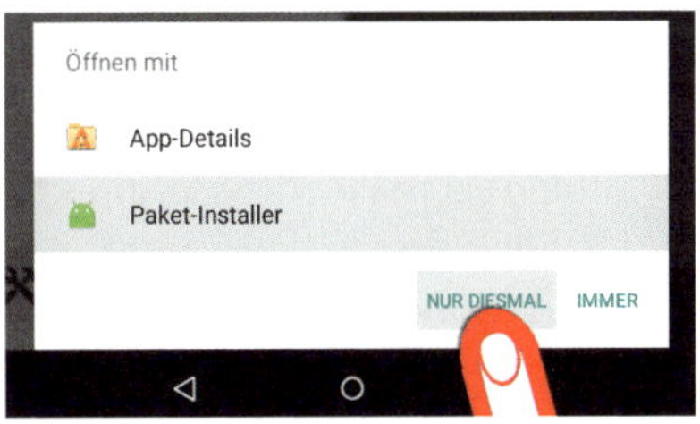

3 Tippen Sie die Datei an. Der Dateimanager erkennt, dass es sich um eine Anwendungsdatei handelt, und zeigt die Optionen dafür an. Wählen Sie zum Installieren den *Paket-Installer*.

4 Tippen Sie auf die *Installieren*-Schaltfläche und bestätigen Sie wie im Play Store die Zugriffsrechte der App mit einem erneuten Tippen auf *Installieren* unten rechts.

5 Damit starten Sie den normalen Installationsvorgang von Android, wie er auch im Play Store abläuft, nur das Herunterladen entfällt.

Store-Alternative – Android-Apps von Amazon beziehen

Der Play Store von Google gilt zwar nicht umsonst als der App Store für Android-Apps, aber es gibt durchaus ernst zu nehmende Alternativen. So bietet etwa Amazon einen eigenen App Store an. Der ist nicht ganz so groß wie der Play Store, aber auch umfangreich, gut sortiert und mit attraktiven Sonderangeboten wie z. B. regelmäßigen Gratis-Ausgaben von sonst kostenpflichtigen Apps. Ein weiterer großer Vorteil: Der Amazon-Dienst nutzt die gleiche Bezahlweise wie für Ihre Amazon-Bestellungen, also beispielsweise den Bankeinzug. Um den Amazon App-Shop nutzen zu können, müssen Sie einmalig eine entsprechende App herunterladen. Diese ist nicht im Play Store erhältlich, sondern muss aus dem Netz bezogen werde. Beachten Sie hierzu bitte auch die beiden vorangegangenen Tipps.

1 Öffnen Sie im Webbrowser Ihres Tablets die Adresse www.amazon.de/app-shop-web.

2 Starten Sie hier den Download der APK-Datei. Ist dieser vollständig, tippen Sie auf die Benachrichtigung, um die Datei zu öffnen.

3 Wählen Sie den *Paket-Installer* und bestätigen Sie dann das *Installieren* des Amazon-Shops. Anschließend können Sie die neue App direkt öffnen.

4 Dabei melden Sie sich zunächst mit Ihrem Amazon-Konto an. Dieses vermerkt Ihre Downloads und Einkäufe, sodass Sie einmal erworbene Apps immer wieder nutzen können. Sollten Sie noch kein Amazon-Konto haben, können Sie auch ein *Konto erstellen*.

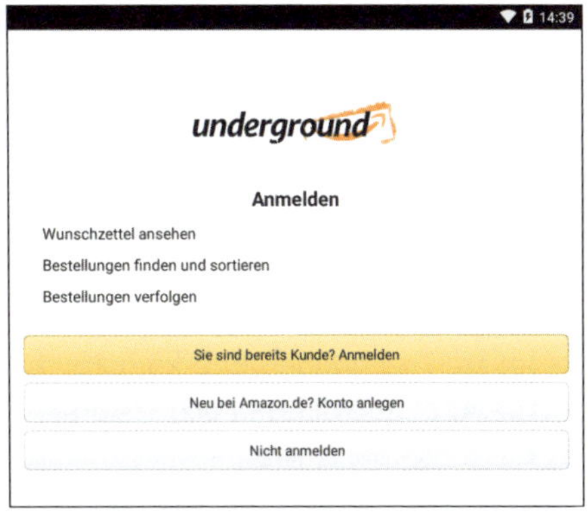

5 Anschließend können Sie den Amazon App-Shop nach Herzenslust durchstöbern. Ähnlich wie der Play Store ist er ebenfalls nach Kategorien aufgebaut, die Sie über das Menüsymbol oben links abrufen. *Underground Apps* ist der wohl gewollt szenige Name des App-Verzeichnisses.

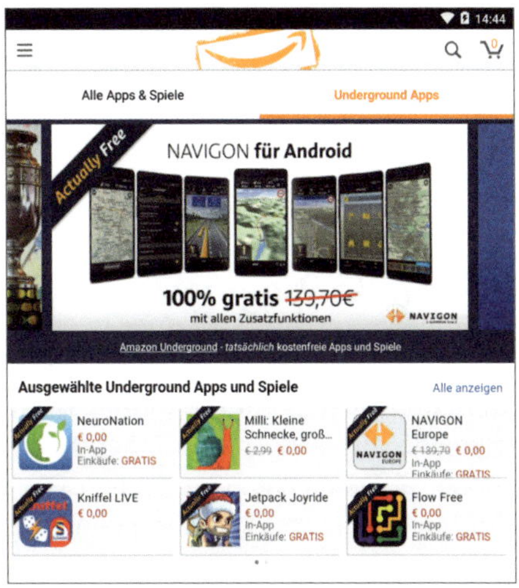

6 Direkt auf dessen Startseite finden Sie oben spezielle Angebote wie Gratis-Apps des Tages. Ein Tipp auf das Symbol einer App ruft jeweils weitere Detailinformationen auf den Bildschirm.

7 Um eine App herunterzuladen, tippen Sie zunächst auf das Preisschild bzw. auf *Herunterladen*.

8 Nach dem Download brauchen Sie nur noch mit *Installieren* das Einrichten der App auf Ihrem Tablet zu genehmigen und können die App kurz darauf auch schon das erste Mal starten.

Hängende Programme: zickende Software gezielt beenden

Im Allgemeinen sorgt das Betriebssystem Android selbst für eine gewisse „Hygiene" bei den Apps. Hängende Programme sind dadurch eher selten, können aber durchaus vorkommen. Das Beenden ist dann nicht ganz einfach, weil ein klassisches „Schließen" einer App bei Android nicht vorgesehen ist.

Man kehrt einfach z. B. zur Startseite zurück, und die Zombie-App bleibt im Hintergrund. Irgendwann wird sie automatisch aus dem Speicher entfernt, wenn dieser für andere Aufgaben benötigt wird. Sie können Anwendungen aber auch gezielt beenden.

1 Tippen Sie dazu auf das viereckige Symbol unten rechts in der Statusleiste.

2 Android blendet dann eine Liste der zuletzt benutzten Apps ein. Wichtig: Warten Sie ein bis zwei Sekunden ab.

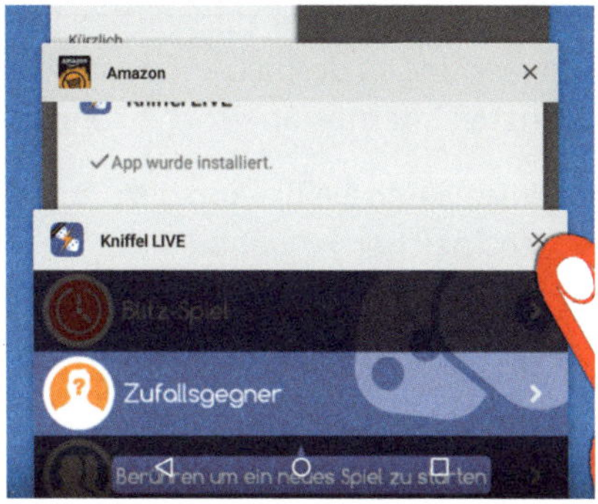

3 Nach kurzer Zeit versieht Android die Titelleiste jeder App rechts mit einem kleinen *x*.

4 Tippen Sie auf dieses *x*, um die dazugehörige App zu beenden und aus dem Speicher zu entfernen.

Task-Manager & Co.

Im Zusammenhang mit dem Beenden von Apps wird auch gern auf Task-Manager verwiesen, die andere Apps beenden können und dadurch Speicher und Energie sparen sollen. Solche Empfehlungen sind mit Vorsicht zu genießen, denn im Prinzip benötigt Android solche Maßnahmen nicht. Es kümmert sich selbst um die laufenden Apps und beendet sie gegebenenfalls, wenn der Speicher anderweitig benötigt wird. Spezielle Task-Manager-Apps ermöglichen dem Anwender zwar mehr Komfort und Kontrolle über diese Vorgänge. Das kann aber auch nach hinten losgehen, und sie erhöhen durch ihre eigene Aktivität unterm Strich den Stromverbrauch.

Platz ohne Ende: Apps auf der SD-Karte installieren

Android-Tablets verfügen nur über einen begrenzten internen Speicherplatz, der sich durch eine SD-Karte erweitern lässt. Allerdings werden Apps standardmäßig im internen Speicher installiert, der dadurch schnell knapp wird. Bei Geräten mit einer zusätzlichen SD-Karte als Speichererweiterung können Anwendungen deshalb auf diese SD-Karte ausgelagert werden, um den begrenzten internen Speicher zu entlasten.

1 Installieren Sie die App dazu zunächst wie gewohnt. Dafür wird der interne Speicher verwendet.

2 Wählen Sie dann in den *Einstellungen* in der Rubrik *Gerät* den Punkt *Apps*.

3 Hier finden Sie rechts im Bereich *Heruntergeladen* alle Apps, die Sie bislang geladen und installiert haben. Wählen Sie die Anwendung aus, die Sie auf die SD-Karte verschieben möchten.

4 Tippen Sie auf die Schaltfläche *Auf SD-Karte verschieben* und warten Sie kurz, während diese Aktion durchgeführt wird. Nun ist die App auf der SD-Karte installiert und der zuvor belegte Platz im internen Speicher freigegeben.

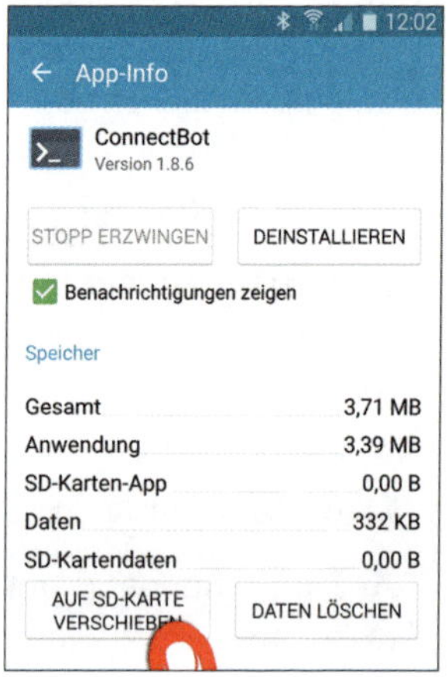

Keine Schaltfläche zum Verschieben?

Nicht alle Apps lassen sich auf die SD-Karte verschieben. Zum einen muss der Entwickler des Programms dafür extra Vorkehrungen getroffen haben. Zum anderen gibt es auch Apps, bei denen dies aus technischen Gründen nicht möglich ist. Wenn sich eine App nicht auf die SD-Karte verschieben lässt, können Sie die entsprechende Schaltfläche nicht auswählen. Bei neueren Android-Versionen muss der Tablet-Hersteller diese Funktion ausdrücklich aktivieren, da Android sie von sich aus nicht anbietet.

Platz schaffen: Software restlos deinstallieren

Die Programme, mit denen Ihr Tablet ausgeliefert wurde, können Sie in der Regel nicht entfernen. Haben Sie Apps nachträglich selbst installiert, lassen sich diese aber auch wieder deinstallieren. Mit der folgenden Methode entfernen Sie Apps einschließlich aller Daten:

1. Öffnen Sie in den *Einstellungen* im Bereich *Gerät* die Rubrik *Apps*. Sie finden dann rechts eine Liste der derzeit installierten Programme. Warten Sie gegebenenfalls etwas, bis diese Liste vollständig mit Informationen gefüllt ist.
2. Suchen Sie den Eintrag der zu entfernenden App und tippen Sie diesen an. In den Details zur Anwendung sollten Sie zunächst die Schaltfläche *Beenden erzwingen* antippen, falls die App noch im Speicher geladen ist.
3. Tippen Sie dann nacheinander auf die Schaltfläche *Cache leeren*, *Daten löschen* und schließlich *Deinstallieren*.
4. Bestätigen Sie Sicherheitsrückfragen gegebenenfalls mit *OK*. Anschließend erhalten Sie eine Meldung, wenn die Deinstallation abgeschlossen ist.

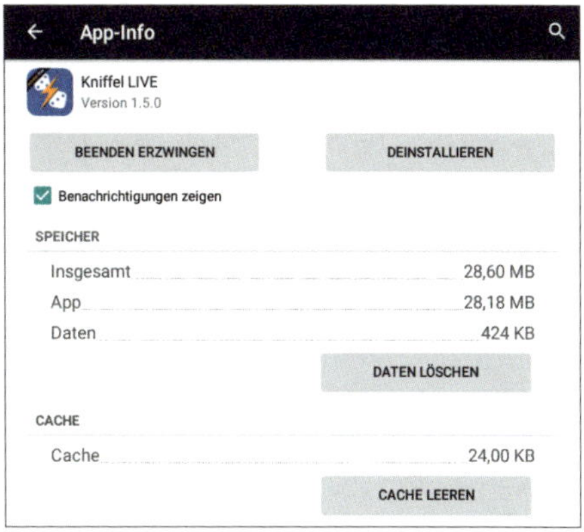

Schneller Überblick: die besten App-Tipps für Ihr Tablet

Automatische Updates ohne lästige Hinweise

Vielleicht haben Sie es auch schon bemerkt: Mit der Anzahl der installierten Apps nehmen auch die Hinweise auf Updates dieser Apps zu. Nun funktioniert ein Update nicht viel anders als das ursprüngliche Installieren, aber auf

Dauer kann es schon nerven. Wenn das Ganze lieber stillschweigend im Hintergrund erfolgen soll, erreichen Sie das so:

1 Öffnen Sie den Play Store und tippen Sie oben links auf das gleichnamige Menüsymbol.

2 Öffnen Sie mit einem Tipp auf *Einstellungen* die Optionen für die Play-Store-App.

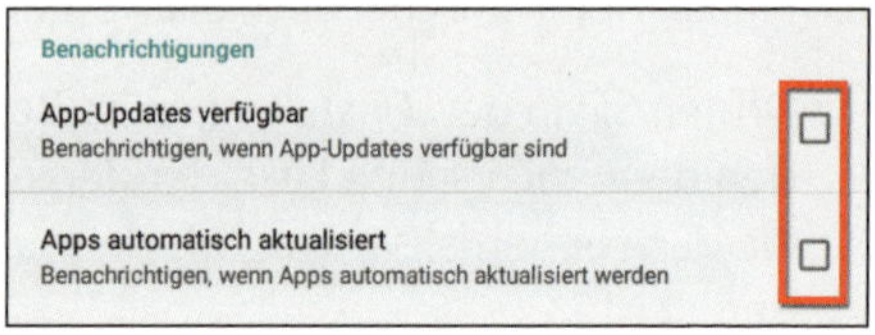

3 Entfernen Sie dort im Bereich *Benachrichtigungen* die Häkchen bei *App-Updates verfügbar* und *Apps automatisch aktualisiert*.

4 Tippen Sie dann auf *Automatische App-Updates* und wählen Sie dort *Apps jederzeit automatisch aktualisieren*. Sollte Ihr Tablet über eine Mobilfunkverbindung verfügen, beachten Sie den Hinweis auf Seite 88.

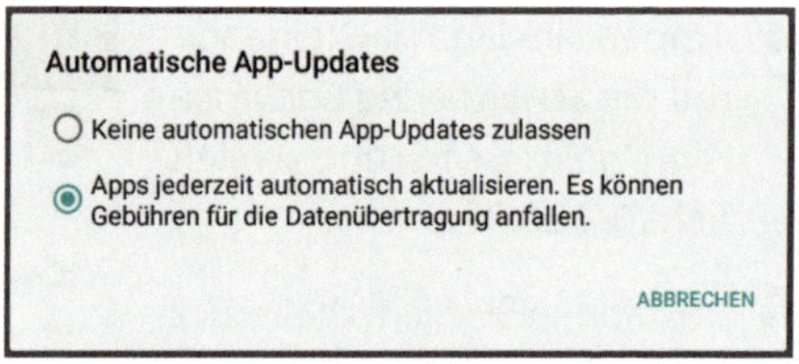

In Zukunft werden Updates für Ihre App automatisch heruntergeladen und eingespielt. Ausnahmen sind Updates, durch die sich die Zugriffsrechte der App erweitern würden. Aus Sicherheitsgründen ist hierzu jeweils wieder das ausdrückliche Einverständnis des Anwenders erforderlich – etwas mühsam, aber absolut sinnvoll.

Apps und Adressen per Barcodescanner erfassen

Vielleicht sind Ihnen schon mal die kleinen, viereckigen Klötzchengrafiken aufgefallen. Man findet sie in Zeitschriften, auf Werbeplakaten sowie Flyern und immer häufiger auch im Internet auf Webseiten. Dabei handelt es sich um Barcodes, in denen eine Internetadresse verschlüsselt ist. Gern handelt es sich dabei auch um Links direkt zu bestimmten Apps im Play Store.

Der Vorteil dieser Methode: Anstatt Links mühsam abtippen zu müssen, erfassen Sie den Barcode mit der Kamera Ihres Tablets und können die entsprechende Webseite dann direkt öffnen. Dazu benötigen Sie lediglich eine App zum Lesen von Barcodes wie z. B. den kostenlosen *NeoReader*.

1 Wenn Sie einen Barcode erspäht haben, starten Sie die Barcode-App auf Ihrem Tablet.

2 Diese aktiviert automatisch die Kamerafunktion des Gerätes. Richten Sie die Kamera so aus, dass der Barcode gut und mittig im Display des Tablets zu sehen ist. Eventuell müssen Sie etwas näher heran oder weiter weg. Wichtig ist: Sie brauchen die Kamera dabei nicht auszulösen.

3 Die App versucht laufend, im aktuellen Vorschaubild der Kamera einen Barcode zu erkennen. Gelingt dies, signalisiert sie den Erfolg und zeigt Ihnen am Bildschirm die entschlüsselte Nachricht an.

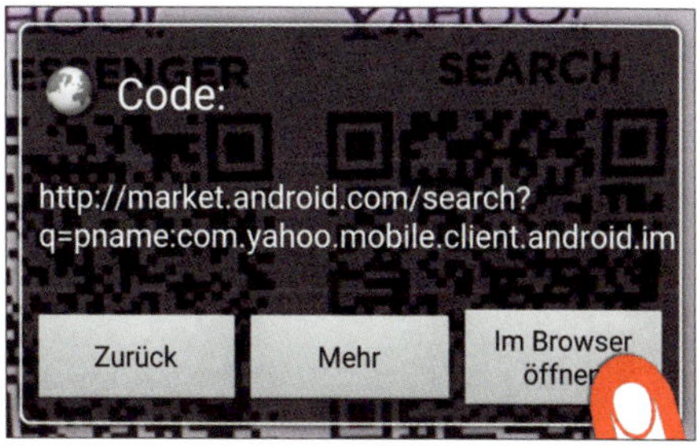

4 Handelt es sich dabei um einen Weblink, können Sie diesen direkt *Im Browser öffnen*.

Software-Updates nur per WLAN

Wenn Ihr Tablet Datenverbindungen per Mobilfunk herstellen kann, kennen Sie vielleicht das Problem, dass es auch unterwegs ständig App-Updates sucht und diese herunterladen will, obwohl das langsamer und mit Gebühren verbunden ist. Mit der folgenden Einstellung sorgen Sie dafür, dass solche Updates nur erfolgen, wenn das Tablet in ein WLAN eingeklinkt ist:

1 Öffnen Sie den Play Store, tippen Sie oben rechts auf das Menüsymbol und wählen Sie den Menüpunkt *Einstellungen*.

2 Tippen Sie dort auf den Eintrag *Automatische App-Updates*. Bei Geräten mit Mobilfunkverbindung finden Sie hier zusätzlich die Option *Automatische App-Updates nur über WLAN zulassen*. Er behält das automatische Aktualisieren Ihrer Apps bei, verwendet dafür aber nur kostengünstige WLAN-Verbindungen.

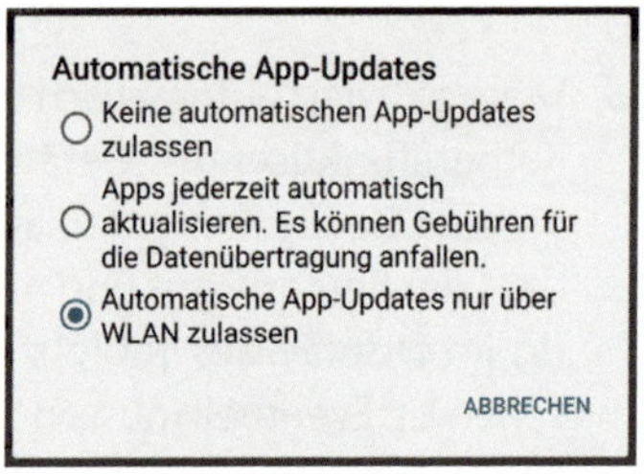

4. Perfektes Surfbrett – mit dem Tablet durchs Netz browsen

Das entspannte Surfen auf dem Sofa, im Bett oder eben auch jederzeit und überall unterwegs macht ein Tablet für viele Nutzer so attraktiv und nützlich. Android trägt dem Rechnung und liefert einen Webbrowser mit, den Sie angenehm per Finger bedienen können und der trotzdem wichtige Komfortmerkmale wie Lesezeichen, Chronik und Tabs nicht vermissen lässt.

Aus dem Play Store (siehe Kapitel 3) können Sie aber auch alternative Webbrowser wie etwa die Mobilversion von Firefox installieren und so denselben Browser am PC und auf dem Tablet nutzen und sogar deren Daten miteinander synchronisieren.

- Wie lässt sich der Webbrowser am Tablet einfach und komfortabel steuern? >> Seite 90
- Wie kann ich regelmäßig besuchte Webseiten als Lesezeichen speichern? >> Seite 92
- Kann ich auch auf meinem Tablet mit mehreren Tabs parallel surfen? >> Seite 93
- Wo finde ich kürzlich besuchte Webseiten am schnellsten wieder? >> Seite 94
- Gibt es wie am PC alternative Webbrowser? >> Seite 97
- Kann ich auch bei meinem Tablet den Webbrowser mit Add-ons um zusätzliche Funktionen erweitern? >> Seite 100
- Wie kann ich meine Lieblingswebseiten direkt von einer Startseite aus abrufen? >> Seite 104

Den Chrome-Webbrowser mit Touch-Gesten schnell und einfach steuern

Während ältere Android-Versionen noch einen eigenständigen Webbrowser (unter dem Namen *Browser* oder *Internet*) mitbrachten, werden aktuelle Versionen standardmäßig mit Googles Chrome-Browser ausgeliefert. Auch wenn Ihr Tablet noch den alten Android-Browser verwendet, empfiehlt sich der Umstieg auf Chrome. Der ist nicht nur schneller, sondern wird auch ständig weiterentwickelt, während der Vorgänger nicht mehr an neue Webtechnologien angepasst oder bei Sicherheitslücken aktualisiert wird. Die Bedienung von Chrome entspricht dem vom PC Gewohnten, Sie verwenden dafür allerdings Ihre Finger statt Maus und Tastatur.

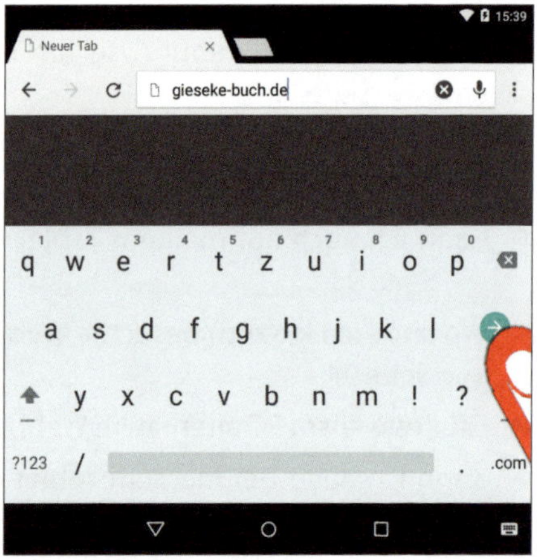

1 Um eine Webadresse zu öffnen, tippen Sie einfach in das Adressfeld in der Symbolleiste.

2 Dadurch wird die dort aktuell eingestellte Adresse markiert und die virtuelle Tastatur eingeblendet.

3 Sie können nun also direkt drauflostippen und die neue Webadresse eingeben.

4 Schließen Sie die Eingabe durch Antippen der virtuellen Enter-Taste ab. Chrome zeigt daraufhin die angeforderte Webseite.

Surfen mit Fingerspitzengefühl

Das Websurfen auf einem Tablet per Touch-Bedienung ist viel angenehmer und intuitiver als mit Maus und Tastatur, wenn man sich erst einmal daran gewöhnt hat.

Die Basisfunktionen sind dabei ganz naheliegend und dem Android-Standard entsprechend:

- Um nach unten zu scrollen, setzen Sie eine Fingerspitze auf und ziehen diese dann nach oben. Zum Scrollen nach oben ziehen Sie den Finger nach unten. Quasi als ob Sie Ihren Finger auf ein Blatt Papier setzen und dieses in die gewünschte Richtung ziehen.
- Sollte etwas mal nicht gut lesbar sein, benutzen Sie die Zoomgeste: Setzen Sie zwei Fingerspitzen (z. B. Daumen und Zeigefinger) gleichzeitig eng beieinander auf den Bildschirm. Ziehen Sie die beiden Finger dann auseinander. Mit Ihrer Bewegung „vergrößert" sich der dargestellte Inhalt.
- Umgekehrt geht es selbstverständlich auch. Wenn Sie beide Fingerspitzen voneinander entfernt aufsetzen und dann zusammenziehen, wird der Webseiteninhalt verkleinert.
- Sollten Sie eine Webseite zur besseren Lesbarkeit so weit vergrößern müssen, dass Text über die angezeigte Breite hinausgeht, können Sie die Seite auch nach links und rechts verschieben. Analog zum Hoch- und Runterscrollen geht das einfach durch Aufsetzen der Fingerspitze und Ziehen des Bildschirminhalts nach links bzw. rechts.

Webseite sofort auf die optimale Breite bringen

Dieser Tipp ist sozusagen ein Doppeltipp. Wenn Sie nämlich auf eine freie Stelle einer Webseite zweimal hintereinander tippen (eben ein Doppeltipp), passt Chrome den Zoom so an, dass der Text der Webseite den Bildschirm komplett von links nach rechts füllt. Der Text wird also so dargestellt, dass Sie ihn mit maximaler Größe ohne lästiges horizontales Scrollen lesen können. Ein erneuter Doppeltipp zeigt wieder die komplette Webseite an.

Häufig besuchte Adressen als Lesezeichen unkompliziert öffnen

Selbstverständlich kennt auch Chrome Lesezeichen, mit denen Sie gern besuchte Webseiten vermerken und jederzeit schnell und bequem abrufen können.

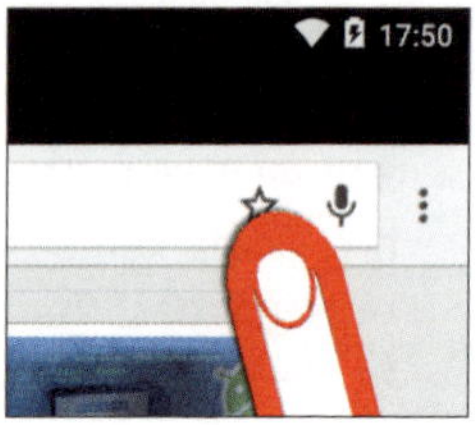

1 Um eine Webseite als Lesezeichen zu speichern, öffnen Sie sie zunächst im Webbrowser. Achten Sie darauf, dass der obere Rand der Seite angezeigt wird, da nur dann die Symbolleiste mit dem Adressfeld zu sehen ist.

2 Tippen Sie nun im Adressfeld rechts auf das Lesezeichensymbol. Damit wird das Lesezeichen automatisch angelegt.

3 Wollen Sie die Eigenschaften des Lesezeichens bearbeiten und beispielsweise einen eigenen Namen dafür festlegen, tippen Sie gleich anschließend nochmals auf das Lesezeichensymbol.

4 Der Webbrowser zeigt dann den Lesezeichendialog an, der bereits ausgefüllt ist. Sie können den Namen beibehalten oder nach Wunsch verändern und einen Ordner für das Lesezeichen wählen.

5 Tippen Sie dann auf den Zurück-Pfeil oben links, um die Änderung zu speichern und zum Browser zurückzukehren.

Lesezeichen abrufen

Die gespeicherten Lesezeichen können Sie jederzeit abrufen, indem Sie in der Symbolleiste des Browsers ganz rechts das Menüsymbol antippen und im Menü den Punkt *Lesezeichen* wählen. Damit öffnen Sie eine visuelle Übersicht der gespeicherten Lesezeichen und können die gewünschte Webseite einfach per Antippen öffnen. Noch ein Tipp: Wenn Chrome mit einer leeren Seite neu startet, finden Sie auf der Startseite unten links eine Abkürzung zu Ihren Lesezeichen.

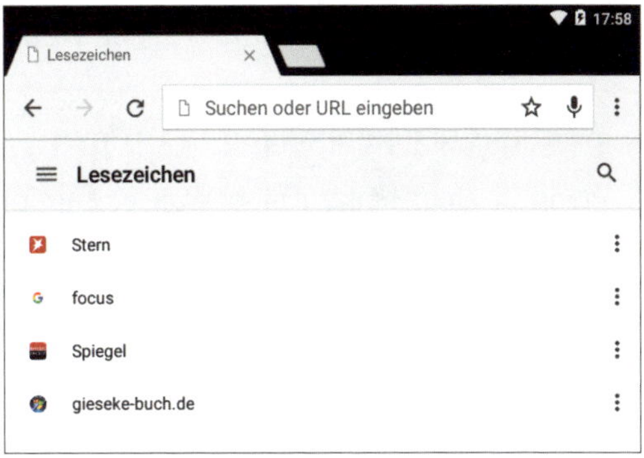

Paralleles Surfen – Tabs komfortabel per Fingertipp bedienen

Wie die Bedienoberfläche des Webbrowsers nahelegt, beherrscht er auch das parallele Surfen auf mehreren Webseiten gleichzeitig.

1 Um eine weitere Webseite in einem zusätzlichen Tab zu öffnen, tippen Sie ganz oben in der Tableiste auf das kleine Symbol rechts neben dem zuletzt geöffneten Register.

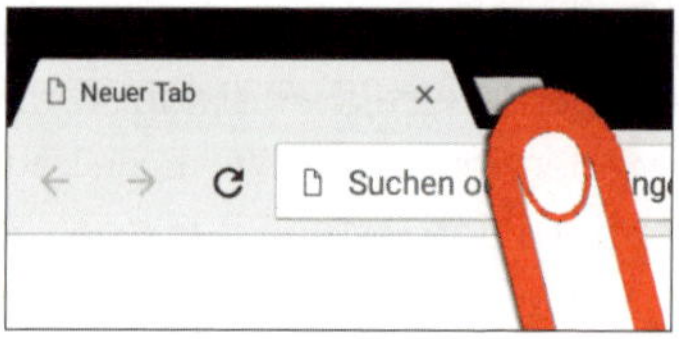

2 Chrome fügt dann einen weiteren Tab ein und öffnet darin wiederum die Startseite, also standardmäßig die Google-Suchseite. Nun können Sie in diesem Tab wie gewohnt Webseiten öffnen, lesen etc.

3 Um zwischen den einzelnen Tabs zu wechseln, tippen Sie einfach auf den Reiter der gewünschten Webseite ganz oben am Bildschirmrand.

4 Um einen Tab zu schließen, müssen Sie etwas genauer zielen und das kleine *x*-Symbol im Reiter dieser Webseite treffen. Der Browser schließt dann diese Webseite und wechselt zu dem Tab zurück, der vorher als Letztes angezeigt wurde. Wenn Sie den letzten geöffneten Tab schließen, beenden Sie damit automatisch den Webbrowser.

Weblinks in einem neuen Tab öffnen

Wenn Sie einen Link auf einer Webseite antippen, wird er meist im selben Tab geöffnet und ersetzt die bislang angezeigte Webseite. Wollen Sie die neue Seite stattdessen in einem neuen zusätzlichen Register öffnen, tippen Sie etwas länger auf den Link, bis das Kontextmenü angezeigt wird. Tippen Sie dort auf den Befehl *In neuem Tab öffnen*.

Surfchronik – Webseiten im Verlauf schnell wiederfinden

Auch der Android-Browser merkt sich, welche Seiten Sie besucht haben, und kann sie Ihnen in einem Verlauf anzeigen. So lassen sich Webseiten schnell wiederfinden, auf die Sie z. B. gestern oder letzte Woche zufällig gestoßen waren.

1 Tippen Sie hierzu auf das Menüsymbol oben rechts in der Symbolleiste von Chrome und wählen Sie im Menü den *Verlauf* aus.

2 Der Browser zeigt Ihnen dann die Titel der in jüngerer Vergangenheit besuchten Webseiten an. Standardmäßig sehen Sie dazu die Seiten ab heute in umgekehrter chronologischer Reihenfolge. Die zuletzt besuchte Webseite steht also ganz oben und kann so schnell wieder aufgerufen werden.

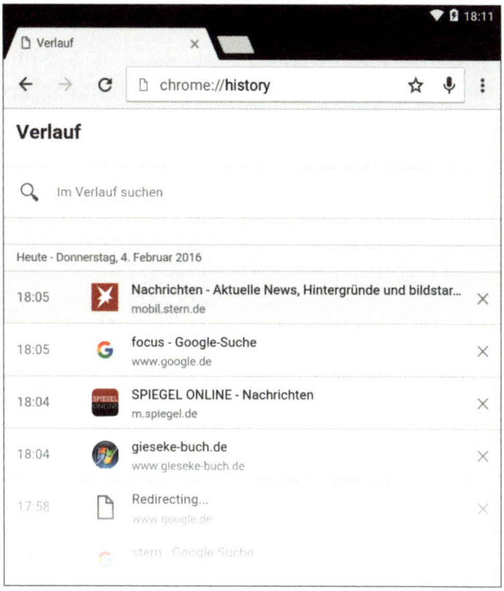

3 Sollen Seiten aus dem Verlauf verschwinden, tippen Sie einfach rechts im jeweiligen Eintrag auf das kleine *x*.

4 Wenn Sie den Titel oder die Adresse einer Webseite genau kennen (oder zumindest einen Teil davon), können Sie diesen Text oben ins Feld *Im Verlauf suchen* eingeben. Chrome listet dann nur die Verlaufseinträge auf, in deren Namen oder Adresse der Suchtext vorkommt.

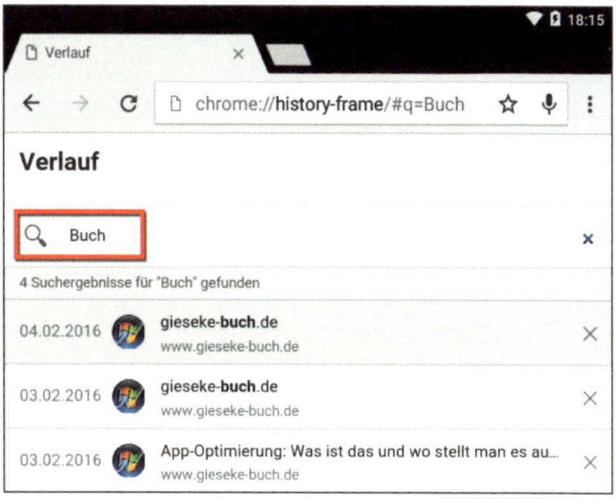

Chrome-Webseiten mit dem PC synchronisieren

Wenn Sie Chrome auf Tablet und PC verwenden und beide mit Ihrem Google-Konto verknüpfen, können Sie spannende Synergieeffekte nutzen. Chrome synchronisiert nicht nur Ihre Suchabfragen und Formulareingaben. Sie können auch Webseiten, die Sie zuvor beim Schmökern auf dem Tablet entdeckt haben, später unkompliziert am PC wieder abrufen – und umgekehrt.

1 Öffnen Sie am Tablet dazu mit dem Menüsymbol oben rechts das Menü und wählen Sie dort *Zuletzt geöffnete Tabs*.

2 In dieser Liste finden Sie oben Ihre kürzlich auf dem Tablet angezeigten Webseiten. Mit *Gesamten Verlauf anzeigen* können Sie auch länger zurückliegende Besuche wiederholen.

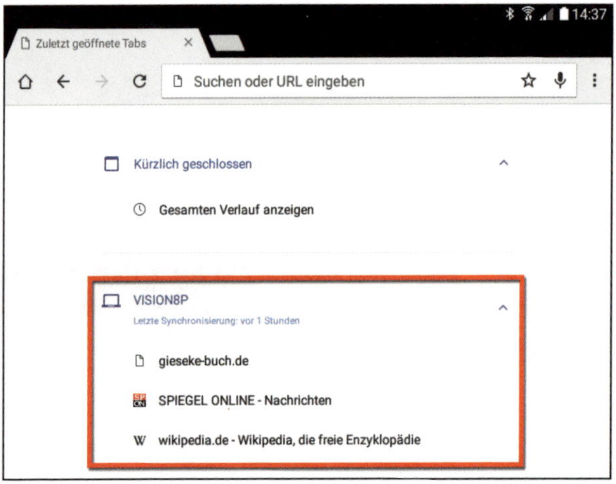

3 Darunter werden Tabs angezeigt, die gerade in Chrome-Browsern auf Ihren anderen Geräten geöffnet sind oder es kürzlich wurden. Probieren Sie es ruhig mal aus, Sie können auf dem Tablet beinahe in Echtzeit verfolgen, wie an anderer Stelle Webseiten geöffnet und geschlossen werden.

4 Durch einfaches Antippen holen Sie eine solche Seite auf den Bildschirm Ihres Android-Tablets.

5 Das Ganze funktioniert auch umgekehrt, sodass Sie beispielsweise im Chrome-Verlauf am PC die zuletzt auf dem Tablet betrachteten Webseiten abrufen können. Sehr praktisch, wenn man mit dem Tablet eine Webseite findet, die man später am PC noch mal aufgreifen möchte.

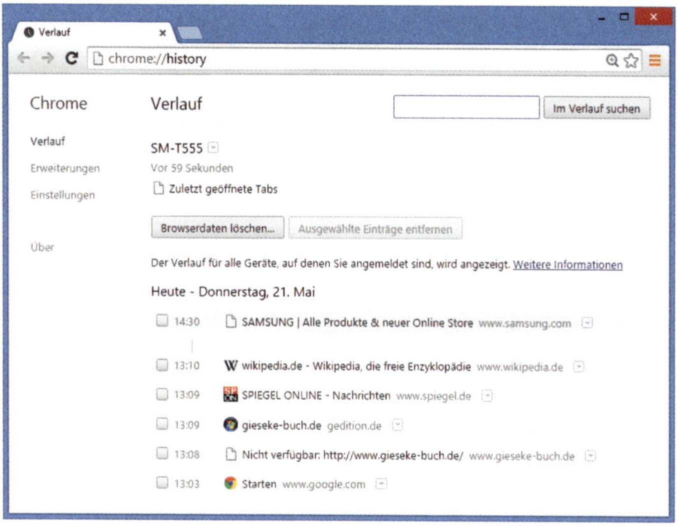

Surfen (fast) wie am PC – Firefox für Android als alternativer Mobilbrowser

Der Webbrowser Firefox kann nicht nur auf dem PC eingesetzt werden. Es gibt auch eine Version für den mobilen Einsatz auf Android-Geräten. Diese ist auf Touch-Bedienung ausgelegt und sieht dementsprechend nicht nur etwas anders aus, sondern wird auch unterschiedlich bedient. Trotzdem finden Sie in der mobilen Version viele Merkmale und Funktionen der Desktop-Variante wieder. Außerdem können Sie auch den mobilen Firefox, wie in Kapitel 6 beschrieben, mit seinem „großen Bruder" auf dem PC synchronisieren, sodass Sie Lesezeichen, Chronik und Kennwörter auf allen Geräten immer gleich vorfinden.

1 Starten Sie den Play Store und suchen Sie hier nach *Firefox*.

2 In der Regel werden Sie zwei Versionen finden, Firefox und Firefox Beta. Die Betaversion ist aktueller und bietet teilweise neue Funktionen. Dafür kann sie etwas instabiler sein. Vor allem aber ist sie meist nur in englischer Sprache erhältlich. Deshalb empfiehlt sich die Wahl der klassischen Firefox-Version, die Sie wie jede beliebige App installieren (siehe Kapitel 3).

3 Beim Start präsentiert sich Firefox standardmäßig mit einer schlichten Startseite. Hier können Sie die zuletzt genutzten Tabs der letzten Surfsitzung schnell wieder öffnen.

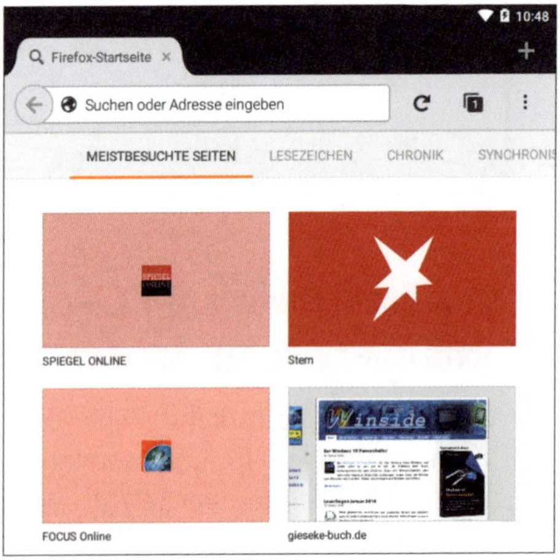

4 Alternativ geben Sie oben in der Suchleiste einen Suchbegriff oder eine Webadresse ein, die Sie besuchen möchten.

5 Oder Sie wischen zur Seite, um zu den Lesezeichen oder zur Chronik der zuletzt verwendeten Seiten zu wechseln.

Lieblingsadressen als Lesezeichen schnell und einfach öffnen

Selbstverständlich kennt auch der mobile Firefox Lesezeichen. Zum einen bietet die Sync-Funktion (siehe Seite 177) die Möglichkeit, die gespeicherten Adressen von Ihrem Desktop-Firefox auf das Mobilgerät zu übernehmen. Zum anderen können Sie auch einfach auf Ihrem Tablet Webadressen als Lesezeichen speichern.

1 Wenn Sie eine Webseite gefunden haben, die Sie als Lesezeichen speichern möchten, tippen Sie oben rechts auf das Menüsymbol und dann im Menü oben links auf das sternförmige Lesezeichensymbol.

2 Firefox setzt dann automatisch ein Lesezeichen. Tippen Sie anschließend zusätzlich auf das Adressfeld und wechseln Sie dann in die Kategorie *Lesezeichen*.

3 Hier tippen Sie länger auf den Eintrag und wählen im Kontextmenü *Bearbeiten*.

4 Im anschließenden Dialog können Sie ganz oben den Namen des Lesezeichens verändern.

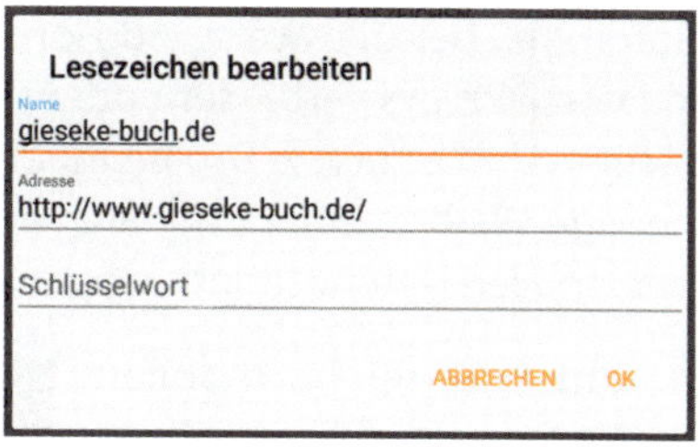

5 Außerdem können Sie wie von Firefox gewohnt auch Schlüsselwörter eintragen, um alle Lesezeichen zu einem bestimmten Thema schnell wiederfinden zu können.

6 Schließlich tippen Sie einfach unten auf *OK*, um das Lesezeichen mit den gewählten Daten zu übernehmen.

Um gespeicherte Lesezeichen im mobilen Firefox abzurufen, tippen Sie auf das Adressfeld. Daraufhin wird dieses aktiviert, zugleich aber darunter ein Auswahlmenü angezeigt. Tippen Sie hier auf die Rubrik *Lesezeichen*, um eine Liste der gespeicherten Favoriten anzuzeigen.

Lesezeichen auf Startseiten ablegen

Besonders häufig genutzte Lesezeichen können Sie auch direkt auf einer der Startseiten Ihres Tablets ablegen. Öffnen Sie dazu das Lesezeichen in Firefox, tippen Sie dann auf das Lesezeichensymbol und wählen Sie *Zu Startbildschirm hinzufügen*. Firefox erstellt dann ein Symbol für diese Webseite auf der Startseite. Ziehen Sie dieses an eine Ihnen genehme Position. Wenn Sie in Zukunft darauf tippen, wird Firefox gestartet und öffnet diese Webseite für Sie.

Add-ons – Erweiterungen für den mobilen Webbrowser installieren

Einer der großen Vorteile von Firefox – die enorme Erweiterbarkeit und Flexibilität durch Add-ons – lässt sich auf den mobilen Firefox übertragen. Auch der bietet Add-ons aus verschiedenen Bereichen. Zwar ist die Auswahl nicht so groß wie bei der Desktop-Version, aber der Bedarf ist auf einem Tablet ja auch ein etwas anderer.

So gibt es beispielsweise Add-ons, die die Lesbarkeit von Webseiten auf kleinen Displays verbessern oder speziell die Bedienung per Touch vereinfachen. Und es gibt z. B. eine mobile Version von Adblock Plus, mit der Sie nervige Werbebanner und -animationen herausfiltern können, die gerade bei mobilen Datenverbindungen unnütz Zeit und Geld kosten.

1 Um Add-ons im mobilen Firefox zu installieren, öffnen Sie mit dem Menüsymbol ganz rechts oben das Hauptmenü und tippen dort auf *Extras* sowie im Untermenü auf *Add-ons*.

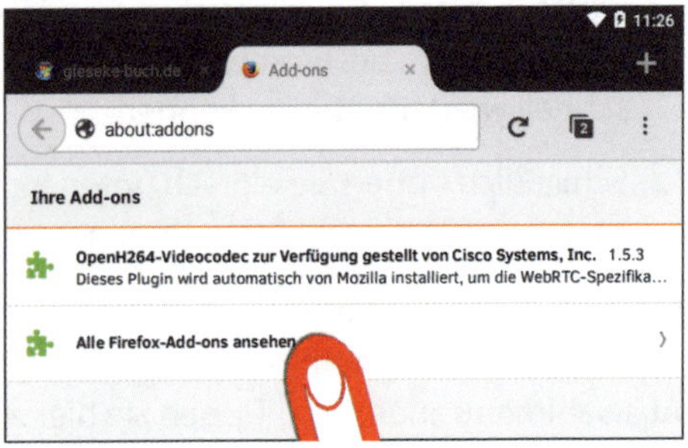

2 Sie finden dann unter *Ihre Add-ons* eine Übersicht der

bereits installierten Add-ons. Einige sind schon standardmäßig dabei, beispielsweise um Suchdienste oder Videocodecs in Firefox zu integrieren.

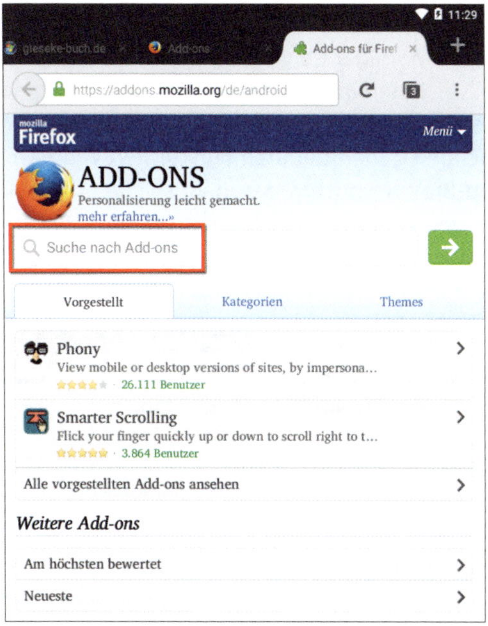

3 Um weitere Add-ons zu installieren, tippen Sie auf *Alle Firefox-Add-ons ansehen*. Damit rufen Sie das Add-on-Verzeichnis für den mobilen Firefox im Web ab. Dieses ist in verschiedene *Kategorien* unterteilt. Sie können aber auch das Feld *Suche nach Add-ons* nutzen, um gezielt nach einer bestimmten Erweiterung zu suchen.

4 Durch einfaches Antippen eines Eintrags zeigen Sie zusätzliche Informationen an und blenden auch die Schaltfläche *Zu Firefox hinzufügen* ein, mit der Sie dieses Add-on herunterladen und installieren können.

Die besten Surftipps für Android-Tablets

Webseite wie auf dem Desktop anzeigen

Viele Webangebote liefern an Mobilgeräte wie Tablets und Smartphones mittlerweile spezielle Mobilversionen ihrer Seiten aus. Diese sind einfacher gestaltet und für die Benutzung per Touchscreen optimiert. Das ist in vielen Fällen auch gut, aber manchmal gehen dadurch Funktionen verloren, die sich nur mit einem Desktop-Browser nutzen lassen. In solchen Fällen können Sie Chrome (und auch Firefox) dazu veranlassen, sich einem Webserver gegenüber als Desktop-Browser auszugeben und die volle Desktop-Version einer Seite anzufordern.

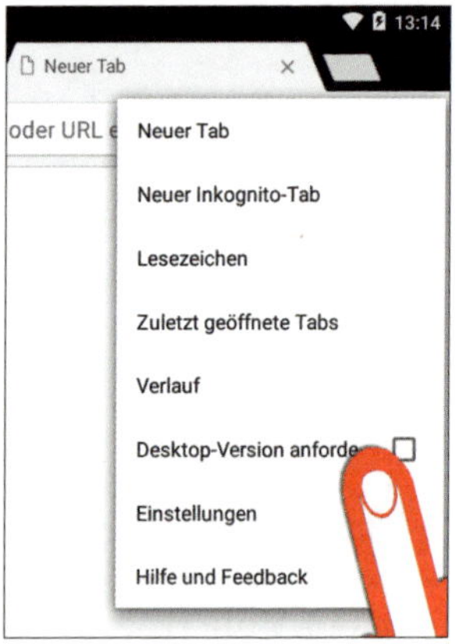

1 Wann immer eine typische Mobilversion einer Webseite angezeigt wird bzw. Sie eine bekannte Funktion vermissen, öffnen Sie mit dem Symbol oben rechts das Menü des Browsers.

2 Tippen Sie im Menü auf den Punkt *Desktop-Version anfordern* (bei Firefox heißt es einfach nur *Desktop-Seite*)

3 Der Browser fordert die Webseite nun erneut an, diesmal aber in der Desktop-Version.

4 Gleichzeitig merkt er sich diesen Wunsch (zu erkennen am Häkchen im Menü). Wenn Sie die Seite später erneut öffnen, fordert der Browser also gleich die Desktop-Variante an. Wollen Sie zur Mobilansicht zurückkehren, verwenden Sie die Menüfunktion erneut und entfernen diesmal das Häkchen.

Wichtige Webseiten als PDF-Datei speichern

Manchmal möchte man den Inhalt einer flüchtigen Webseite gern aufbewahren, etwa wenn man spannende Informationen entdeckt hat oder beispielsweise ein Onlinegeschäft vorsichtshalber dokumentieren möchte. Chrome bietet Ihnen für solche Fälle die Möglichkeit, die aktuell angezeigte Webseite als PDF-Datei zu sichern.

1 Öffnen Sie dazu die fragliche Webseite und warten Sie, bis sie vollständig angezeigt wird.

2 Tippen Sie dann oben rechts auf das Menüsymbol.

3 Wählen Sie im Menü die Funktion *Drucken*.

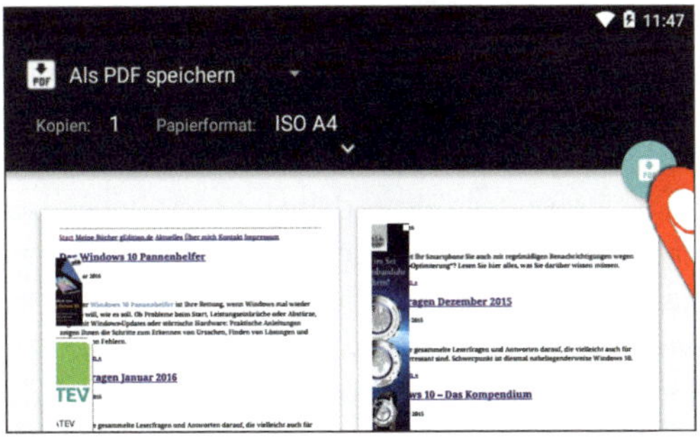

4 Chrome zeigt dann eine Vorschau der zu erstellenden Seiten an. Gegebenenfalls können Sie noch das gewünschte Papierformat anpassen. Tippen Sie dann auf das runde Speichern-Symbol oben rechts.

5 Wählen Sie im anschließenden Dialog, wo die PDF-Datei erstellt werden soll. Dafür eignet sich beispielsweise der *Downloads*-Ordner. Sie können die Datei aber auch direkt in Ihrem Google-Drive-Laufwerk (siehe Seite 179) ablegen, um auch von anderen Geräten aus darauf zugreifen zu können.

Hinweis

Der Firefox-Webbrowser bietet eine ähnliche Funktion im Menü unter *Seite/Als PDF speichern*.

Die beliebtesten Webseiten als Widget auf der Startseite

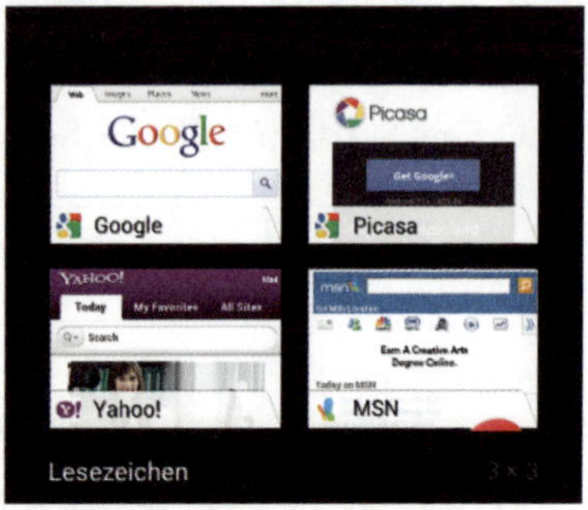

Android bringt ein praktisches Widget mit, mit dem Sie sich Ihre Lesezeichen direkt auf eine Startseite legen und so jeweils mit einem Antippen öffnen können. Öffnen Sie dazu die Übersicht der Widgets und suchen Sie dort das Lesezeichen-Widget.

Es handelt sich hierbei zunächst um ein nur 3 x 3 Felder großes Widget. Sie können es aber in der Größe anpassen, wenn es bereits auf der Startseite angezeigt wird. Tippen Sie dazu lange auf das Widget, als ob Sie es verschieben wollten, lassen Sie es dann jedoch ohne Verschieben wieder los. Nun werden am Rahmen des Widgets vier Punkte angezeigt. Daran können Sie das Widget „anfassen" und in der jeweiligen Richtung in die Länge ziehen, bis es die gewünschte Größe hat bzw. alle Lesezeichen angezeigt werden. Prinzipiell kann dieses Widget eine gesamte Startseite einnehmen.

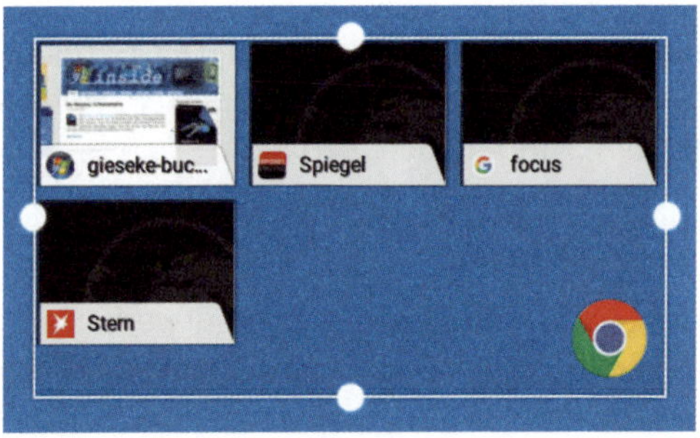

Die Lesezeichen scrollen

Sollte der Platz trotzdem nicht ausreichen, alle Ihre Lesezeichen anzuzeigen, hilft ein einfacher Tipp: Der Inhalt des Widgets lässt sich scrollen. Wischen Sie einfach mit dem Finger über dem Widget nach oben, um weitere Lesezeichen anzuzeigen.

5. Finden statt suchen – mit dem Tablet alle Informationen schnell zur Hand

Mit einem Tablet haben Sie praktisch alle Informationen buchstäblich unter Ihren Fingerspitzen und somit jederzeit verfügbar. Mit den richtigen Tricks und intelligenten Apps brauchen Sie sie nur noch abzurufen. Da Android maßgeblich von Google entwickelt wird, sind einige von dessen Diensten direkt integriert bzw. werden standardmäßig mitgeliefert. So können Sie ohne große Vorbereitungen sofort loslegen. Sollten Sie andere Suchanbieter bevorzugen, lassen diese sich aber ebenso gut über den Browser oder gegebenenfalls über eigene Apps verwenden.

- Wie kann ich auf meinem Tablet am einfachsten und schnellsten eine Google-Suche durchführen? ➢➢ Seite 105
- Wie finde ich Musiktitel, Bilder oder Apps auf meinem Tablet schnell wieder? ➢➢ Seite 107
- Kann ich beeinflussen, welche Art von Daten die lokale Suche anzeigt? ➢➢ Seite 112
- Kann ich die Sprachsteuerung auch zum Suchen nach Webseiten und Dateien nutzen? ➢➢ Seite 107
- Wie lasse ich mir bestimmte Orte oder Adressen auf einer virtuellen Karte anzeigen? ➢➢ Seite 109
- Kann ich mein Tablet auch als Navigationsgerät nutzen? ➢➢ Seite 110
- Wie finde ich Geschäfte, Sehenswürdigkeiten oder Events in meiner Nähe? ➢➢ Seite 113

Mit der Google-Suche global fündig werden

Die Google-Suche ist auf allen Android-Geräten allgegenwärtig. Schließlich ist der Suchmaschinenkonzern auch die treibende Kraft hinter der Entwicklung von Android. Das ist nicht uneigennützig, und folgerichtig finden Sie auf den Startseiten Ihres Tablets – je nach Ausrichtung – oben direkt ein Google-Suchfeld oder am linken Rand zumindest ein Google-Symbol, mit dem Sie ein solches Feld jederzeit einblenden können.

1 Tippen Sie auf der Startseite in das Google-Feld bzw. auf das Google-Symbol.

2 Sie gelangen dann in ein Eingabefeld und gleichzeitig wird die virtuelle Tastatur angezeigt.

3 Geben Sie den gesuchten Begriff ein. Noch während Sie tippen, wird Google Ihnen sinnvolle Vervollständigungen vorschlagen, sodass Sie oft nur einen Teil des Suchbegriffs einzugeben brauchen.

4 Wird Ihr Suchbegriff in der Auswahlliste angezeigt, können Sie einfach darauf tippen, um eine Suche danach zu starten. Andernfalls geben Sie das Wort oder die Wörter vollständig ein und tippen dann auf die virtuelle Such- bzw. Eingabetaste.

5 Daraufhin sehen Sie die Suchergebnisse direkt auf dem Tablet-Bildschirm. Von hier aus können Sie einfach Links anklicken und so weiter recherchieren.

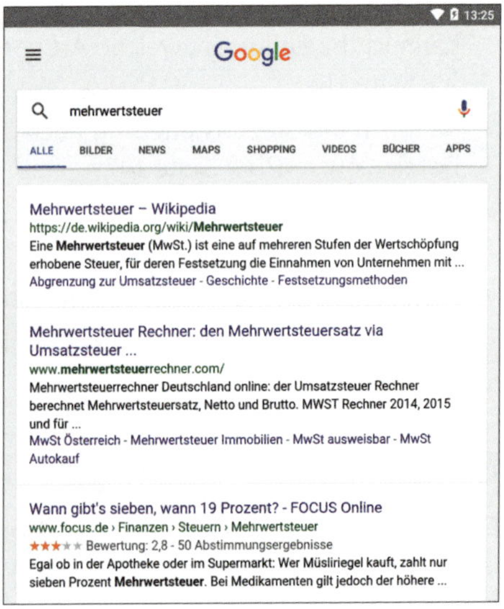

Lokale Suche – Apps, Musiktitel, Kontakte auf dem Tablet finden

Sie können mit dem Google-Suchfeld nicht nur im Internet recherchieren, es dient auch als lokale Suche auf Ihrem Tablet. Musikstücke, Bilder, Videos oder auch Apps können Sie auf diese Weise ganz ohne Dateimanager schnell lokalisieren.

1 Verwenden Sie auch hierzu das Google-Eingabefeld.

2 Tippen Sie in dem dann angezeigten Suchfeld z. B. den Titel eines Musikstücks oder zumindest einen eindeutigen Teil davon ein. Ebenso können Sie aber auch den Namen eines Künstlers als Suchbegriff verwenden.

3 Als Reaktion erhalten Sie wie zuvor direkt darunter eine Liste passender Suchbegriffe für die Internetrecherche. Interessanter ist allerdings der untere Bereich des Bildschirms: Hier sehen Sie – eventuell mit einer gewissen Verzögerung – Suchergebnisse aus dem Dateisystem Ihres Tablets, die den eingetippten Suchbegriff enthalten.

4 Haben Sie auf diese Weise beispielsweise ein Musikstück gefunden, brauchen Sie nur auf den Eintrag zu tippen, um es von der dafür zuständigen App abspielen zu lassen.

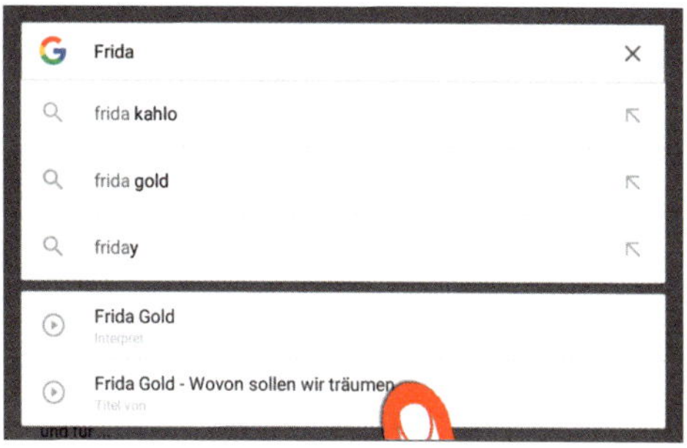

Google-Sprachsuche – einfach sprechen statt umständlich tippen

In Kapitel 1 wurde schon kurz die Sprachsteuerung von Android vorgestellt, mit der Sie viele einfache Anweisungen direkt ins Mikrofon sprechen können. Diese können Sie auch zum bequemen Recherchieren nutzen. Wenn Sie bestimmte Informationen benötigen, sprechen Sie also genau das ins Mikrofon, was Sie sonst mühsam eintippen würden. Sie möchten z. B. wissen, wann Johann Wolfgang von Goethe geboren ist?

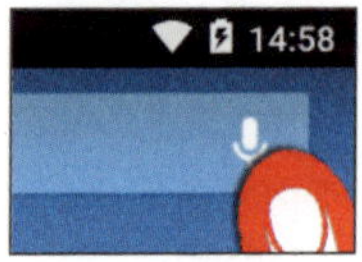

1 Tippen Sie oben rechts auf das Mikrofonsymbol neben dem Google-Schriftzug.

2 Warten Sie kurz, bis der *Sprechen*-Dialog angezeigt wird.

3 Sprechen Sie nun Ihren Text in das Mikrofon, z. B. „Wann wurde Goethe geboren?“ oder auch kurz „Goethe Geburt“.

4 Die Spracherkennung übermittelt die Aufnahme an Google, und mit einer minimalen Wartezeit (abhängig von der Geschwindigkeit der Internetverbindung) erhalten Sie im Webbrowser Ihres Tablets die Antwort.

Besteht Klarheit über die gesuchte Information, werden die Daten über die Google-Suchmaschine beschafft und oft mit erstaunlicher Präzision auf dem Bildschirm angezeigt.

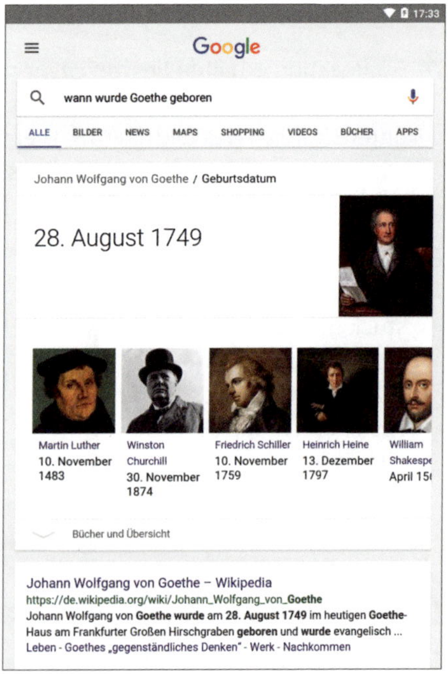

Die Mischung aus akkurater Spracherkennung und Google-Datenbank führt oft direkt zum gewünschten Ergebnis.

Google Maps – lokale Anbieter und Ziele in der Umgebung finden

Ihr Tablet kann Ihnen als mobiler Reisebegleiter standortbezogene Informationen zu Sehenswürdigkeiten, Lokalitäten oder auch ganz einfach zum regionalen Wetter liefern.

Bei vielen ortsbezogenen Diensten wie etwa Wetter-Apps oder -Widgets klappt das sogar ganz ohne Ihr Zutun. Sofern Programme Ihren Standort ermitteln dürfen (siehe Seite 207), liefern sie automatisch die passenden Daten. Wetter-Apps etwa suchen dann gleich die zu Ihrem Standort nächstgelegene Stadt aus der Datenbank und zeigen deren Wetterdaten an.

Standortbezogenes Suchen im Browser

Auch der Webbrowser Ihres Smartphones kann Standortinformationen berücksichtigen. Sie wollen z. B. wissen, wo sich die nächste Apotheke befindet?

1 Geben Sie im Google-Suchfeld Ihren Suchbegriff ein, also z. B. *nächste Apotheke*.

2 Google erkennt automatisch, wenn es sich um eine Suche handelt, zu der es standortbezogene Ergebnisse in der Nähe gibt. Dann erhalten Sie neben den besten Treffern eine Karte der Umgebung mit den Standorten, zu denen entsprechende Daten vorliegen. Außerdem bekommen Sie passend zu den Symbolen in der Karte eine Liste mit den gefundenen Standorten angezeigt.

3 Liegen zusätzliche Informationen wie etwa Öffnungszeiten vor, werden diese ebenfalls angegeben. Mit einem Tipp auf *Route* können Sie sich gleich den Weg dorthin zeigen lassen.

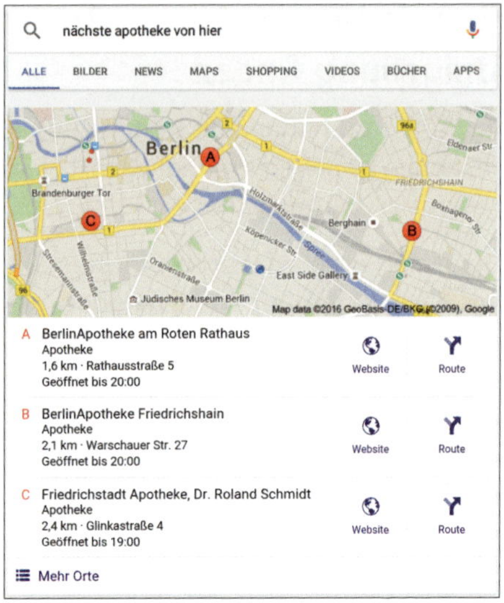

Routenplaner – so weist Ihr Tablet Ihnen den Weg

Ein größeres Tablet ist nicht unbedingt ein handliches Navigationsgerät, aber es kann im Notfall auch dafür dienen. Die Maps-App von Google ist auf den meisten Geräten bereits installiert. Sie zapft das umfassende Wissen der Google-Datenbank standortbezogen an, um die besten Museen, Hotels oder Restaurants zu nennen oder schlicht den Weg zur nächsten Tankstelle oder zu einem Geldautomaten zu zeigen.

1 Wenn Maps Sie erfolgreich auf der Karte verortet hat, zeigt die App Ihre aktuelle Position automatisch auf der Karte an.

2 Um einen ganz bestimmten Ort zu finden, tippen Sie nun oben in das Feld *Maps-Suche* und geben dort den Namen ein.

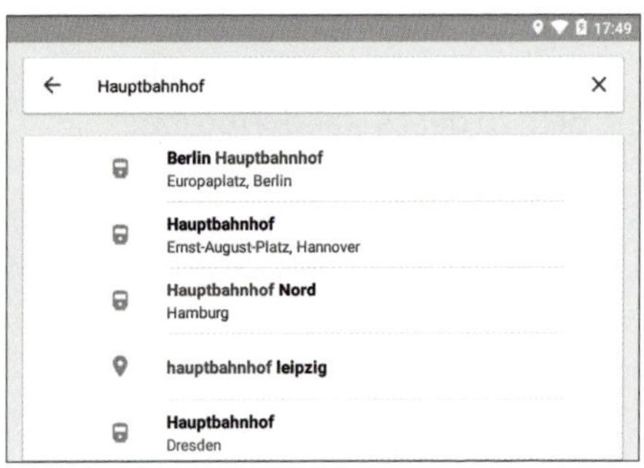

3 Die App zeigt Ihnen dann die Position dieses Ortes auf der Karte an.

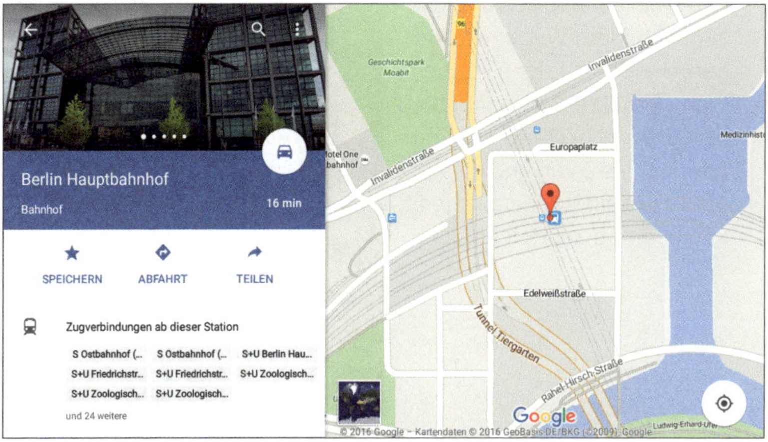

4 Um sich gleich dorthin führen zu lassen, tippen Sie auf das Wegsymbol rechts neben dem Namen des Ortes.

5 Im anschließenden Dialog sehen Sie Ihren Ausgangspunkt und den Weg zum Ziel. Wählen Sie gegebenenfalls noch das passende Profil (Auto, Nahverkehr, Fahrrad oder Fußgänger). Dann kann es mit einem Tipp auf das Pfeilsymbol auch schon losgehen.

6 Die App zeigt Ihnen dann die Route auf der Karte an und gibt zugleich klare Weganweisungen, denen Sie folgen können. Wenn Sie jetzt mit Ihrem Tablet loslaufen, aktualisiert sich Ihre Position beständig und die App macht wie ein Navigationsgerät immer die passenden Ansagen.

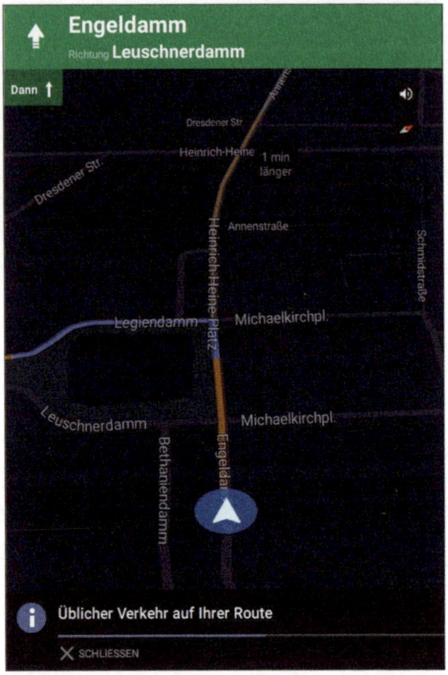

Die besten Tipps zum schnellen Finden

So bestimmen Sie, welche lokalen Dateien gefunden werden

Die lokale Suche bzw. deren Ergebnisse können Sie selbst beeinflussen, indem Sie festlegen, welche Apps in die Suche einbezogen werden.

1. Öffnen Sie in der App-Übersicht die *Google Einstellungen.*
2. Wählen Sie dort in der Liste den Bereich *Suche & Google Now* aus.
3. Darin finden Sie die Kategorie *Tablet-Suche* mit einer Liste aller Apps, die die lokale Google-Suche auf Ihrem Tablet mit ihren Datenbeständen unterstützen können. Zu jeder App ist angegeben, welche Arten von Inhalten sie beisteuert.

4 Entfernen Sie die Häkchen bei den Apps, deren Inhalte Sie nicht in den lokalen Suchergebnissen sehen möchten bzw. deren Daten Sie nicht benötigen. Je weniger Apps hier ausgewählt werden, desto schneller sind die Suchergebnisse jeweils vollständig.

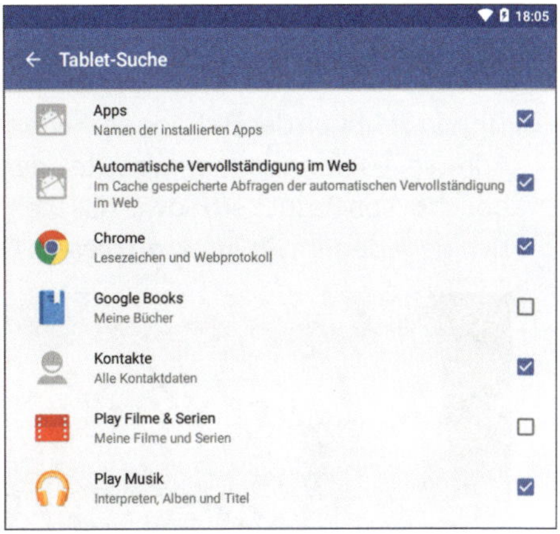

Ausgehempfehlungen von Google Maps

Wenn Sie keinen konkreten Ort suchen, sondern einfach wissen möchten, wo man in der Nähe gut essen oder feiern kann, hilft Ihnen Google Maps auch hierbei weiter.

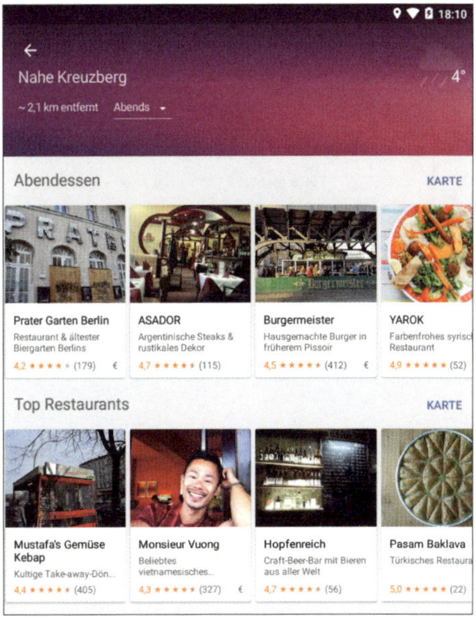

1 Tippen Sie dazu in das Suchfeld der App, geben Sie aber nichts ein. Beachten Sie auf dem Bildschirm darunter stattdessen den Bereich *Erkunden*.

2 Damit rufen Sie direkt eine Übersicht mit Ausgehempfehlungen auf.

3 Standardmäßig geht Google bei der Auswahl von der aktuellen Uhrzeit aus. Sie können

aber oben eine abweichende Tageszeit wählen, wenn Sie beispielsweise schon morgens ein Restaurant fürs Abendessen suchen.

4 Tippen Sie einen der Einträge an, finden Sie ausführliche Informationen wie Adresse, Telefonnummer, Website oder Öffnungszeiten. Auch Erfahrungsberichte von Besuchern sowie das Pfeilsymbol sind nicht fern, mit dem Sie sich gegebenenfalls direkt zu diesem Ort hinführen lassen können.

6. Medienzentrale – Bilder, Musik und Videos mit dem Tablet perfekt genießen

Ihr Android-Tablet kann auch und gerade im Multimediabereich mithalten. Und als Musikplayer kann ein Tablet mit iPod & Co. locker mithalten, wenn die richtige Software an Bord ist. Aber nicht nur Musik hören und Bilder anschauen können Sie damit. Auch für die Wiedergabe von Videos unterwegs ist die Leistung ausreichend, wenn Displaygröße und Klangqualität dem Filmgenuss nicht im Weg stehen. Auch eine Runde entspanntes YouTube-Stöbern auf der Couch macht mit dem Tablet richtig Spaß.

- Wie kann ich meine MP3-Musikdateien am besten auf mein Tablet übertragen? >> Seite 115
- Wie kann ich mein Tablet ganz komfortabel als MP3-Player verwenden? >> Seite 118
- Lässt sich der etwas flache Klang der Tablet-Lautsprecher per Software verbessern? >> Seite 117
- Wie kann ich Musik und Videos aus meinem Heimnetzwerk direkt auf mein Tablet streamen? >> Seite 119
- Wie kann ich mein Tablet als Fernbedienung für mein Multimedia-Heimnetzwerk einsetzen? >> Seite 130
- Gibt es Apps zum Abonnieren und Abspielen von Podcasts? >> Seite 122
- Wie kann ich Videos im Format XYZ auf meinem Tablet wiedergeben? >> Seite 127

Übertragen Sie Ihre Lieblingsmusik auf Ihren MP3-Player

Praktisch jedes Android-Tablet ist in der Lage, einen mobilen MP3-Player zu ersetzen. Um Musikclips darauf zu bekommen, stehen Ihnen verschiedene Möglichkeiten zur Verfügung. Beim Anschluss per USB-Kabel können Sie auf den Speicher des Tablets als Wechselspeicher direkt zugreifen. Dann ist mit dem Windows Media Player eine bequeme Übertragung von Musikstücken möglich.

1 Klicken Sie in der Symbolleiste des Windows Media Player auf die Schaltfläche *Synchronisieren.*

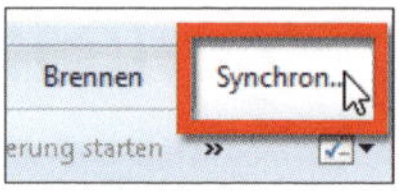

2 Oben rechts werden das Mobilgerät sowie die Speicherbelegung angezeigt. Darunter finden Sie eine Synchronisierungsliste.

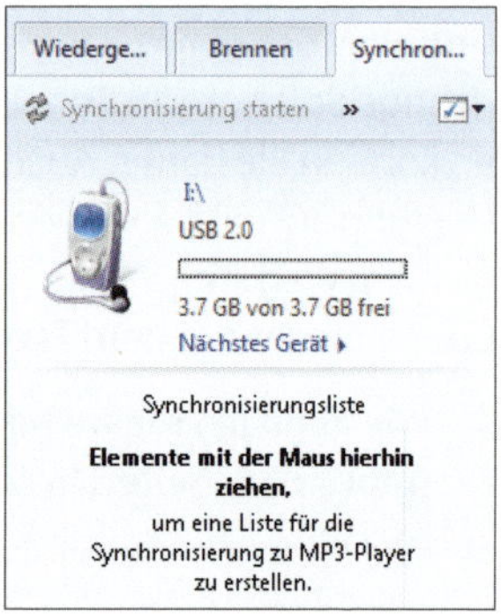

3 Ziehen Sie jetzt die Musikstücke, die Sie auf den Player transferieren möchten, mit der Maus auf diese Synchronisierungsliste.

4 Entspricht die Transferliste Ihren Vorstellungen, klicken Sie auf *Synchronisierung starten.*

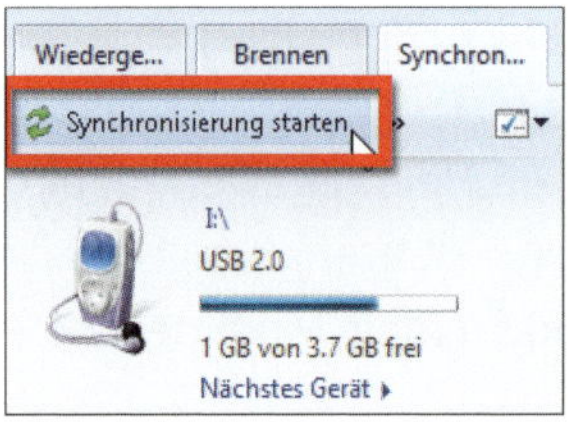

5 Der Windows Media Player überträgt dann die ausgewählten Titel. Steht unten in der Synchronisierungsliste *Die Synchronisierung ist abgeschlossen*, können Sie das Tablet wieder vom PC trennen.

Ganze Alben oder Playlisten transferieren

Sie können auch ein komplettes Album oder eine Wiedergabeliste auf die Synchronisierungsliste ziehen. Der Windows Media Player überträgt dann die zu diesem Album bzw. zu dieser Liste gehörenden Titel auf das Gerät.

Equalizer – fetter Sound auch aus flachen Tablet-Boxen

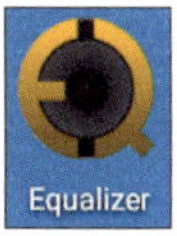

Aufgrund der flachen Bauweise sollten Sie von den in Ihrem Tablet eingebauten Lautsprecherboxen nicht zu viel erwarten. Zwar nutzen manche Tablets geschickt das Gehäuse als Verstärker, aber für den richtigen Sound insbesondere im Bassbereich fehlt einfach der Platz. Trotzdem lässt sich einiges herausholen, wenn Sie den Klang an Ihre persönlichen Hörgewohnheiten anpassen. Dafür reichen die Standardeinstellungen zwar nicht, aber eine App wie *Equalizer* eröffnet Ihnen ganz neue Einstellungsmöglichkeiten.

1 Tippen Sie nach dem Start der App zunächst oben auf das Kopfhörersymbol. Damit wechseln Sie zur Play-Music-App (siehe Seite 118) und wählen dort ein Musikstück aus, mit dem Sie die Änderungen an der Klangwiedergabe verfolgen können. Sowie der Titel abgespielt wird, tippen Sie unten in der Statuszeile auf *Zurück*, um wieder zur Equalizer-App zu gelangen.

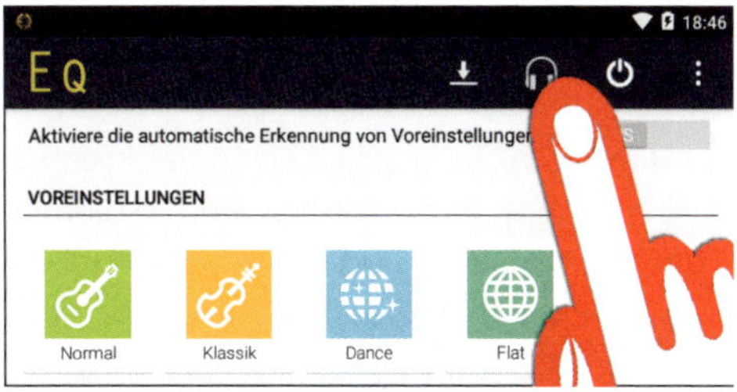

2 Nun können Sie unter *Voreinstellungen* die Klangeinstellungen für verschiedene Musikgenres ausprobieren. Sie sollten die Auswirkungen direkt am wiedergegebenen Musiktitel hören.

3 Alternativ können Sie auch auf dem Bildschirm die Linie ganz unten nach oben wischen bzw. auf das Pfeilsymbol dort tippen. Damit wechseln Sie zum Equalizer-Bereich, in dem Sie direkt die Regler bedienen, um z. B. Höhen oder Bässe mehr oder weniger zu betonen, und sich so ein ganz individuelles Klangbild schaffen.

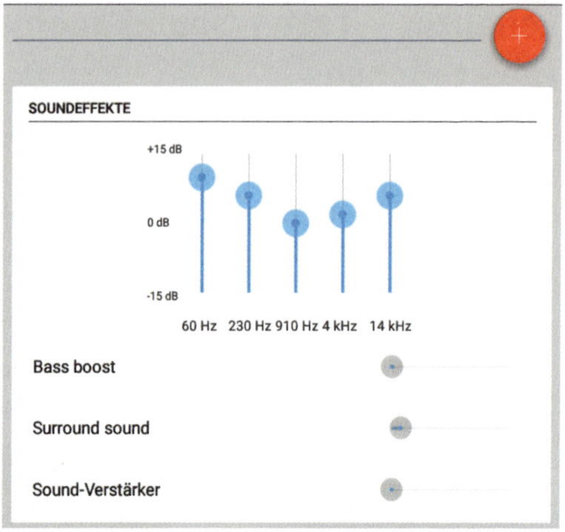

4 Haben Sie einen guten Klang gefunden, können Sie die App einfach verlassen. Sie bleibt im Hintergrund aktiv, was Sie an dem Symbol im Infobereich erkennen können.

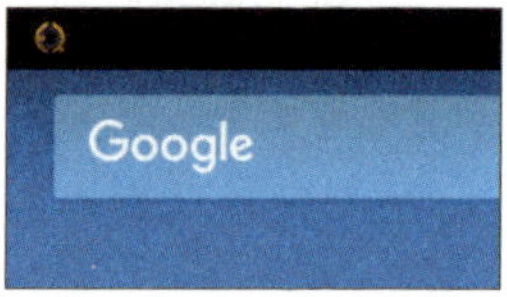

Play Music – Songs vom Tablet und aus dem Netz abspielen

Android bringt standardmäßig *Play Music* für die Wiedergabe von Musik mit. Damit können Sie sowohl lokal auf dem Tablet gespeicherte Musikstücke hören als auch Musik aus dem Netz abrufen. Und besonders praktisch für umfangreichere Musiksammlungen ist die Suchfunktion.

1 Tippen Sie in *Play Music* oben rechts auf das Lupensymbol, um die Suche anzuzeigen.

2 Beginnen Sie nun, den gesuchten Begriff einzutippen. Es kann der Name eines Musikstücks, eines Albums oder des Interpreten sein.

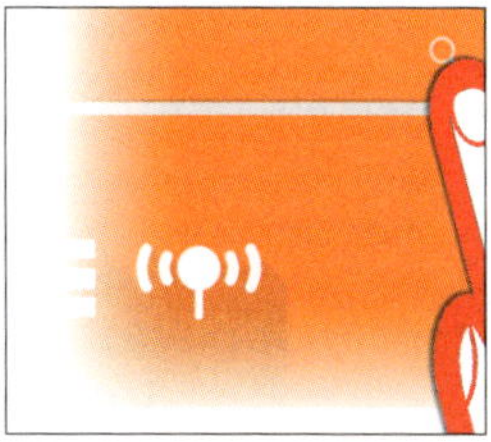

3 Nach der Eingabe einiger Zeichen finden Sie in der Auswahlliste darunter bereits passende Namen aus Ihrer Musiksammlung, die das Gesuchte vielleicht schon umfassen. Sonst tippen Sie einfach weiter.

4 Wird das gewünschte Element in der Auswahlliste angezeigt, tippen Sie darauf, um die Wiedergabe zu starten.

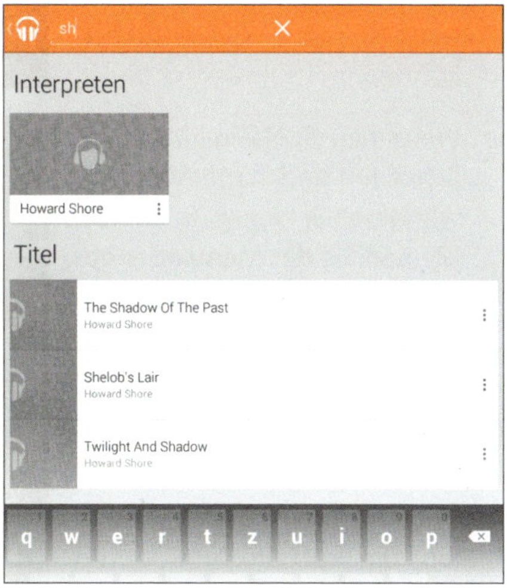

Mit dem Tablet im ganzen Haus Musik & Video aus dem lokalen Netz genießen

Wenn Sie Ihr Android-Tablet in den eigenen vier Wänden als Musik- und Videoplayer nutzen möchten, brauchen Sie dafür nicht mal unbedingt Ihre ganze Medienbibliothek auf das Gerät zu kopieren. Ein Medienserver wie der Windows Media Player auf dem PC oder auch ein separates Gerät für diesen Zweck kann die Daten bei Bedarf an das Tablet streamen. Dafür benötigen Sie lediglich eine Streaming-Client-App wie beispielsweise *GinkgoDlna*, die Sie kostenlos aus dem Play Store installieren können.

1 Wählen Sie nach dem Start in der Rubrik *Library* aus, welcher der verfügbaren Streaming-Server verwendet werden soll.

2 Die App präsentiert Ihnen dann die Inhalte des Streaming-Servers, wo Sie z. B. nach Interpreten, Alben oder Genre suchen können.

3 Wie genau die Navigationsmöglichkeiten sind, hängt vom verwendeten Server ab. Im Prinzip können Sie das Menü aber genauso nutzen, als wenn Sie den Server mit einem anderen Client wie z. B. dem Windows Media Player verwenden würden.

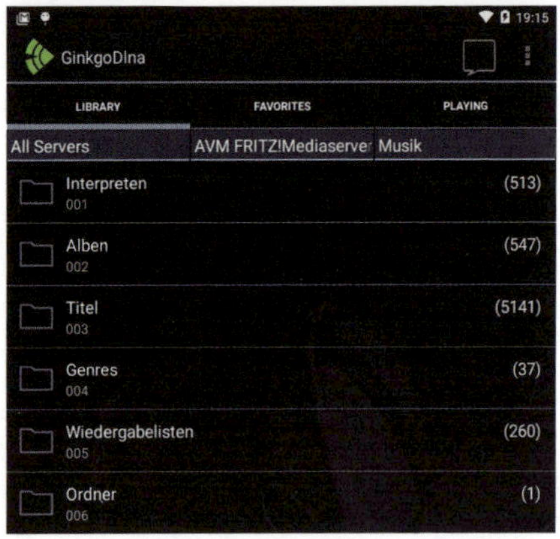

4 Haben Sie einen Clip oder eine Wiedergabeliste ausgewählt, lädt die App die Audiodaten vom Server herunter und beginnt mit der Wiedergabe.

Mit Spotify jederzeit und überall am Tablet Musik hören

Wenn Sie mit Ihrem Tablet viel unterwegs sind, aber nicht Ihre gesamte Musiksammlung auf den internen Speicher kopieren können oder möchten, bietet Spotify eine Alternative, überall und jederzeit auf eine schier endlose Musiksammlung zuzugreifen. Dazu installieren Sie die dazugehörige App und können damit nach Belieben Musik aus dem riesigen Bestand des Betreibers auf Ihr Tablet streamen.

Im Angebot finden sich aktuelle Hits, die Kataloge großer Plattenfirmen, aber auch kleinerer Labels, bei denen sich manche Perle entdecken lässt. Durch die Verknüpfung mit dem sozialen Netzwerk Facebook können Sie auch Empfehlungen für Musik bekommen, die Ihnen gefallen könnte.

Nur der Testmonat ist kostenlos

Die Spotify-App ist kostenlos und Sie können den Dienst damit einen kostenlosen Probemonat lang kennenlernen und auf Herz und Nieren testen. Wollen Sie dann dabeibleiben, müssen Sie eine monatliche Gebühr bezahlen, können aber auch jederzeit kündigen.

1 Haben Sie die Spotify-App aus dem Play Store heruntergeladen und installiert, registrieren Sie sich oder melden Sie sich mit einem bereits vorhandenen Konto an.

2 Dann landen Sie direkt bei den Neuheiten und können mal schnell reinhören. Tippen Sie einfach auf eines der präsentierten Alben, wählen Sie einen Titel aus, und schon geht es los.

3 Wenn Sie ganz bestimmte Interpreten oder Songs hören möchten, öffnen Sie oben links die Menüleiste und wählen dort *Suchen*.

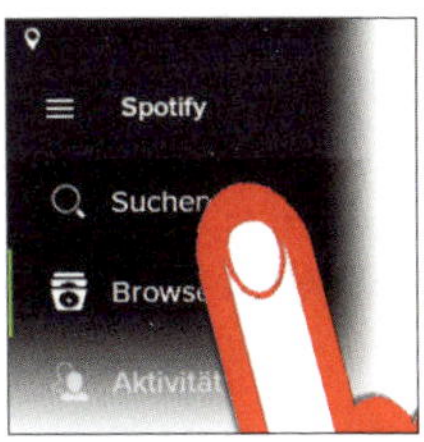

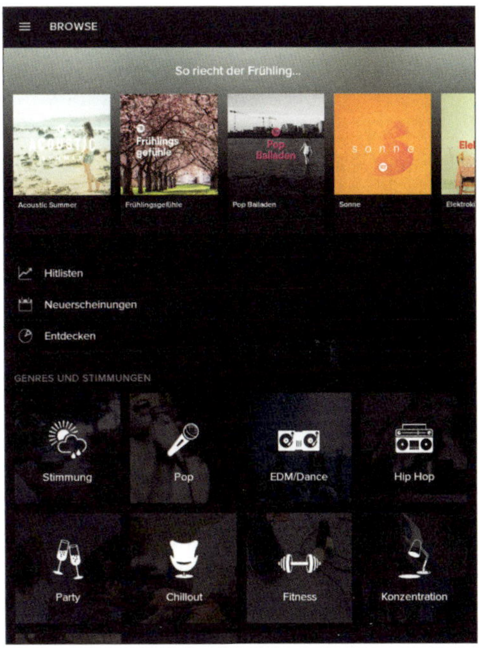

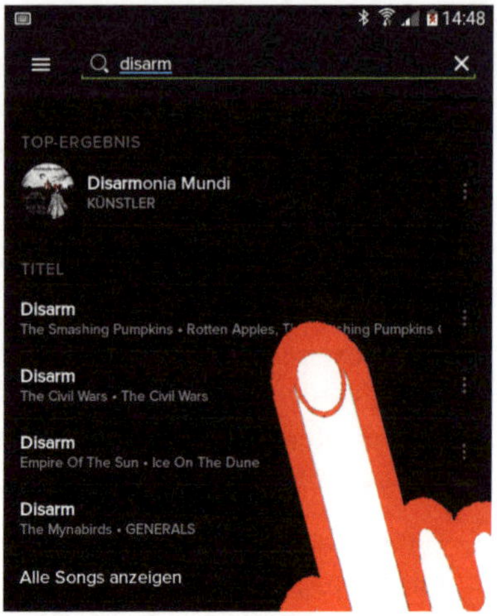

4 Geben Sie nun den Namen des Interpreten, das Album oder den Titel ein. Eine erste Auswahl von Ergebnissen sehen Sie direkt während des Tippens. Verwenden Sie die Eingabe- bzw. Suchen-Schaltfläche, um weitere anzuzeigen.

5 Die App zeigt Ihnen dann eine Liste der infrage kommenden Titel an, in der Sie den gewünschten antippen und direkt abspielen können.

Die Spotify-Wiedergabe im Detail steuern

Wenn Sie einen gefundenen Titel lange statt nur kurz antippen, öffnen Sie ein Menü mit erweiterten Funktionen. Hier können Sie das Musikstück z. B. in die Playlist einfügen, anstatt es sofort abzuspielen. Ebenso können Sie auf diese Weise weitere Titel vom selben Album oder Künstler abrufen.

Podcasts abonnieren und nach Lust und Laune abrufen

Podcasts sind Audio- oder Videoclips, die Politiker, Künstler, Comedians oder auch ganz einfache Bürger in regelmäßigen Abständen kostenlos im Netz veröffentlichen. Diese virtuellen Kanäle können Sie abonnieren und dann zu einem Zeitpunkt Ihrer Wahl abhören bzw. ansehen. Das geht prinzipiell auch per Hand im Web. Aber eine spezielle Podcast-App merkt sich Ihre Lieblingskanäle und macht das Abrufen zum Genuss. Sehr gut geht das etwa mit der App *Rat Poison* (trotz des etwas gewöhnungsbedürftigen Namens).

1 Nach dem Start der App tippen Sie am besten direkt oben auf das *All Podcast List*-Symbol, um Podcasts Ihrer Wahl zu Ihrer Liste hinzuzufügen.

2 Damit öffnen Sie das umfangreiche Verzeichnis aller Podcasts. Um nur deutschsprachige Angebote zu beachten, tippen Sie oben auf *Categories for Deutschland*. So erhalten Sie eine Liste nur der deutschsprachigen Podcasts.

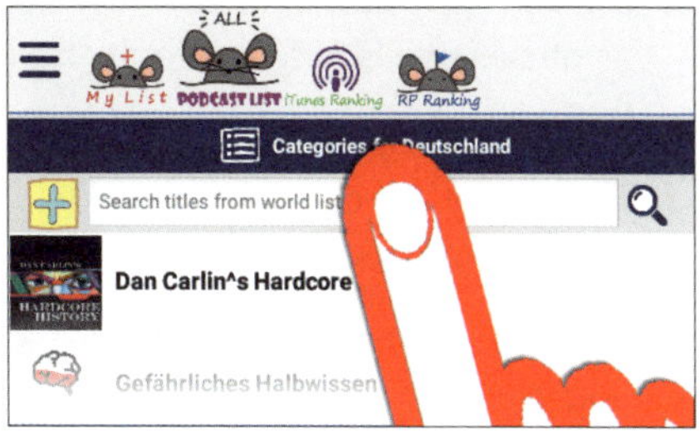

3 Wenn Sie etwas ganz Bestimmtes suchen, wählen Sie die Kategorie *(All)* und tippen dann im Suchfeld darunter den Namen des Podcasts (oder zumindest einen eindeutigen Teil davon) ein.

4 Sie sehen dann alle Einträge, die dazu passen. Tippen Sie auf den gesuchten Podcast.

5 Mit *Detail* können Sie weitere Informationen zu diesem Kanal abrufen. Ansonsten tippen Sie auf *yes*, um diesen Podcast zu abonnieren.

Alle abonnierten Podcasts werden in der Liste aufgeführt, die direkt beim Start der App angezeigt wird. Hier können Sie jeweils die neusten Ausgaben abrufen.

1 Tippen Sie auf den Eintrag des Podcasts, den Sie abrufen möchten.

2 Die App ruft nun eine Liste der neusten Beiträge dieses Kanals ab und zeigt sie jeweils mit Veröffentlichungsdatum und einer kurzen Beschreibung an.

3 Tippen Sie auf den Beitrag, den Sie abrufen möchten.

4 Sie haben nun die Wahl, den Beitrag per *Streaming* direkt abzurufen und wiederzugeben.

5 Alternativ können Sie den Podcast auch zunächst als *Download* beziehen und lokal speichern. So können Sie Beiträge auch zu einem späteren Zeitpunkt hören, wenn Ihr Tablet vielleicht nicht über eine Internetverbindung verfügt.

Podcasts jenseits des Katalogs

Die App bringt einen wirklich umfangreichen Katalog mit, aber vielleicht reicht der nicht immer. Weitere Podcasts können Sie hinzufügen, wenn Sie deren Abrufadresse im Web kennen. Tippen Sie dann in der Katalogübersicht oben links auf das blaue Plussymbol. Damit öffnen Sie einen Dialog, in dem Sie die Webadresse direkt eingeben können.

YouTube-Videos – die besten Tipps zur optimalen Nutzung

YouTube lässt sich zwar auch im Webbrowser nutzen, aber zusätzlich bringt Android von Haus aus eine eigene YouTube-App mit, mit der sich dieses Videoportal noch besser nutzen lässt. Sollte die App auf Ihrem Tablet noch nicht vorhanden sein, können Sie sie aus dem Play Store kostenlos installieren.

1 Beim Start zeigt die App automatisch eine Übersicht neuer und beliebter Videos an.

2 Tippen Sie einfach auf eines der Vorschaubilder, um das Video abzurufen.

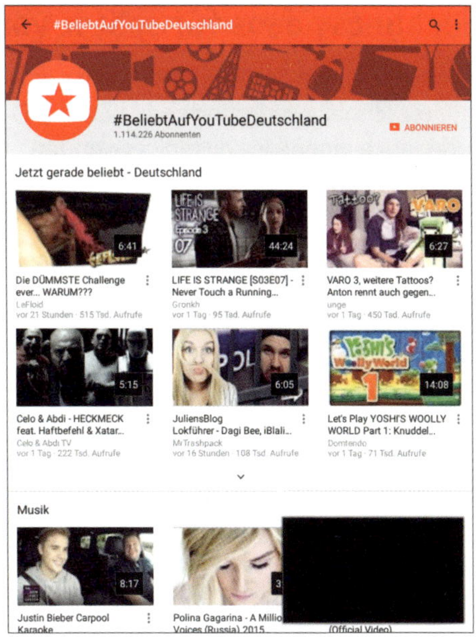

3 Das Video wird dann (nach einer kurzen Ladepause) direkt wiedergegeben. Tippen Sie kurz darauf, um die Steuerelemente einzublenden.

4 Mit dem Pfeilsymbol unten rechts wechseln Sie zum Vollbildmodus, in dem das Video möglichst bildschirmfüllend angezeigt wird.

5 Mit dem Balken unten können Sie die Wiedergabe steuern und eine beliebige Position im Video erreichen.

6 Unterhalb des Videos schlägt Ihnen YouTube weitere Videos vor, die zu dem zuletzt gesehenen passen.

Lieblingsvideos für später vormerken

Wenn Ihnen ein YouTube-Video gut gefällt, können Sie es vormerken, um es später schnell wiederfinden zu können. Dafür können Sie eine Favoritenliste oder auch eigene Playlisten verwenden.

1 Um ein Video als Favoriten zu markieren, tippen Sie während oder nach der Wiedergabe oben rechts auf das Plussymbol.

2 Nun können Sie wählen, ob Sie das Video einfach nur zum *Später ansehen* vormerken oder dauerhaft in eine Playlist einfügen wollen.

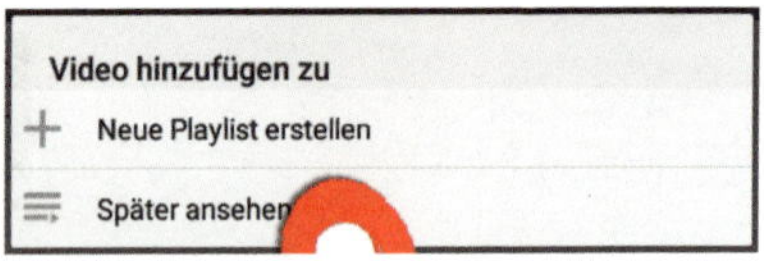

3 Sollten Sie noch nicht bei YouTube angemeldet sein, müssen Sie das für Funktionen wie *Favoriten* nun nachholen. Meist können Sie dafür einfach Ihr Google-Konto verwenden, sodass das schnell erledigt ist.

Damit haben Sie das Video auch schon gemerkt. Um es später wieder abzurufen, tippen Sie oben links auf das Menüsymbol und wählen im so geöffneten Menü beispielsweise *Später ansehen*.

Spannende Clips mit anderen teilen

Wenn Sie den sozialen Netzen wie Facebook, Twitter, Google+ und Co. zugeneigt sind, möchten Sie Ihre Onlinefreunde vielleicht auch auf diesem Weg über tolle neue Videos informieren? Wenn Sie die entsprechenden Apps auf Ihrem Tablet installiert haben (siehe Kapitel 10), kein Problem.

1 Wann immer Sie ein spannendes Video entdeckt haben, tippen Sie oben links auf das *Teilen*-Symbol der YouTube-App.

2 Damit öffnen Sie eine Liste der Apps auf Ihrem Tablet, die mit einem YouTube-Video etwas anfangen können. Hier sind z. B. auch Facebook und Twitter aufgeführt. Tippen Sie auf das entsprechende Symbol.

3 Rufen Sie so z. B. Twitter auf, wird automatisch ein neuer Tweet mit der Adresse des Videos entworfen. Diesen können Sie nun noch mit eigenem Text ergänzen und dann versenden.

MX Player – die App für alle Videoformate

Wenn Sie Videos vom PC auf Ihr Tablet überspielen und dort anschauen möchten, müssen Sie genau beachten, welche Videoformate das Gerät von Haus aus unterstützt. Hier gibt es je nach Hersteller und verbauter Hardware Unterschiede, wenn auch einen kleinsten gemeinsamen Nenner.

Oder aber Sie installieren mit dem *MX Player* einen Videoplayer auf Ihrem Tablet, der mit so ziemlich jedem Videoformat klarkommt und es anstandslos auf den Bildschirm bringen kann.

1 Nach der Installation benötigt der *MX Player* eventuell ein Codec-Paket speziell für die Grafikhardware Ihres Tablets. Tippen Sie dazu auf *OK*, um im Play Store automatisch zum Download geleitet zu werden, und installieren Sie diesen.

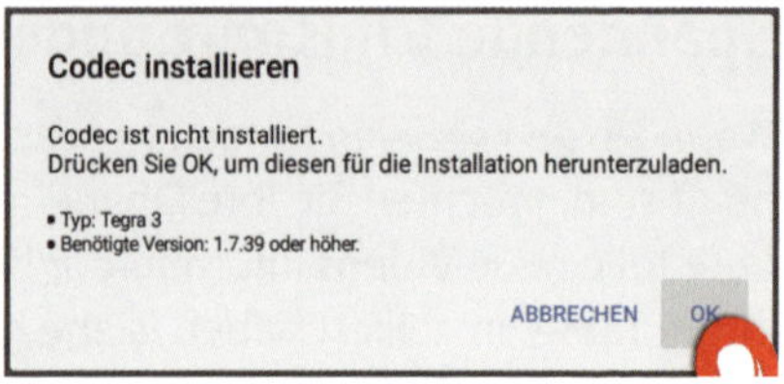

2 Starten Sie die App anschließend erneut. Nun ist der Codec vorhanden und *MX Player* startet regulär.

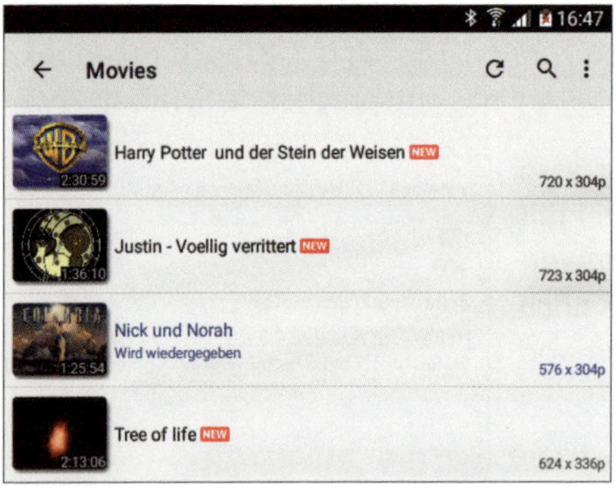

3 Sie können nun sofort die Videos ausprobieren, die auf Ihrem Tablet gespeichert sind, und werden hoffentlich feststellen, dass die App alles klaglos auf den Bildschirm bringt.

4 Die Steuerelemente für die Wiedergabe lassen Sie anzeigen, indem Sie kurz auf das laufende Video tippen. Besonders praktisch ist dabei das kleine Kästchen rechts, mit dem Sie verschiedene Zoommodi wählen können, wenn das Filmmaterial nicht exakt zur Bildschirmabmessung passt.

5 Noch besser sind aber die Funktionen, die Sie nicht sehen:

- Wenn Sie mit dem Finger horizontal über den Bildschirm wischen, führen Sie einen schnellen Vor- bzw. Rücklauf durch und können so schnell zu einer bestimmten Stelle im Film gelangen.
- Wenn Sie in der linken Bildschirmhälfte vertikal wischen, verändern Sie die Helligkeit des Bildschirms.
- Wenn Sie in der rechten Bildschirmhälfte vertikal wischen, verändern Sie die Lautstärke.

Die besten Multimediatipps für Ihr Tablet

Den Klang-Equalizer automatisch durch die Musik-App steuern lassen

Sie können die Equalizer-App (siehe Seite 117) weitestgehend durch Ihre App für die Musikwiedergabe „fernsteuern" lassen. Dann wird der Equalizer automatisch durch die Player-App gestartet und das Klangbild jeweils passend zum Genre der abgespielten Musik gewechselt. Das klappt nicht mit allen Musik-Apps, aber mit einigen gängigen wie etwa *Google Play Musik*.

1 Schalten Sie hierzu in der Equalizer-App bei den Voreinstellungen zunächst die Option *Aktiviere die automatische Erkennung von Voreinstellungen* ein.

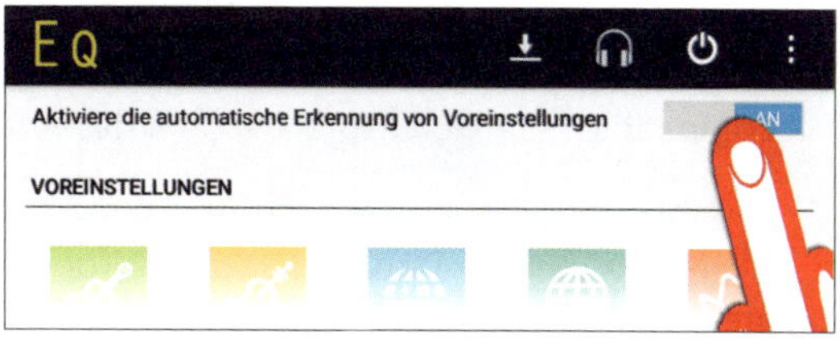

2 Öffnen Sie dann die Option von Equalizer, indem Sie oben rechts auf das Menüsymbol und dann auf *Einstellungen* tippen.

3 Aktivieren Sie hier die Option *Automatic on/off*.

Ob das Ganze mit Ihrer Musik-App funktioniert, erkennen Sie, wenn beim Start der Musik-App automatisch das Equalizer-Symbol im Benachrichtigungsbereich angezeigt wird.

Nutzen Sie das Tablet als Fernsteuerung Ihrer Multimediageräte

Sie können die GingkoDlna-App auch als „Fernbedienung" nutzen, mit der Sie z. B. die Wiedergabe von Musik im ganzen Haus steuern. Dann vermittelt die App einfach nur zwischen Server und Wiedergabegerät und kann als komfortable Fernbedienung genutzt werden.

1 Wechseln Sie dazu oben rechts in die Rubrik *Playing*.

2 Stellen Sie hier im Auswahlfeld unterhalb der Rubrikleiste rechts oben das Wiedergabegerät ein. Standardmäßig ist hier *Android Renderer* ausgewählt, was für die Wiedergabe durch das Tablet selbst steht. Es werden in der Liste aber auch alle anderen empfangsbereiten Streaming-Wiedergabegeräte im lokalen Netzwerk angezeigt, also beispielsweise Ihre Audioanlage, kompatible WLAN-Lautsprecher oder das vernetzte TV-Gerät.

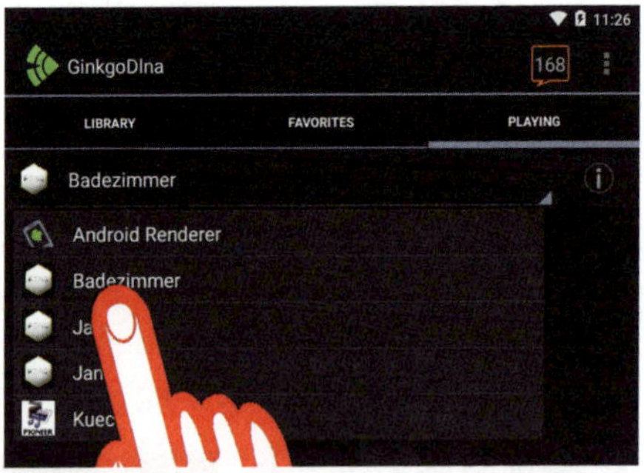

3 Anschließend können Sie die App ganz normal zum Auswählen und Abspielen von Musikstücken nutzen. Nur erfolgt die Wiedergabe eben auf dem gewählten Streaming-Gerät. Das Tablet fungiert nur als komfortabler Mittelsmann zwischen Streaming-Server und -Client.

MP3-Player vollautomatisch mit neuer Musik bestücken

Neben dem manuellen Übertragen von Musiktiteln mit dem Windows Media Player geht es sogar noch komfortabler: Bei einer vollautomatischen Synchronisierung schließen Sie Ihr Tablet an, warten kurz, bis der Windows Media

Player automatisch Ihre Lieblingsmusik darauf übertragen hat, und ziehen den Player dann wieder ab – alles von ganz allein. Mit wenigen Einstellungen können Sie einen solchen vollautomatischen Musiktransfer realisieren.

1 Verbinden Sie den Player, den Sie automatisch betanken wollen, mit dem PC.

2 Klicken Sie dann neben der *Synchron...*-Schaltfläche auf das kleine Pfeilsymbol und wählen Sie im dadurch geöffneten Menü die Funktion *Synchronisierung einrichten.*

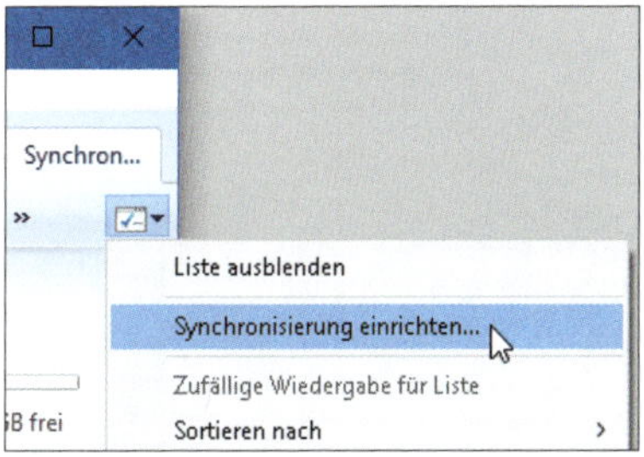

3 Im anschließenden Menü können Sie einen Namen für das Gerät festlegen. Klicken Sie dann auf *Fertig stellen.*

4 Öffnen Sie das Menü anschließend erneut und klicken Sie wiederum auf *Synchronisierung einrichten.*

5 Diesmal öffnen Sie damit ein anderes Menü, in dem Sie zunächst oben links die Option *Gerät automatisch synchronisieren* aktivieren.

6 Nun können Sie links bei *Verfügbare Wiedergabelisten* eine oder mehrere Listen auswählen und mit *Hinzufügen* in die rechte Hälfte (*Zu synchronisierende Wiedergabelisten*) verschieben. Aus diesen Abspiellisten wählt der Media Player dann die Inhalte für den Transfer aus. Die Reihenfolge bestimmt dabei, welche Titel beim Synchronisieren bevorzugt werden.

7 Mit der Option *Mischen* sorgen Sie für eine zufällige Verteilung der Titel.

8 Mit einem Klick ganz unten auf *Fertig stellen* starten Sie eine erste Synchronisierung mit den gewählten Vorgaben.

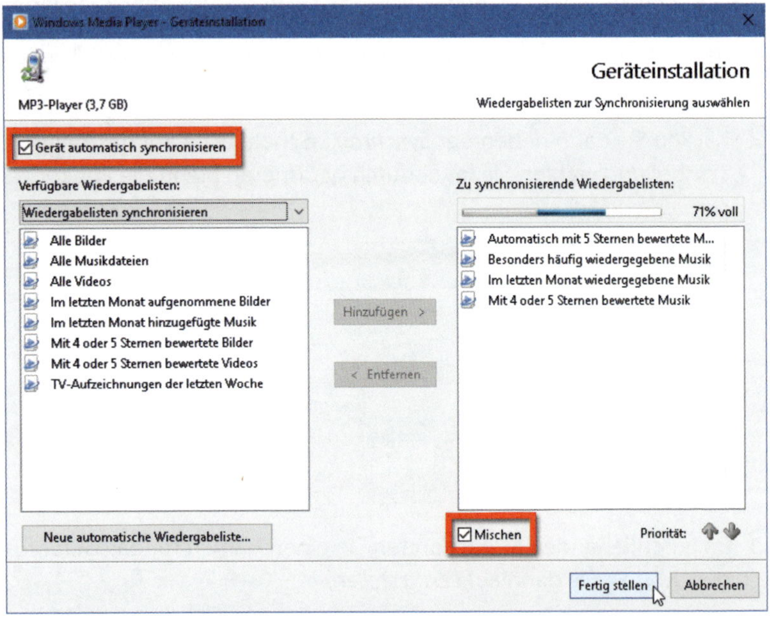

In Zukunft wird diese jedes Mal automatisch durchgeführt, wenn der Windows Media Player gestartet ist und Sie das Mobilgerät mit dem PC verbinden. Da für die Auswahl der Titel eine Zufallsfunktion verwendet wird, bekommen Sie immer einen anderen Mix auf Ihr Tablet.

7. Überall schmökern – Ihr Tablet als komfortabler E-Book-Reader

E-Books statt Bücherschrank – in digitaler Form können Sie Ihre Büchersammlung überall hin mitnehmen und bei jeder Gelegenheit darin schmökern. Ein Android-Tablet ist dafür ideal, denn es bietet ausreichend Speicher und ein angenehmes, großes Display. Sie brauchen nur noch eine Bezugsquelle für neuen Lesestoff und die richtige Reader-App.

- Wie kann ich E-Books auf mein Tablet herunterladen und lesen? >> Seite 133
- Wie kann ich auf meinem Tablet genauso ergonomisch wie auf einem „echten" E-Reader lesen? >> Seite 136
- Kann ich meine Kindle-E-Books auch mit meinem Tablet lesen und synchronisieren? >> Seite 137
- Gibt es auch Reader, die nicht ausschließlich von einer bestimmten E-Book-Plattform abhängig sind? >> Seite 140
- Gibt es legale Quellen für kostenlose E-Books? >> Seite 142
- Kann ich auch Zeitungen und Magazine in digitaler Form auf dem Tablet lesen? >> Seite 144
- Gibt es beim Tablet eine Hardwaretaste zum Umblättern? >> Seite 145
- Wie kann ich in einem E-Book bestimmte Stellen als Lesezeichen markieren und später schnell wiederfinden? >> Seite 146

E-Book-Futter – Bücher direkt aus dem Play Store herunterladen

Schon seit einiger Zeit bietet Google in seinem Play Store neben Apps, Musik und Filmen auch elektronische Bücher an. Mit *Play Bücher* gibt es die passende App gleich dazu, mit der Sie E-Books kaufen, verwalten und lesen können. Verwenden Sie mehrere Android-Geräte (z. B. Tablet und Smartphone), dann werden Ihre Bücher automatisch zwischen diesen synchronisiert. Sie können also jederzeit zum Gerät Ihrer Wahl greifen und dort weiterlesen. Auf vielen aktuellen Android-Tablets ist diese App ab Werk bereits vorinstalliert und kann sofort genutzt werden.

1 Starten Sie die App *Play Bücher*, um sich eine Übersicht über die bereits vorhandenen Titel zu verschaffen. In der Regel sind auch schon ein oder zwei Gratistitel oder Leseproben vorhanden.

2 Die App zeigt Ihren Bücherbestand standardmäßig in der Karussellansicht, mit der Sie sich ganz einfach durch die vorhandenen Titel „wischen“ können.

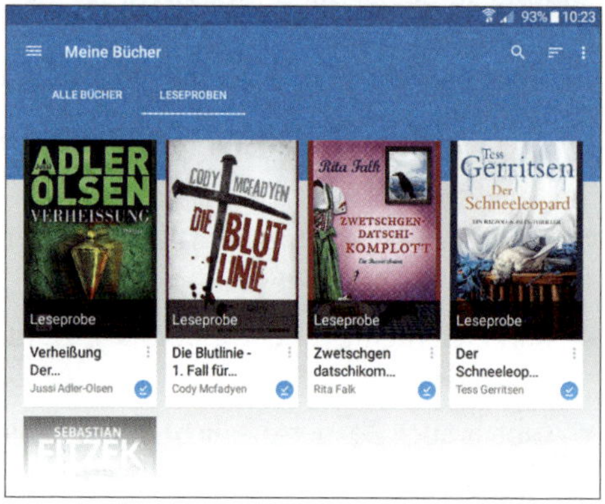

3 Wenn Sie auf der Suche nach neuen Büchern sind, tippen Sie links oben auf das Menüsymbol und dann auf *Bücher kaufen*. So gelangen Sie direkt zur E-Book-Abteilung des Play Store.

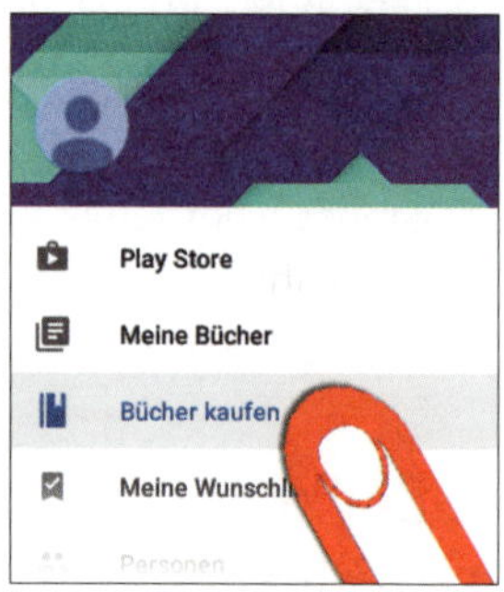

4 Hier können Sie wie vom Play Store gewohnt den Bestand in verschiedenen Kategorien durchstöbern und so neue, besonders beliebte oder auch kostenlose Titel finden. Gerade Letzteres eignet sich vor allem für die ersten Versuche, falls Sie sich später doch für eine andere E-Book-Plattform wie z. B. Amazon Kindle (siehe Seite 137) entscheiden.

5 Zu jedem Titel finden Sie eine Inhaltsangabe sowie gegebenenfalls Erfahrungsberichte anderer Leser als Orientierungshilfe.

6 Häufig können Sie eine kostenlose *Vorschau* abrufen. Das sind einige Probeseiten des Buches, nach denen Sie dann entscheiden können, ob Sie das Buch kaufen und weiterlesen möchten. Sie können aber selbstverständlich auch gleich auf die Schaltfläche mit dem Preis tippen, um das Buch zu erwerben.

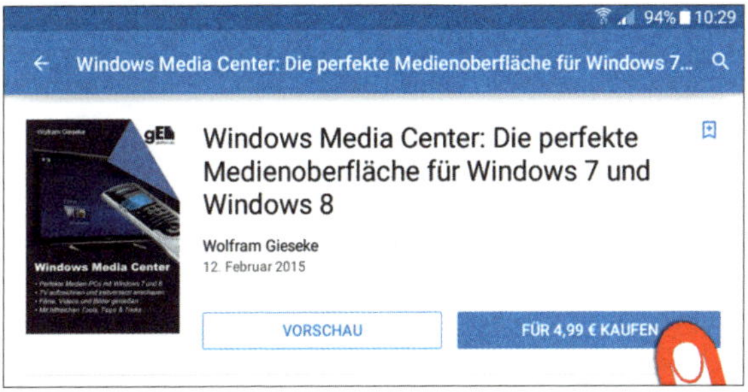

7 Dann wird ein zusätzlicher Dialog angezeigt, in dem der Preis noch mal genau angegeben ist. Tippen Sie hier erneut auf die Schaltfläche *Kaufen*, um den Kauf endgültig abzuschließen.

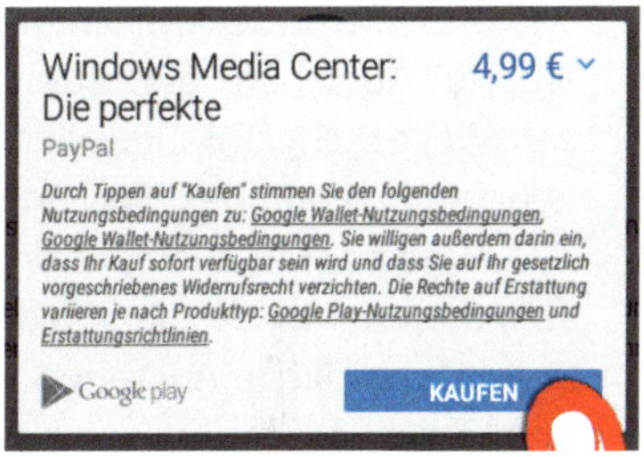

8 Nun folgt die eigentliche Kaufabwicklung und anschließend wird das Buch dann auch sofort heruntergeladen und in Ihre Bibliothek in der App *Play Bücher* eingefügt.

Ihr Google-Konto als Kaufnachweis

Die im Play Store erworbenen E-Books sind genau wie Kauf-Apps an das Google-Konto geknüpft, das Sie auf Ihrem Tablet verwenden. Sie können gekaufte Bücher auf jedem Android-Gerät lesen, das ebenfalls mit diesem Konto verbunden ist. Auch zukünftigen Geräten bleiben Ihre Errungenschaften also erhalten, sofern Sie beim selben Google-Konto bleiben. Auch mit einem PC können Sie Ihre Google-E-Books lesen, wenn Sie mit dem Webbrowser *play.google.com/books* besuchen.

Schriftgröße, Textfluss, Helligkeit – Lesevergnügen mit dem Google-Reader optimieren

Das Lesen elektronischer Bücher ist zunächst mal recht intuitiv: Sie öffnen ein Buch, um es auf dem Bildschirm anzeigen zu lassen. Um umzublättern, verwenden Sie Wischgesten oder tippen jeweils an den rechten oder linken Bildschirmrand. Aber es gibt einige Feinheiten, mit denen Sie das Lesevergnügen noch steigern können.

1 Um einzustellen, wie Ihr Tablet E-Books anzeigt, tippen Sie kurz in der Mitte des Bildschirms, um die Steuerelemente oben und unten anzuzeigen. Tippen Sie dann oben rechts auf das Buchstabensymbol.

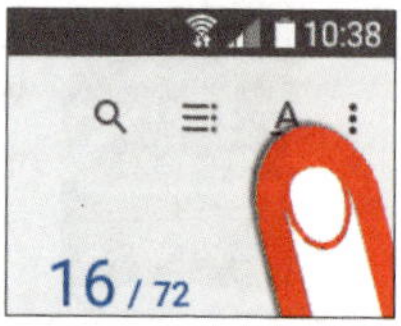

2 In dem so geöffneten Menü können Sie mit den drei oberen Schaltflächen das grundlegende Aussehen des Readers beeinflussen. Wer es schwarz auf weiß oder umgekehrt mag, kann das hier einstellen. Für das Auge ist aber auch das dritte Design sehr angenehm, das dem Bildschirm das augenfreundliche Aussehen von Recyclingpapier verleiht. Einfach ausprobieren und den persönlichen Favoriten finden.

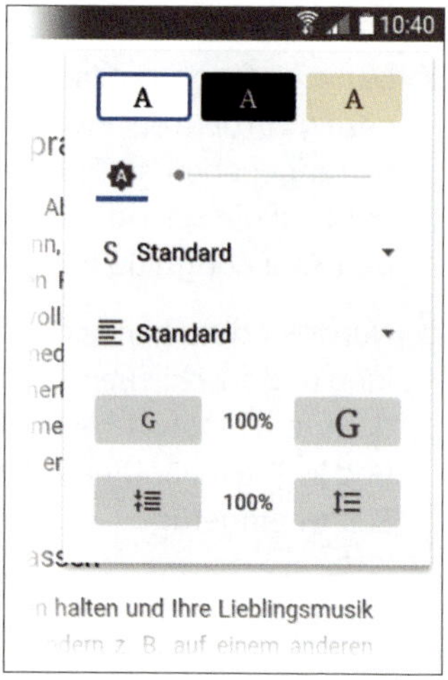

3 Darunter kann die Helligkeit des Bildschirms gewählt werden. Die Regelung ist analog zur globalen Steuerung im Benachrichtigungsbereich. Allerdings wird die hier gewählte Einstellung gespeichert und automatisch immer wieder gewählt, wenn Sie die App starten.

4 Ebenso können Sie die verwendete Schriftart und die Textausrichtung nach Ihren Vorlieben anpassen. Mit diesen Optionen sollten Sie ein wenig experimentieren, bis Sie eine angenehme Darstellung erreicht haben.

5 Häufig zum Einsatz dürften auch die untersten Elemente für Schriftgröße und Zeilenhöhe kommen. Da die Gestaltung bei jedem E-Book anders sein kann, können Sie hier die Textdarstellung so wählen, wie sie für Sie angenehm lesbar ist.

6 Die App merkt sich die gewählten Einstellungen, sodass sie pro Buch nur einmal erforderlich sind.

Inhaltsverzeichnis und Suche

Auch E-Books verfügen (meist) über ein Inhaltsverzeichnis, mit dem Sie einzelne Kapitel direkt ansteuern können. Dieses öffnen Sie mit einem Tipp auf das Listensymbol oben rechts neben dem Buchstabensymbol.

Das Lupensymbol links daneben öffnet die Suchfunktion, einen der großen Vorteile elektronischer Bücher. Damit können Sie im Volltext eines E-Books nach einem beliebigen Text suchen, um beispielsweise einen Ort oder eine Person der Handlung schnell wiederzufinden.

Kindle synchronisieren – Ihre Amazon-Bibliothek auf dem Tablet nutzen

Eine Alternative zu Google Play Bücher ist die beliebte Amazon-Plattform Kindle. Zwar gibt es hierfür spezielle Lesegeräte, aber darauf können Sie verzichten. Mit der Kindle-App, die Sie kostenlos im Play Store finden, können Sie mit Ihrem Android-Tablet kaufen, herunterladen, lesen und automatisch mit Kindle-Lesegeräten oder -Programmen (z. B. am PC) synchronisieren.

Auch wenn Sie bereits über ein Kindle-Konto verfügen, können Sie die App damit verknüpfen und die gekauften Bücher so auf Ihrem Tablet lesen.

1 Die Kindle App gehört bei Ihrem Android-Tablet nicht zum Lieferumfang, kann aber einfach kostenlos aus dem Play Store installiert werden (siehe Seite 68).

2 Beim ersten Start fragt die App nach Ihrem Amazon-Konto. Geben Sie dazu die E-Mail-Adresse und das Passwort ein, mit dem Sie bei Amazon registriert sind. Sollten Sie noch kein Konto haben, können Sie an dieser Stelle auch eines einrichten.

3 Haben Sie bereits E-Books bei Amazon erworben, werden diese anschließend direkt synchronisiert und in der Übersicht angezeigt.

4 Wenn Sie eines der Bücher lesen möchten, muss es zuvor jeweils auf Ihr Tablet heruntergeladen werden. Das erfolgt automatisch, dauert aber je nach Internetverbindung eine kurze Zeit.

5 Anschließend steht Ihnen das E-Book auf dem Tablet dauerhaft zur Verfügung. Sie können es allerdings nach dem Lesen vom Gerät löschen, um den Speicherplatz freizugeben.

Neue Kindle-E-Books bei Amazon beziehen

In der Kindle-App finden Sie überall Links zum Kindle-Shop, die allesamt die Amazon-Kindle-Website im Webbrowser öffnen. Hier können Sie im riesigen Angebot stöbern und Bücher erwerben. Wenn Sie das Tablet mit Ihrem Amazon-Konto verknüpft haben, wird Ihr Tablet als Kindle-Gerät aufgeführt und Sie können angeben, dass ein neues Buch direkt auf dieses Gerät übertragen werden soll. Das Ganze können Sie mit einem beliebigen Webbrowser z. B. auch auf Ihrem PC erledigen. Nach dem nächsten Synchronisieren finden Sie das neue E-Book dann auf dem Tablet vor.

Klare Sicht – die Lesbarkeit von Text auf dem Tablet optimieren

Die Kindle-App funktioniert im Prinzip genauso wie die vorangehend beschriebene Play-Bücher-App: Wählen Sie ein Buch in der Übersicht zum Lesen aus. Durch dieses können Sie blättern, indem Sie nach links oder recht wischen. Oder Sie tippen an den jeweiligen Bildschirmrand.

1 Um die Textdarstellung Ihren Vorlieben anzupassen, tippen Sie auf die Bildschirmmitte und dann oben rechts auf das Buchstabensymbol.

2 Bei der Helligkeit des Bildschirms orientiert sich die Kindle-App standardmäßig an den globalen Vorgaben aus dem Benachrichtigungsbereich. Sie können aber auch eigene Einstellungen festlegen, die dann nur in der Kindle-App gelten.

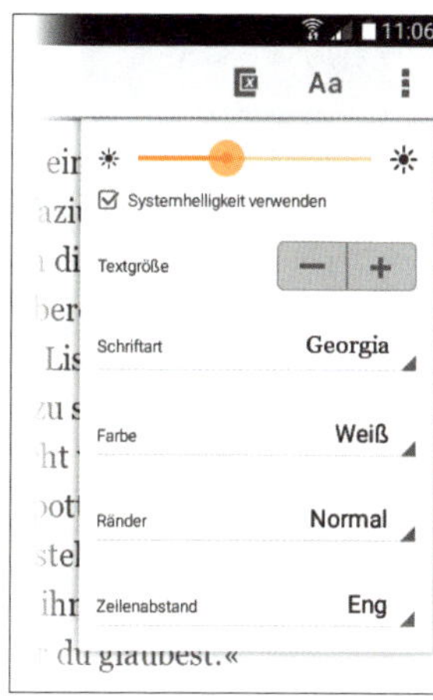

3 Darunter können Sie mit komfortablen Steuerelementen Helligkeit, Textgröße und Schriftart festlegen. Auch die *Farbe* sowie die *Ränder* lassen sich beeinflussen. So eignet sich z. B. das *Schwarz*-Design besonders für dunkle Umgebungen.

Aldiko Book Reader – die unabhängige Alternative zu Google und Amazon

Wenn Sie sich nicht auf eine E-Book-Plattform festlegen, aber trotzdem nicht ständig verschiedene Reader-Apps nutzen möchten, ist der *Aldiko Book Reader* vielleicht das Richtige für Sie. Diese App ist weder an Google noch an Amazon gebunden. Sie bietet zwar auch eine eigene Kaufplattform, aber Sie können damit ebenso E-Books im gängigen EPUB-Format oder PDFs mit und ohne Kopierschutz in Ihre Bibliothek importieren und komfortabel lesen.

1 Nach dem Start präsentiert sich die App in einer schicken Buchregaloptik, Sie können aber zunächst nur Ihre kürzlich gelesenen Titel abrufen oder Angebote aus dem Aldiko Store betrachten.

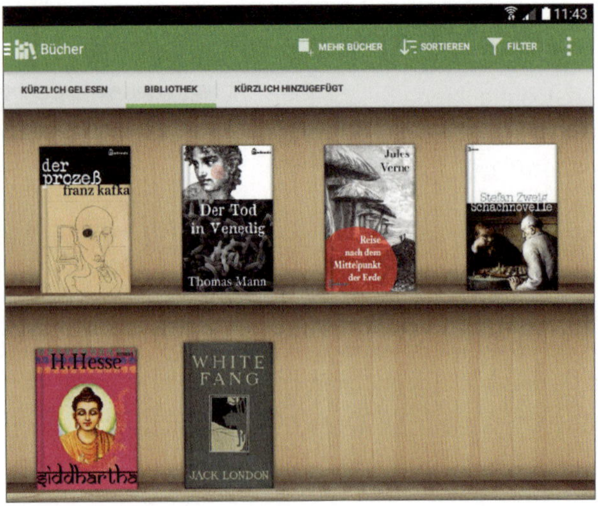

2 Haben Sie bereits E-Books auf Ihrem Tablet gespeichert, tippen Sie links oben auf das Menüsymbol und wählen *Dateien*.

3 Steuern Sie nun mit dem eingebauten Dateimanager den Ordner an, in dem Ihre E-Books auf dem Tablet gespeichert sind.

4 Tippen Sie ein E-Book an und wählen Sie im Kontextmenü *Importieren*, um es dauerhaft in die Bibliothek des *Aldiko Book Reader* aufzunehmen. Mit *Öffnen* zeigen Sie es nur einmalig zum Lesen im Reader an.

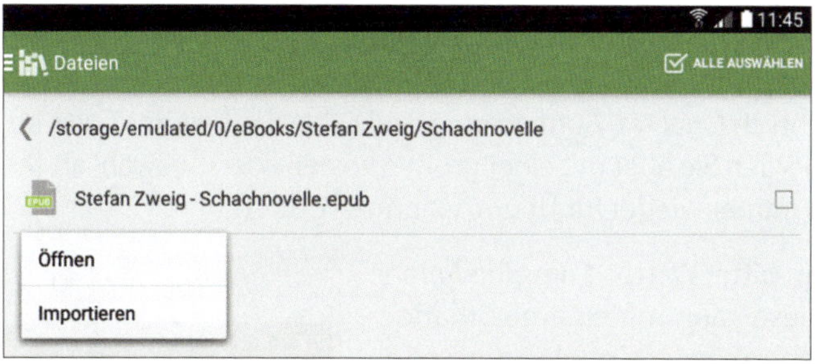

Mehrere E-Books auf einmal importieren

Wollen Sie gleich mehrere E-Books oder Ihre gesamte Sammlung importieren, speichern Sie alle Dateien in einem Verzeichnis auf dem Tablet. Steuern Sie diesen Ordner dann wie vorangehend beschrieben an und setzen Sie rechts das Häkchen hinter seinem Namen. Wenn Sie nun oben links tippen, werden alle E-Book-Dateien im angezeigten Ordner in Ihre Bibliothek aufgenommen.

5 Das eigentliche Importieren geht ganz schnell und anschließend stehen die eingelesenen Buchtitel auch schon in Ihrer Aldiko-Bibliothek zur Verfügung.

100.000 kostenlose Bücher – Gratislesestoff mit Wattpad

Wenn Ihr Budget für Bücher begrenzt ist oder Sie Lust auf Entdeckungen abseits des allgemeinen Buchmarkts haben, sollten Sie *Wattpad* ausprobieren. Das ist nicht einfach eine Reader-App, sondern dahinter steht eine ganze Plattform, die man auch als „YouTube für Geschichten" bezeichnen könnte. Hier können Autoren ihre Bücher, Kurzgeschichten und Gedichte kostenlos veröffentlichen und ebenso können Sie als interessierter Leser kostenlos darauf zugreifen. Dabei sollten Sie allerdings nicht unbedingt die von kommerziellen Veröffentlichungen gewohnten Standards hinsichtlich Qualität, Aufmachung und Fehlerfreiheit der Texte erwarten. Dafür werden Sie aber mit einer großen kostenlosen Auswahl an Texten belohnt, die immer wieder für Überraschungen gut ist.

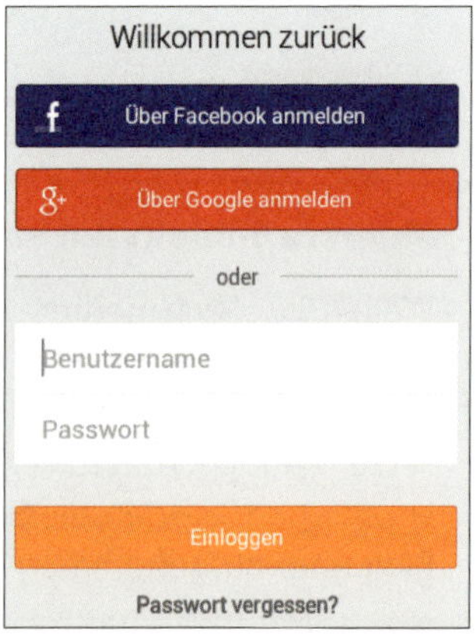

1 Beim Start bittet Wattpad um eine Anmeldung. Diese kann mit einem vorhandenen Facebook- oder Google Konto erfolgen oder Sie legen ein eigenes Konto bei Wattpad an.

2 Damit landen Sie direkt in der nach Themen sortierten Inhaltsübersicht von Wattpad. Tippen Sie hier auf eine Kategorie, die Sie interessiert.

3 Innerhalb der Kategorien wird jedes Angebot mit Umschlagbild und kurzer Zusammenfassung angezeigt. Ebenso erfahren Sie, wie umfangreich die Texte überhaupt sind.

4 Interessant sind zudem die Angaben zur Anzahl der Abrufe sowie die Bewertungen in Form von Sternchen, die Sie unterhalb jedes Eintrags finden. Beides kann als Orientierung dienen, bei welchen Texten das Reinlesen lohnt.

5 Um einen Text zu lesen, tippen Sie den Eintrag einfach an. Die App öffnet das E-Book dann in einem Reader, in dem Sie wie bei ähnlichen Apps auch per Wischgeste oder Tippen am Rand blättern können. Ein Tippen auf die Mitte des Bildschirms zeigt die Steuerelemente an.

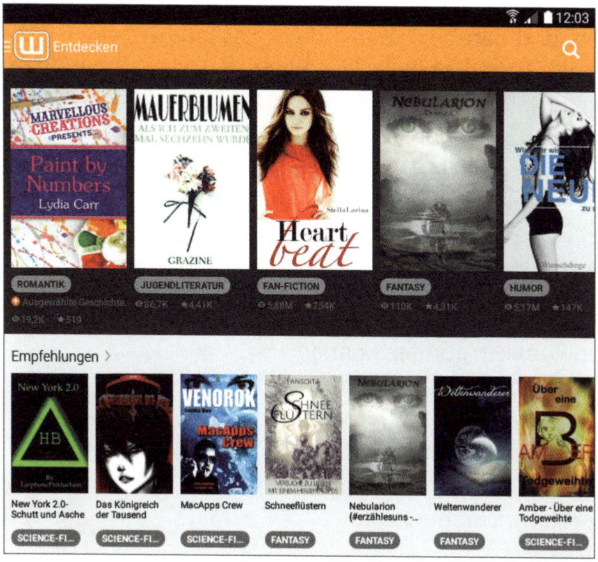

Ruck, zuck zur eigenen Bibliothek

Wenn Sie einen Text mit der Zurück-Taste schließen, fragt die App, ob Sie dieses E-Book zu Ihrer Bibliothek hinzufügen möchten. Wenn Sie dies tun, können Sie den Text später jederzeit schnell wiederfinden, indem Sie im Auswahlfeld oben links zu *Bibliothek* wechseln.

Digitale Neuigkeiten – mit Google Play Kiosk Zeitungen und Magazine lesen

Nicht nur Bücher bieten Lesestoff. Aktuelle Zeitschriften und Magazine sind mindestens ebenso beliebt. Viele davon sind auch im Netz vertreten, und darüber hinaus bietet das Internet eine Vielzahl rein digitaler Nachrichtenquellen, Blogs und Newsletter, die man allerdings mühsam einzeln ansurfen müsste. Mit der App *Play Kiosk* von Google können Sie solche Quellen in einer komfortablen Form erschließen. Sie versammelt verschiedene von Ihnen selbst ausgewählte Nachrichtenquellen und bringt diese in einer angenehmen Form auf den Bildschirm, die der Präsentation in einer „echten" Zeitschrift kaum nachsteht.

1 *Play Kiosk* bringt von Haus aus bereits eine Auswahl von Nachrichtenquellen mit, die Sie in den verschiedenen Rubriken abrufen können. Um den Inhalt nach Ihren Vorstellungen zu gestalten, tippen Sie oben links auf das Menüsymbol und wählen in der Übersicht *Mein Kiosk*. *Play Kiosk* präsentiert Ihnen dann den aktuellen Überblick Ihrer Nachrichtenquellen.

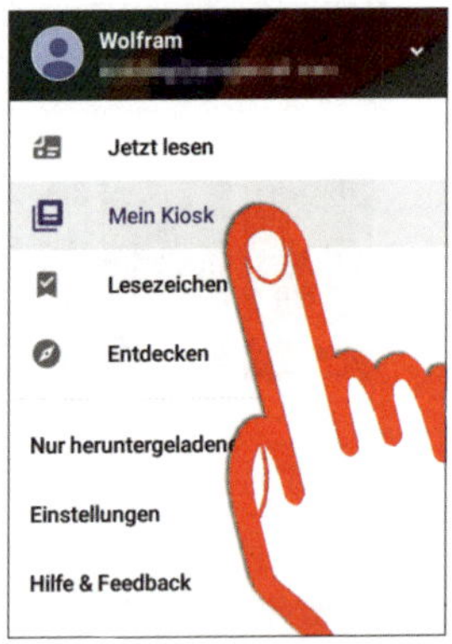

2 Wie auf der Startseite des Tablets können Sie einzelne Anbieter erfassen und nach oben auf *Entfernen* ziehen, um sie nicht mehr angezeigt zu bekommen.

3 Mit *Hinzufügen* ganz unten können Sie dafür neue Nachrichtenquellen ergänzen.

4 Wählen Sie dazu zunächst den Themenbereich aus und tippen Sie darin die gewünschte(n) Quelle(n) einfach an.

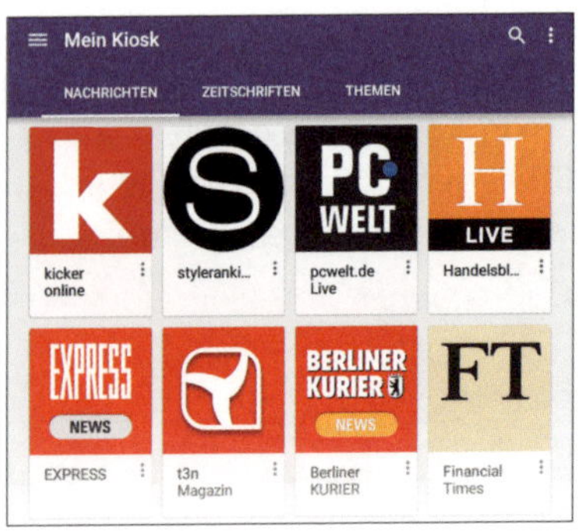

Anschließend finden Sie diese Quelle in Ihrer Übersicht in der passenden Rubrik. Dort können Sie sie jederzeit anwählen, und *Play Kiosk* zeigt Ihnen die aktuellen Inhalte dieser Quelle an.

Einfach durch die Nachrichten „wischen"

Das gezielte Auswählen im Verzeichnis Ihrer Nachrichtenquellen ist nur eine Zugangsmöglichkeit. Sie können sich auch einfach von Nachrichtenquelle zu Nachrichtenquelle wischen: *Play Kiosk* wechselt mit jeder Wischgeste zur nächsten Quelle in der Liste.

Die besten Tipps zu elektronischen Büchern

Umblättern mit den Lautstärketasten

Das Umblättern per Wischgeste ist nicht jedermanns Sache. Der Google-Reader *Play Bücher* bietet als Alternative die Möglichkeit, die Lautstärketasten am Tablet-Gehäuse zu verwenden. Je nach Position der Tasten und Handhaltung des Tablets lassen sich diese bequem und vor allem ohne hinzuschauen erreichen.

1 Öffnen Sie das Optionsmenü der App und darin die *Einstellungen*.

2 Setzen Sie dort ein Häkchen bei *Seiten mit Lautstärketaste umblättern* und verlassen Sie die *Einstellungen* wieder.

3 Ab sofort können Sie die Lautstärketasten bei allen E-Books zum Umblättern verwenden. Um stattdessen die Lautstärke Ihres Tablets zu verändern, brauchen Sie die App *Play Bücher* nur zu verlassen und z. B. zur Startseite zurückzukehren.

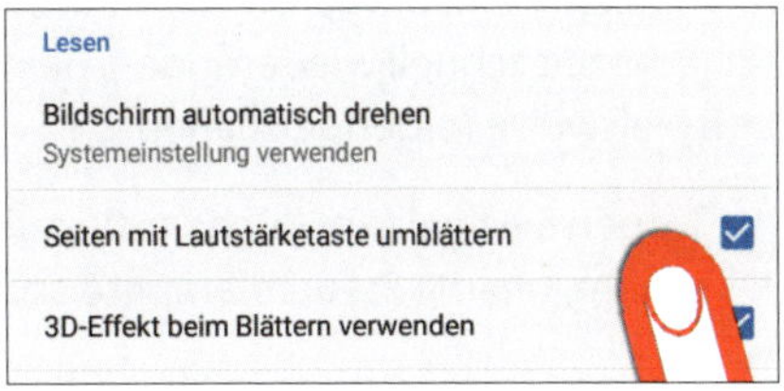

Dank Gehe zu jederzeit die gesuchte Stelle finden

Amazons Kindle-App bietet eine Gehe-zu-Funktion, mit der Sie markante Stellen im Buch wie die Titelseite, das Inhaltsverzeichnis oder den Anfang des Textes direkt erreichen können.

1 Tippen Sie in einem Buch auf die Mitte des Bildschirms und dann oben links auf das Menüsymbol.

2 Wählen Sie im Menü die Funktion *Gehe zu*. Darunter finden Sie – soweit vorhanden – ein Inhaltsverzeichnis des Buches, mit dem Sie die einzelnen Abschnitte direkt anwählen können.

3 Alternativ können Sie auch direkt eine bestimmte Position ansteuern, wenn Sie sich z. B. noch erinnern oder notiert haben, an welcher Stelle eine spezielle Information zu finden ist.

Spannende Stellen per Lesezeichen schnell wiederfinden

Praktisch alle E-Book-Reader bieten die Möglichkeit, Lesezeichen in die digitalen Bücher einzufügen. So können Sie wichtige Stellen markieren und später jederzeit schnell wiederfinden. Beim Aldiko Book Reader funktioniert das beispielsweise folgendermaßen:

1 Tippen Sie in einem Buch mittig auf den Bildschirm, um die Steuerelemente anzuzeigen.

2 Tippen Sie dann oben rechts auf das Lesezeichensymbol.

3 Dieses wird daraufhin mit einem Häkchen versehen, um anzuzeigen, dass diese Seite ein Lesezeichen enthält.

Und so steuern Sie dieses Lesezeichen später wieder an:

1 Tippen Sie oben rechts auf das Pfeilsymbol und wählen Sie im Untermenü *Lesezeichen*.

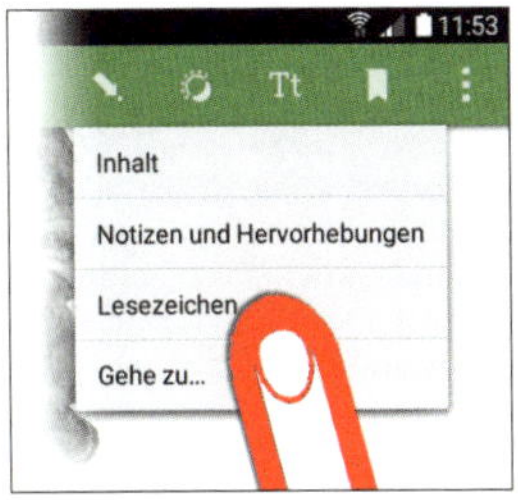

2 Dadurch rufen Sie eine Liste der für dieses E-Book gespeicherten Lesezeichen auf. Tippen Sie auf eines der Lesezeichen, um im Reader direkt zur entsprechenden Stelle zu springen.

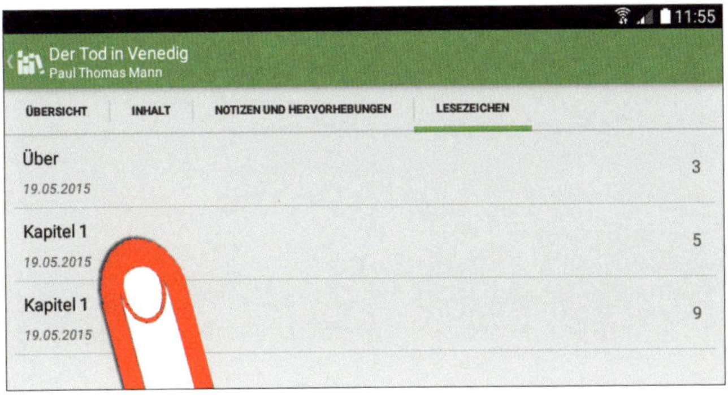

8. E-Mail, Kalender, Adressen – das Tablet als Ihr persönlicher Assistent

Ein Tablet kann zum persönlichen Assistenten werden, der Sie bei der E-Mail-Kommunikation überall und jederzeit unterstützt, Ihr komplettes Adressbuch verwaltet, Sie rechtzeitig und zuverlässig an wichtige Termine erinnert und wichtige Daten und Dokumente stets für Sie bereithält.

- Wie empfange ich meine E-Mails auf dem Tablet? >> Seite 149
- Wie nutze ich Postfächer, die nicht von Google bereitgestellt werden? >> Seite 151
- Wie kann ich beliebige E-Mail-Anhänge auf dem Tablet betrachten und/oder bearbeiten? >> Seite 152
- Wie kann ich mein Tablet mit meinem Onlinekalender synchronisieren? >> Seite 158
- Wie kann ich Termine direkt auf dem Tablet erstellen? >> Seite 159
- Wie lasse ich mich rechtzeitig an Geburtstage, Hochzeitstage und andere wiederkehrende Jubiläen erinnern? >> Seite 166
- Gibt es Alternativen zum Standardkalender mit mehr Übersicht? >> Seite 163
- Wie kann ich eine Terminübersicht als Widget direkt auf der Startseite anzeigen lassen? >> Seite 164

Verbinden Sie Ihr E-Mail-Konto mit Ihrem Tablet

Ein Android-Tablet ist eine komfortable Möglichkeit, E-Mail-Nachrichten zu empfangen und zu verschicken. Ein E-Mail-Konto steht Ihnen automatisch zur Verfügung, da zu Ihrem Google-Konto auch ein Postfach gehört.

1 Wenn Sie Ihr Android-Tablet mit einem Google-Konto verknüpft haben, ist automatisch auch der Zugriff auf das dazugehörige Postfach in Gmail eingerichtet.

2 Wenn Sie die App aufrufen, zeigt sie Ihnen automatisch eine Übersicht Ihres Posteingangs. Tippen Sie eine der Nachrichten an, um den Inhalt zu lesen.

3 Um den Posteingang zu aktualisieren, wischen Sie in der Liste einfach kurz nach unten.

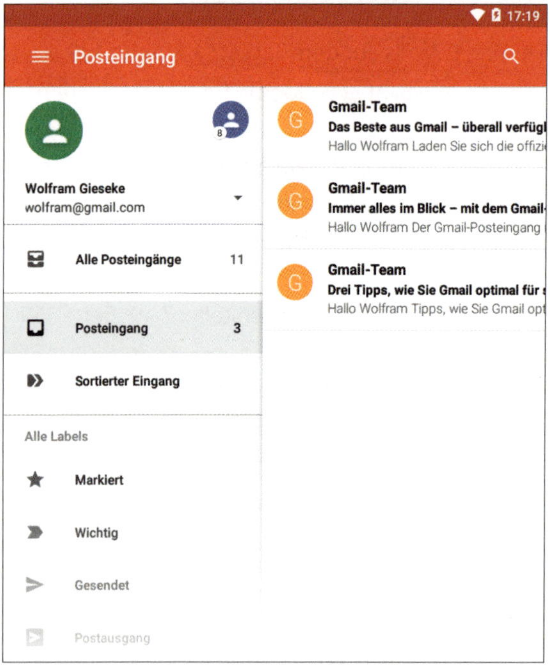

4 Weitere Funktionen finden Sie mit den Symbolen und der Seitenleiste, die Sie vom linken Bildschirmrand reinwischen können. Dort finden Sie Ihre Postordner und Labels sowie ganz unten die Einstellungen.

E-Mail-Postfächer anderer Anbieter nutzen

Wenn Sie ein E-Mail-Postfach bei einem anderen Anbieter als Google haben oder beispielsweise Firmenmails mit dem Tablet abrufen möchten, können Sie dieses Konto ebenfalls mit der Gmail-App nutzen. Dazu müssen Sie lediglich einmal die Zugangsdaten konfigurieren.

1 Öffnen Sie in der Seitenleiste links die *Einstellungen* und tippen Sie dort auf den untersten Eintrag *Konto hinzufügen*.

2 Wählen Sie im nächsten Schritt die Art des Kontos aus. Sie können ein weiteres Google-Konto einrichten oder per Exchange auf Ihr Firmenpostfach zugreifen (sofern die Firma das erlaubt). Für alle anderen Postfächer wählen Sie *Persönlich (IMAP/POP)*.

3 Geben Sie dann die E-Mail-Adresse und das dazugehörige Passwort ein. Handelt es sich um ein Postfach bei einem der bekannten Anbieter, werden die benötigten Serveradressen mit *Weiter* automatisch ermittelt und eingestellt. Andernfalls tippen Sie auf *Manuell einrichten*, um diese Angaben selbst zu hinterlegen.

4 Wählen Sie dazu den Kontotyp *POP3*, *IMAP* oder *Exchange* aus, und geben Sie die notwendigen Angaben wie Serveradressen und Ports zum Abrufen und Versenden von Nachrichten ein.

5 Sind die Server eingerichtet, legen Sie noch die Häufigkeit fest, mit der neue Nachrichten abgerufen werden sollen. Außerdem können Sie bestimmen, ob Ihr Tablet Sie auf neue Nachrichten hinweisen und Anhänge per WLAN automatisch laden soll.

6 Schließlich können Sie noch einen Namen für das Konto angeben sowie Ihren Namen, der als Absender eingetragen werden soll.

Anschließend erfolgt direkt der erste Nachrichtenabruf vom Konto. Im Seitenbereich links können Sie jeweils umstellen, welches der eingerichteten Mailkonten Sie gerade lesen und verwenden möchten.

Ein Posteingang für alle Postfächer

Jedes der eingerichteten Mailkonten hat seinen eigenen Posteingangsordner, in dem Sie alle neuen Nachrichten finden. Sie können links im Seitenbereich aber auch den Ordner *Alle Posteingänge* abrufen. Der kombiniert die eingegangenen Nachrichten aller eingerichteten Mailkonten in einer Ansicht.

Mailanhänge auf dem Tablet problemlos lesen

Android kennt von Haus aus nur einige Dokumentformate wie einfachen Text, HTML etc. Prinzipiell können Sie trotzdem beliebige Dateiformate z. B. als E-Mail-Anhang empfangen und verarbeiten. Voraussetzung ist allerdings, dass Sie eine passende App installiert haben, die mit dem jeweiligen Dokumentformat umgehen kann.

Ein Beispiel für eine solche App ist *Documents To Go*. Mit der kostenlosen Viewer-Variante können Sie gängige Office-Dokumente von Word, Excel und PowerPoint mit dem Tablet betrachten.

Die kostenpflichtige Vollversion erlaubt sogar das Bearbeiten solcher Dokumente von unterwegs.

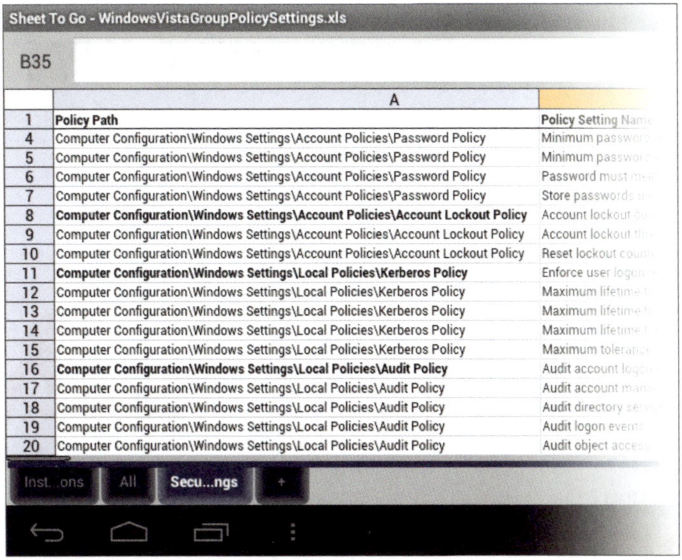

Viewer-Apps für weitere Dokumentformate finden

Über den Play Store (siehe Kapitel 3) können Sie weitere Viewer für verschiedene Dokumentformate finden. Suchen Sie hier einfach nach der Bezeichnung für das Format, eventuell ergänzt mit dem Begriff Viewer, z. B. „ZIP Viewer" oder „PDF Viewer". In vielen Fällen werden Sie sogar eine kostenlose Lösung finden.

Auch für das Bearbeiten bzw. Erstellen von Dokumenten gibt es in vielen Fällen passende Apps. Diese sind allerdings häufig nur käuflich zu erwerben.

Mehr als ein Viewer vorhanden?

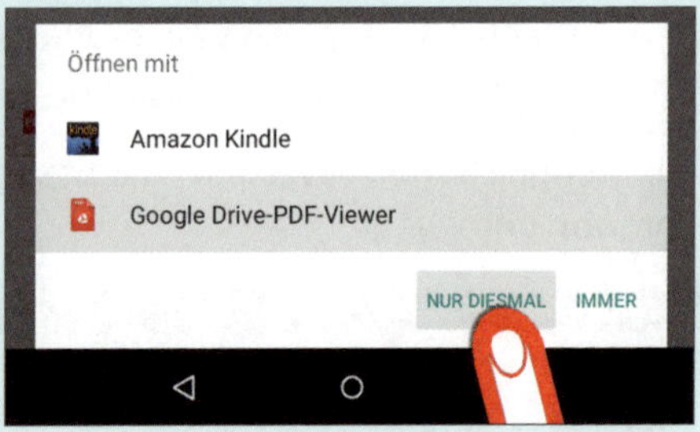

Wenn zu einem Dokumenttyp mehr als eine App installiert ist, fragt Android nach, welche der Apps Sie verwenden möchten. Tippen Sie zunächst auf die App, die Sie nutzen möchten, und entscheiden Sie dann, ob Sie diese App für Dateien dieses Typs *Nur diesmal* oder *Immer* verwenden möchten (siehe hierzu auch Seite 37).

E-Mails am Tablet erstellen und versenden

Um mit der Gmail-App eine neue Nachricht mit Ihrem Google-Konto zu versenden, tippen Sie in der App unten rechts auf das Stiftsymbol. Damit öffnen Sie ein Formular, in dem Sie Ihre Mail verfassen können.

1 Füllen Sie im Formular zunächst die üblichen E-Mail-Daten wie Empfänger, Betreff und Inhalt aus.

2 Geben Sie dann im Feld darunter den eigentlichen Inhalt der Mail ein.

3 Möchten Sie ein Dokument an die Mail anhängen, tippen Sie auf das Büroklammersymbol oben und wählen die Datei aus.

4 Tippen Sie schließlich oben auf das Pfeilsymbol, um die E-Mail abzuschicken.

Adressen aus E-Mails als Kontakte speichern

Wenn Sie sich nicht immer an die E-Mail-Adressen Ihrer Bekannten erinnern und diese dann mühsam eintippen möchten, sollten Sie die Adressen als Kontaktinformationen hinterlegen. Das geht ganz einfach, wenn Sie eine Mail von jemandem erhalten haben.

1 Öffnen Sie die Nachricht und tippen Sie ganz oben im Feld mit der Absenderadresse links auf das Symbol.

2 Damit rufen Sie die Details des Absenders auf. Tippen Sie hier auf das Kontakt-hinzufügen-Symbol.

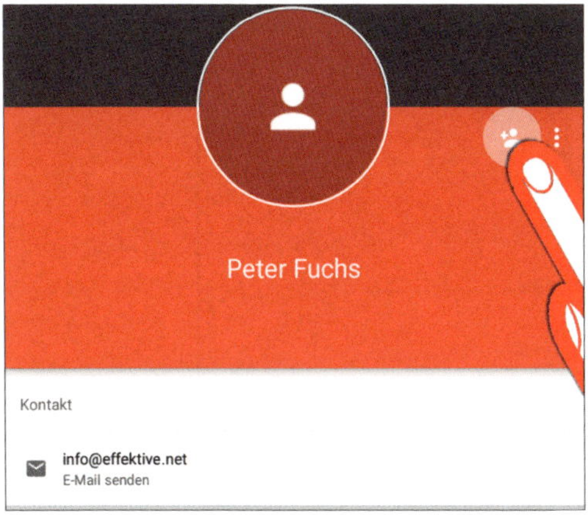

3 Wählen Sie dann in der Kontaktverwaltung *Neuen Kontakt erstellen*. Sollte es sich um eine neue Adresse eines bereits vorhandenen Kontaktes handeln, wählen Sie diesen aus und fügen ihm die zusätzliche Adresse hinzu.

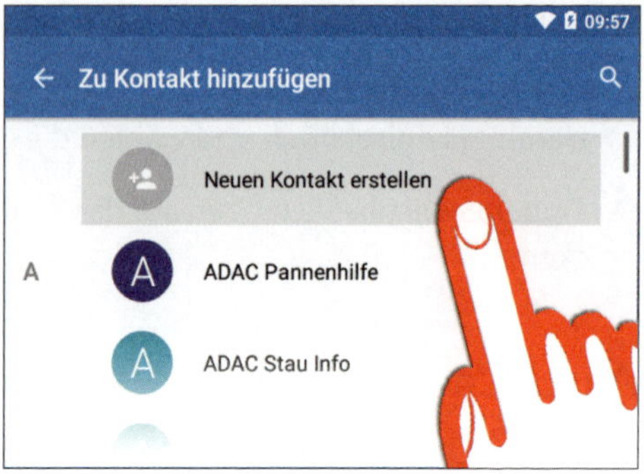

4 Im anschließenden Dialog sind Name und E-Mail-Adresse nun bereits eingetragen. Sie können diese gegebenenfalls korrigieren sowie weitere Angaben ergänzen. Tippen Sie abschließend oben links auf *Kontakt hinzufügen*, um den neuen Kontakt zu speichern.

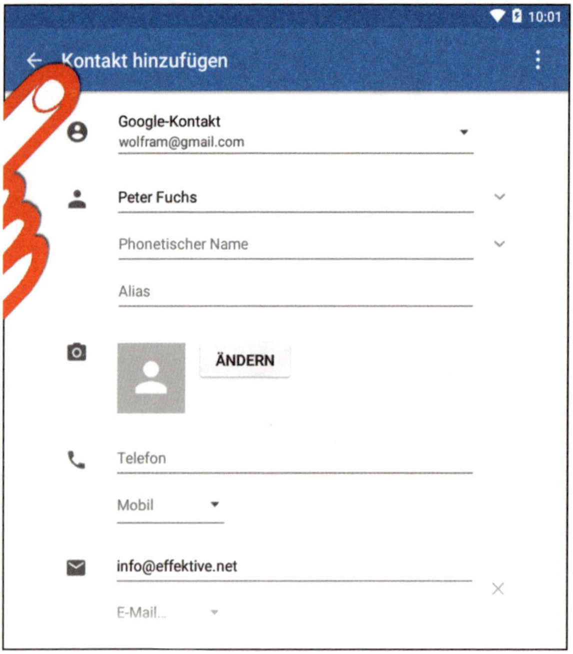

Wenn Sie in Zukunft eine E-Mail an diese Person schreiben möchten, brauchen Sie im E-Mail-Formular nur einen Teil ihres Namens einzugeben. Die App bietet Ihnen dann den passenden Kontakt an und Sie müssen diesen nur antippen, um die korrekte E-Mail-Adresse einzufügen.

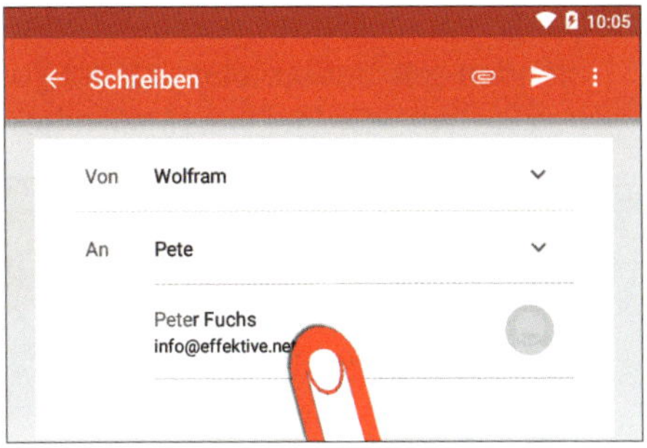

Neue Mails als Widget direkt auf der Startseite

Wenn Sie über neue E-Mails immer gleich auf dem Laufenden sein möchten, bietet sich ein Widget auf einer Startseite an. Dieses zeigt jeweils die neusten Mails an, sodass Sie keine Nachricht verpassen. Wie Sie Widgets prinzipiell auf dem Bildschirm platzieren, ist in Kapitel 1 beschrieben. Hier deshalb nur das Wichtigste für Ihre E-Mail-Widgets:

1 Um neue Nachrichten direkt auf der Startseite zu sehen, verwenden Sie das Gmail-Widget. Es zeigt Ihnen beliebige Ordner Ihres Postfachs an.

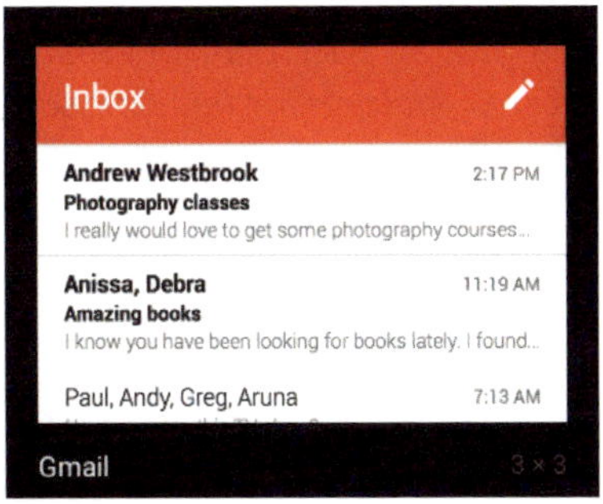

2 Sollten Sie mehr als ein E-Mail-Konto eingerichtet haben, werden Sie nach dem Platzieren des Widgets auf der Startseite gefragt, welches der Konten dieses Widget anzeigen soll.

3 Danach geben Sie an, welchen Ordner dieses Postfachs das Widget einblenden soll. Dafür bietet sich der Posteingang an, aber im Prinzip können Sie jeden Ordner Ihres Mailkontos in einem Widget darstellen lassen.

Mehr als ein Gmail-Widget

Ein Gmail-Widget kann immer nur einen Ordner eines Mailkontos anzeigen. Falls Sie mehrere Konten verwenden oder mehrere Ordner eines Kontos im Blick behalten möchten, können Sie aber einfach mehrere Gmail-Widgets auf Ihre Startseite holen und jedem jeweils einen anderen Ordner zuweisen.

Das Tablet mit dem Onlinekalender synchronisieren

Wenn Sie Ihr Tablet mit einem Google-Konto verbunden haben, steht Ihnen auch ein Onlinekalender kostenlos zur Verfügung, der automatisch mit Ihrem Tablet abgeglichen wird.

1 In den *Einstellungen* im Bereich *Nutzer* können Sie bei *Konten* das Konto auswählen, dessen Synchronisierung Sie steuern möchten.

2 Neben Google-Konten werden hier auch andere Profile aufgeführt, z. B. wenn Sie weitere E-Mail-Konten oder einen Dropbox-Zugang auf Ihrem Tablet installiert haben.

3 Tippen Sie auf den Eintrag des Kontos, dessen Synchronisierungsdetails Sie ändern möchten.

4 Im anschließenden Menü können Sie verschiedene Kategorien wie Mail, App-Daten, Google Drive, oder Kontakte jeweils nach Wunsch ein- oder ausschalten. Wollen Sie Ihren *Kalender* nicht nur auf dem Tablet nutzen, sondern auch mit anderen Geräten synchronisieren, sollte diese Option eingeschaltet sein.

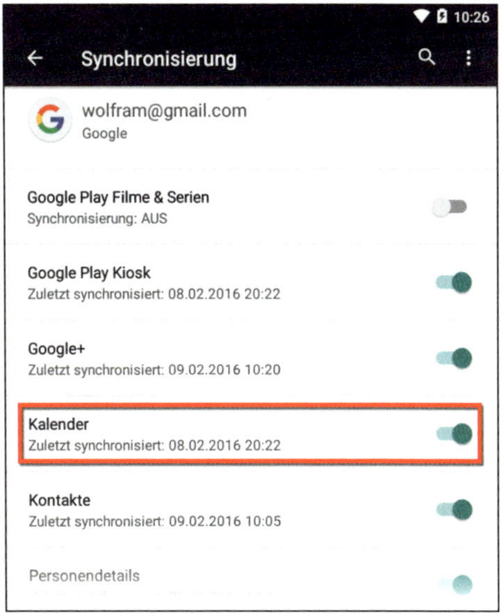

Den Google Kalender direkt nutzen

Sie können den Google Kalender nicht nur auf dem Tablet verwenden. Über die Webadresse http://www.google.com/calendar ist (nach Eingabe der Zugangsdaten) ein direkter Zugriff aus jedem Webbrowser möglich.

Auch Kalenderanwendungen wie Sunbird, das Thunderbird-Plug-in Lightning oder Outlook können sich mit dem Google Kalender synchronisieren.

Termine direkt am Tablet eingeben

Um einen Termin zu erstellen, nutzen Sie die mitgelieferte Kalender-App. Sie zeigt Ihren Terminplan jederzeit auf dem Bildschirm an.

In der Seitenleiste (am linken Bildschirmrand „reinwischen“) können Sie verschiedene Ansichten wie *Tag*, *Woche*, *Monat* oder eine ebenfalls recht praktische *Terminübersicht* wählen.

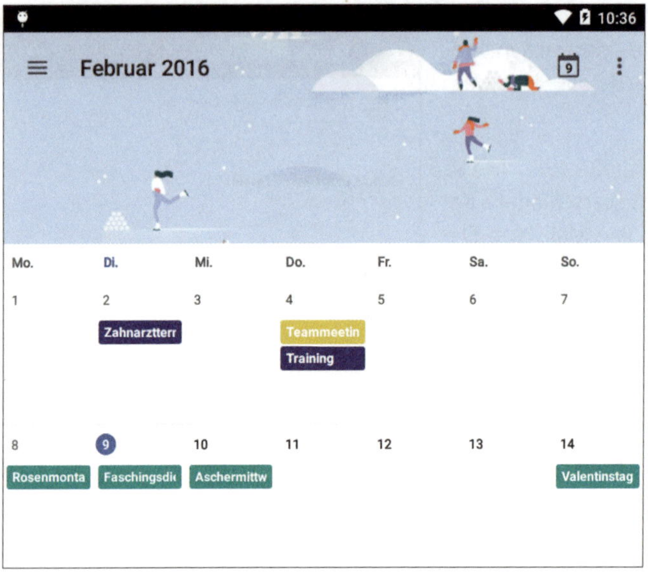

1 Um einen Termin anzulegen, nutzen Sie unten rechts das Plussymbol. Oder Sie tippen direkt auf den passenden Tag, dann ersparen Sie sich anschließend das Auswählen des Datums.

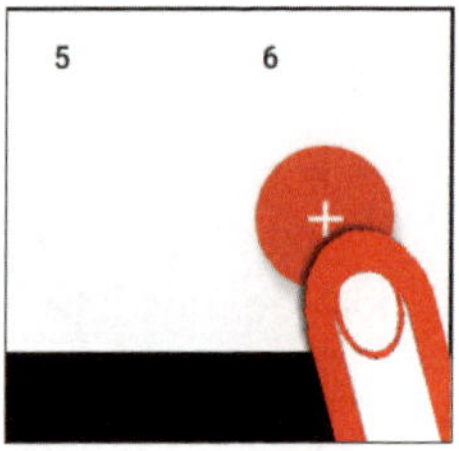

2 Wählen Sie dann, ob Sie einfach nur eine *Erinnerung* erstellen oder einen *Termin* in Ihren Kalender einfügen möchten.

3 Eine Erinnerung merkt sich der Kalender nur intern und macht Sie pünktlich per Benachrichtigung, SMS oder E-Mail darauf aufmerksam.

4 Ein Termin hingegen wird direkt im Kalender eingetragen, kann zusätzlich aber auch eine Erinnerung umfassen (mehr dazu im Folgenden).

5 Wenn Sie sich für einen Termin entscheiden, geben Sie ganz oben den Zweck sowie gegebenenfalls den Ort des Termins ein.

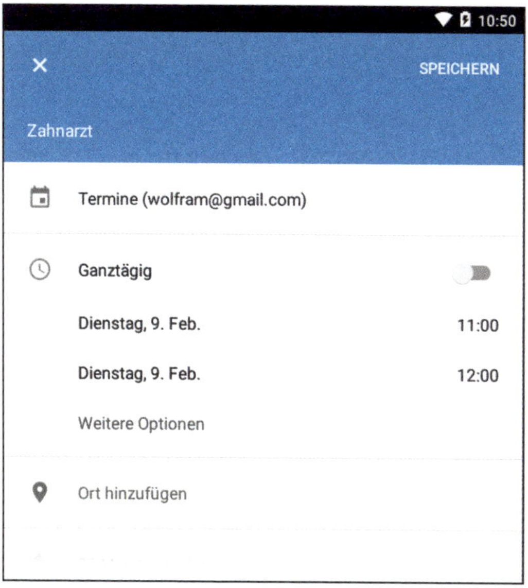

6 Darunter können Sie den Kalender wählen, in dem dieser Termin gespeichert werden soll. Das ist besonders wichtig, wenn Sie mehrere Kalender gleichzeitig verwenden (z. B. für private und berufliche Termine).

7 Nun folgen Datum und Uhrzeit. Ist die Veranstaltung *Ganztägig*, werden die Uhrzeiten ausgeblendet.

8 Das reicht auch schon. Weitere Details wie *Gäste*, *Notiz* und *Anhang* können Sie nach Bedarf hinzufügen.

9 Klicken Sie dann oben rechts auf *Speichern*, um den Termin zu erstellen.

Pünktliche Erinnerung rechtzeitig vor dem Termin

Wie es sich für einen kompetenten Assistenten gehört, kann Ihr Android-Tablet Sie selbstverständlich an Termine erinnern bzw. Sie rechtzeitig darauf hinweisen.

1 Wenn Sie einen Termin erstellen oder bearbeiten, finden Sie in den Eigenschaften auch einen Bereich für Benachrichtigungen, erkennbar an dem Glockensymbol.

2 Standardmäßig erinnert Ihr Tablet Sie 30 Minuten vor Beginn eines Termins mit einer Benachrichtigung.

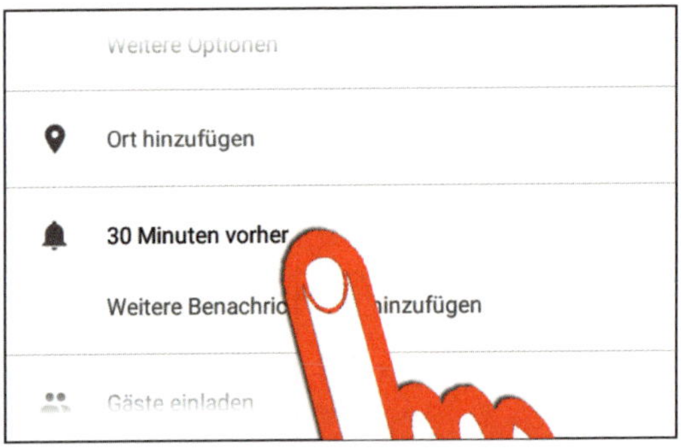

3 Wenn Sie das nicht möchten, tippen Sie auf diesen Eintrag und wählen Sie *Keine Benachrichtigung*. Stattdessen können Sie eine oder mehrere andere Erinnerungen festlegen (siehe Infokasten).

Wenn eine Erinnerung festgelegt ist, meldet sich Ihr Tablet bei Erreichen des Zeitraums je nach Einstellung mit akustischen Hinweisen und Meldungen auf dem Bildschirm.

Mehr als eine Erinnerung

Sie können sich auch mehr als nur einmal erinnern lassen. So ist z. B. eine Erinnerung 24 Stunden vor einem Termin und dann nochmals 15 Minuten vorher möglich. Tippen Sie dazu in den Erinnerungseinstellungen jeweils auf *Weitere Benachrichtigung hinzufügen*, um eine weitere Erinnerung einzufügen.

Mit *Benutzerdefiniert* können Sie dann ganz eigene Hinweise definieren. Hierbei können Sie sowohl Benachrichtigungen als auch E-Mails verwenden, die Ihnen beispielsweise auch auf Ihrem PC zugestellt werden, wenn das Tablet gerade nicht zur Hand ist.

Bessere Alternativen zur eingebauten Kalender-App

Die mitgelieferte Kalender-App funktioniert ganz gut, ist aber leider nicht sehr übersichtlich. Alternativen im Play Store bieten bessere Gestaltungsmöglichkeiten, z. B. die kostenlose App *Calendar Pad*, die gegenüber dem Standardkalender eine Reihe von Vorteilen aufweist:

- Insbesondere die gern genutzte Wochenansicht ist wesentlich übersichtlicher.
- Die Farbcodes bei verschiedenen Kalendern kommen durch das Design besser zur Geltung.
- Das Aussehen des Kalenders lässt sich in vielen Details individuell festlegen und z. B. auf die Displaygröße anpassen.

- *Calendar Pad* bringt eine Suchfunktion mit, mit der Sie Termine schnell anhand von Themen oder Teilnehmern finden können.
- Mit der GoTo-Funktion können Sie beliebige Daten direkt ansteuern.
- *Calendar Pad* lässt sich auch als Widget auf einer Startseite platzieren.

Alternative Kalender-Apps und der Google Kalender

Alternative Kalender-Apps verwenden denselben internen Kalender, der auch mit dem Google-Konto synchronisiert wird. Sie können also beliebig verschiedene Kalender-Apps anstelle oder zusätzlich zur Standard-App einsetzen.

Alle Änderungen wirken sich in allen Apps aus und werden gegebenenfalls auch mit dem Google-Onlinekalender synchronisiert.

Den Kalender als Widget direkt auf einer Startseite

Neben der Kalender-App bietet sich ein Widget an, mit dem Sie die nächsten anstehenden Termine direkt auf einer Startseite immer im Blick haben. Android selbst bringt von Haus aus nur ein einfaches Widget mit einer Terminliste mit.

Aber es gibt im Play Store vielfältige Alternativen. Wenn Sie z. B. die gerade vorgestellte App *Calendar Pad* verwenden, bekommen Sie mehrere flexibel konfigurierbare Widgets dazu.

1 Wählen Sie eine Startseite aus, auf der ausreichend freier Platz zur Verfügung steht.

2 Öffnen Sie die App-Übersicht und wechseln Sie dort in die Rubrik *Widgets*.

3 Wählen Sie in der Liste der Widgets ein geeignetes Kalender-Widget aus. *Calendar Pad* z. B. bringt gleich mehrere Widgets in verschiedenen Größen mit, die sich dem verfügbaren Platz anpassen. Halten Sie das Widget gedrückt, bis Sie es auf der Startseite positionieren und loslassen können.

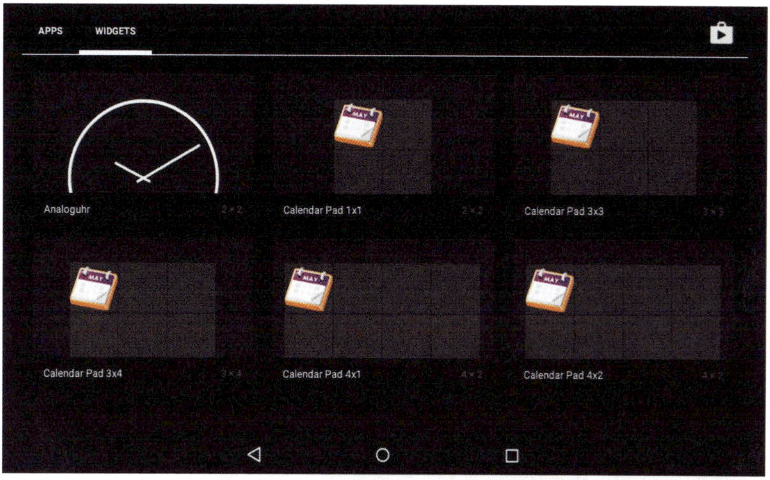

4 Bei den größeren Widgets können Sie nach dem Platzieren noch auswählen, was diese genau anzeigen sollen, also z. B. die Wochenübersicht oder den aktuellen Monat.

5 Tippen Sie dann auf *Done*, um das Widget auf die Startseite zu holen.

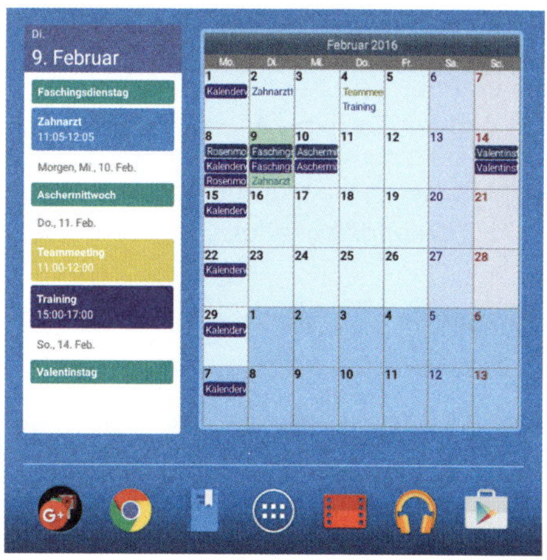

Die besten Tipps für E-Mail, Kalender und Co.

Mehr Übersicht bei längeren E-Mail-Dialogen

Üblicherweise stellt der Posteingang alle Nachrichten in der Reihenfolge ihres Eingangs dar mit der neusten zuoberst. Wenn man längere Konversationen per E-Mail führt, kann das unpraktisch sein, weil man frühere Beiträge immer erst mühsam suchen muss. Mit der *Konversationsansicht* fasst die Gmail-App alle Nachrichten mit demselben Betreff jeweils zu einer Konversation zusammen, sodass Sie immer auch alle vorangegangenen Beiträge zu diesem Thema direkt einsehen können.

1 Um die *Konversationsansicht* zu aktivieren, öffnen Sie in der Seitenleiste (vom linken Bildschirmrand „reinwischen“) die *Einstellungen*.

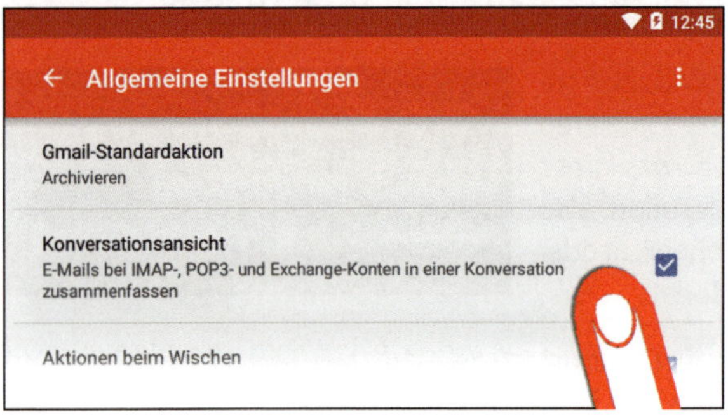

2 Wählen Sie dann *Allgemeine Einstellungen*.

3 Aktivieren Sie hier die Option *Konversationsansicht* und verlassen Sie die *Einstellungen* wieder.

Nie mehr den Hochzeitstag vergessen: frühzeitig Hinweise auf Geburts- und andere Jahrestage

Eine zuverlässige Erinnerung an wichtige Jahrestage ist eine praktische Hilfe, um peinliche Momente zu vermeiden. Mit dem Android-Kalender können Sie jährlich wiederkehrende Termine festlegen und sich rechtzeitig daran erinnern lassen.

1 Erstellen Sie einen neuen Termin mit dem entsprechenden Text.

2 Setzen Sie das Häkchen bei *Ganztägig* und geben Sie den Termin des Jubiläums an.

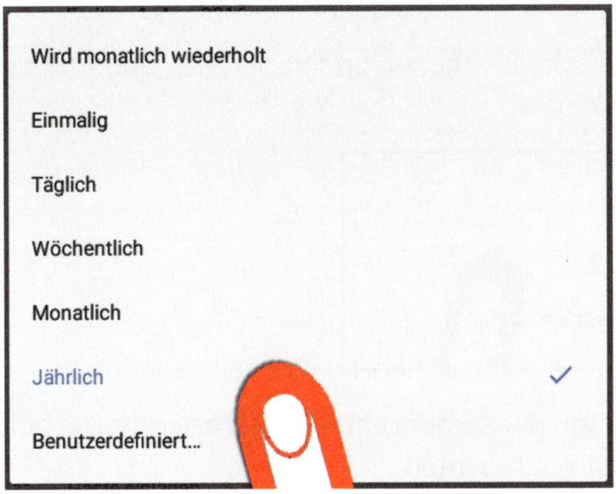

3 Tippen Sie unterhalb der Datumsangaben auf *Weitere Optionen* und dann auf *Einmalig*.

4 Nun können Sie ein Wiederholungsintervall festlegen. Für Jahrestage bietet sich *Jährlich* an. Auch für andere Arten von Serienterminen gibt es flexible Einstellungsmöglichkeiten, wie etwa jeden zweiten Dienstag oder jeden ersten Sonntag im Monat. Verwenden Sie hierfür die Option *Benutzerdefiniert*.

5 Darunter können Sie eine Benachrichtigung hinzufügen, die Sie beispielsweise am Tag vorher morgens erinnert.

6 Müssen Sie noch ein Geschenk besorgen oder etwas vorbereiten, können Sie eine weitere Benachrichtigung definieren, die Sie beispielsweise eine Woche vorher per E-Mail darauf hinweist.

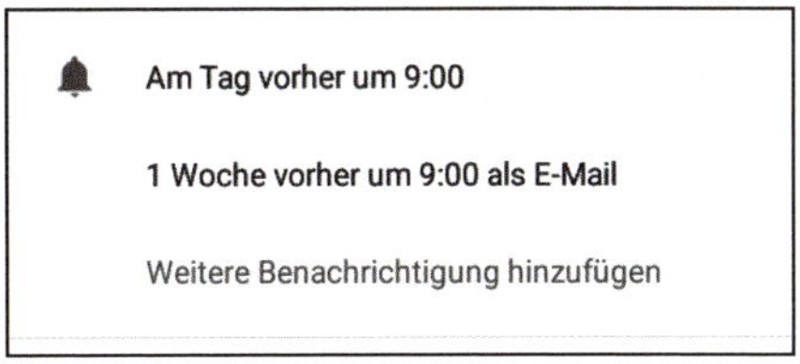

Kontakte mit aussagekräftigen Bildern versehen

Neben zahlreichen Informationen können Sie zu jedem Kontakt ein Bild hinterlegen. Dieses macht das Heraussuchen der Kontaktdaten einfacher und schneller, da Sie in der Liste einfach nur das passende Bild zu finden brauchen.

1 Öffnen Sie einen Kontakt zum Bearbeiten und tippen Sie neben dem (leeren) Bildsymbol auf *Ändern*.

2 Wählen Sie dann, ob Sie mit der Kamera ein *Foto machen* oder ein bereits vorhandenes *Foto auswählen* möchten.

3 Wenn Sie sich für das Machen entscheiden, wird anschließend automatisch die Kamera gestartet, und Sie können damit ein Foto der Person knipsen.

4 Nach der Aufnahme sehen Sie das Bild und entscheiden, ob Sie dieses mit dem Häkchen übernehmen, mit *x* abbrechen oder mit dem Pfeil nach links einen erneuten Versuch starten möchten.

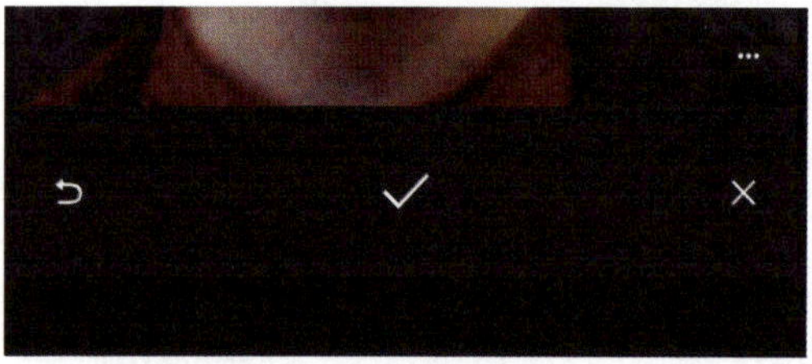

5 Schließlich sehen Sie eine Vorschau des Bildes und können mit dem Kästchen den genauen Ausschnitt für das Kontaktbild wählen.

6 Das Kästchen lässt sich verschieben sowie in der Größe verändern, wenn Sie genau auf den Rahmen tippen.

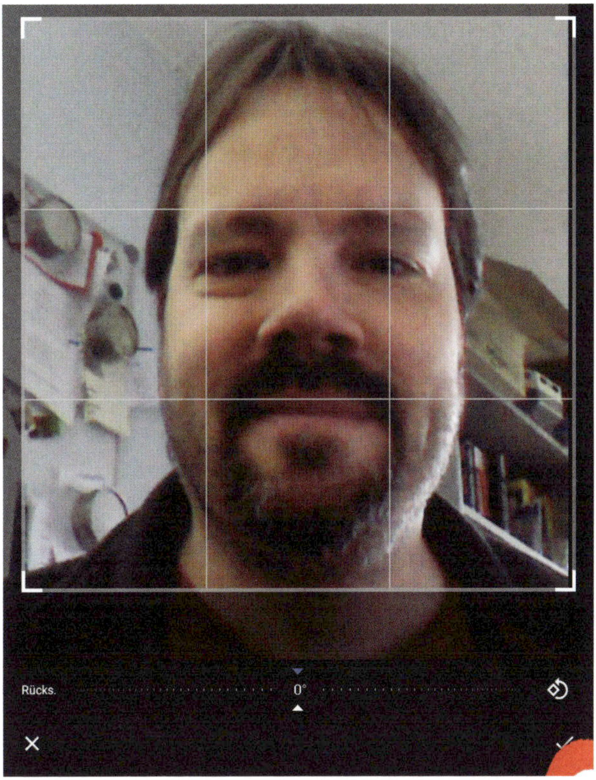

7 Tippen Sie schließlich unten rechts auf das Häkchen und dann auf *Speichern*, um den gewählten Ausschnitt endgültig als Kontaktbild zu übernehmen.

9. Cloud-Sync – Ihre Daten online sicher mit PC & Co. abgleichen

Die Cloud ist das neue Schlagwort der digitalen Welt. Daten werden nicht mehr auf Festplatten und USB-Sticks gespeichert, sondern über die permanente Internetverbindung in einem Onlinespeicher, der immer, überall und für alle Geräte zur Verfügung steht. So lassen sich Daten auch problemlos vom Tablet auf den PC oder umgekehrt übertragen. Wem das zu futuristisch ist, der kann aber auch klassische Wege gehen und z. B. ein USB-Kabel oder das lokale WLAN verwenden, um Fotos oder Videos vom Tablet zu holen.

- Wie kann ich Dateien zwischen Tablet und PC ganz einfach austauschen? >> Seite 171
- Lassen sich Datenbestände zwischen PC und Tablet automatisch synchronisieren? >> Seite 173
- Kann ich ganz ohne spezielle Hard- und Software per WLAN auf mein Tablet zugreifen? >> Seite 175
- Wie nutze ich Onlinespeicher zum Übertragen und Synchronisieren von Dateien? >> Seite 179
- Wie kann ich Fotos, die ich mit meinem Tablet erstelle, automatisch zu meinem Onlinespeicher übertragen? >> Seite 187
- Lassen sich die Daten und Einstellungen von Firefox auf verschiedenen Geräten per Cloud auf dem gleichen Stand halten? >> Seite 177
- Wie greife ich direkt auf Ordner und Dateien zu, die auf dem Tablet oder in der Cloud gespeichert sind? >> Seite 181
- Wie kann ich gleich mehrere Dokumente auf einmal kopieren, verschieben oder löschen? >> Seite 184

Wichtige Dateien direkt per USB-Kabel überspielen

Die Cloud ist eine feine Sache, aber nicht immer wirklich sinnvoll. Wenn Sie z. B. ein Video oder gleich mehrere Bilder mit dem Tablet aufgenommen haben, wäre es Unsinn, diese ganzen Daten erst auf irgendeinen Internetserver hochzuladen, nur um sie dann gleich wieder auf den PC herunterzuladen. Das geht direkter, wenn Ihr Tablet über einen USB-Anschluss verfügen. Oft reicht ein einfaches USB-Kabel mit einem normalen und einem Mini-USB-Anschluss, teilweise liegen Tablets auch spezielle USB-Kabel bei.

1 Stecken Sie das USB-Kabel in die passende Buchse Ihres Tablets und das andere Ende in den PC. Geben Sie beiden Geräten kurz Zeit, um sich zu sortieren. Insbesondere bei der ersten Verbindung muss der PC meistens erst noch ein paar Standardtreiber installieren und aktivieren.

2 Am Tablet wird nach kurzer Zeit im Benachrichtigungsbereich ein Hinweis auf die Verbindung angezeigt. Durch Antippen der Benachrichtigung gelangen Sie direkt in die Einstellungen für den USB-Anschluss.

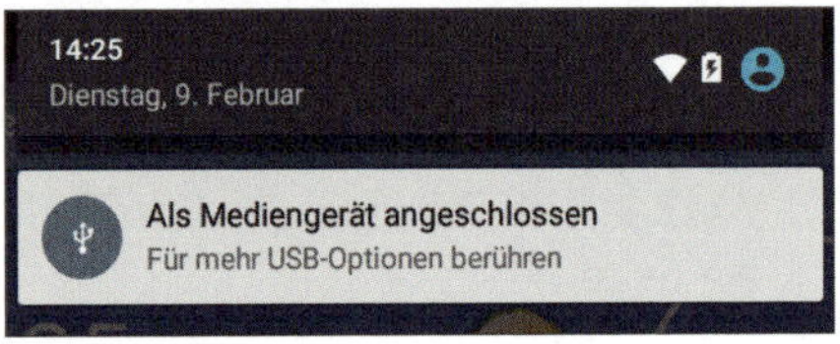

3 Hier können Sie festlegen, wie sich das Tablet beim PC anmelden soll:

- Mit *Mediengerät (MTP)* wird der Speicher des Tablets als einfaches Wechselspeichermedium wie z. B. ein USB-Stick angemeldet. Damit erreichen Sie eine große Kompatibilität mit anderen Geräten und können etwa über den Windows-Explorer beliebig Dateien suchen und austauschen.
- Wollen Sie Fotos übertragen, können Sie auch den Modus *Kamera (PTP)* ausprobieren, der wie bei einer Digitalkamera besonders für den Bildimport geeignet ist, dafür aber nicht bei allen Geräten funktioniert.

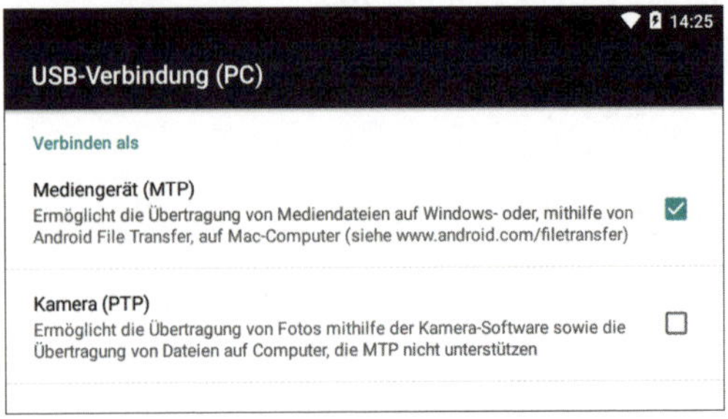

Am PC meldet sich das Tablet wie andere Wechselspeichermedien an und wird dementsprechend behandelt. Besondere Programme sind dafür nicht erforderlich. Wie genau mit den Daten umgegangen werden soll, lässt sich jeweils auswählen bzw. hängt von den Voreinstellungen von Windows ab (in der *Systemsteuerung* unter *Automatische Wiedergabe*).

Die Gerätedaten direkt mit dem PC abgleichen

Wenn Sie nicht nur hin und wieder Dateien vom Tablet herunterladen möchten, sondern größere Datensammlungen wie etwa Musik, Hörbücher oder E-Books regelmäßig zwischen PC und Tablet synchronisieren möchten, empfiehlt sich ein spezielles Programm zum Datenabgleich. Aufgrund der Einbindung als USB-Speichermedium stehen Ihnen hierzu zahlreiche Programme z. B. für Windows-PCs zur Auswahl.

Ans Herz legen möchte ich Ihnen allerdings das kostenlose MyPhoneExplorer, das speziell für Smartphones entwickelt wurde, aber auch Android-Tablets optimal unterstützt.

MyPhoneExplorer – PC-Anwendung und Android-App

Um MyPhoneExplorer nutzen zu können, installieren Sie auf dem Windows-PC die PC-Anwendung, die Sie unter www.fjsoft.at kostenlos herunterladen können. Auf dem Tablet muss außerdem die MyPhone-Explorer-App installiert werden, die Sie ebenfalls kostenlos im Play Store finden. Die beiden Programme können über USB, Bluetooth oder WLAN miteinander kommunizieren und Ihre Daten synchronisieren.

1 Um eine Verbindung zwischen Tablet und PC z. B. per WLAN herzustellen, starten Sie zunächst die MyPhoneExplorer-App auf dem Tablet.

2 Starten Sie dann die Anwendung auf dem PC.

3 Rufen Sie dort *Datei/Einstellungen* auf.

4 Wählen Sie in der Rubrik *Verbindung* oben die Option *Handy mit Google Android-Betriebssystem* und im Feld darunter *WLAN* (bzw. die bevorzugte Verbindungsart).

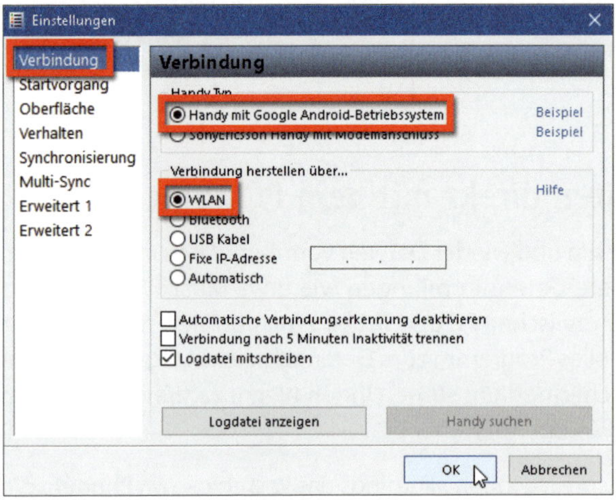

5 Klicken Sie dann unten auf *OK*.

Kontakt durch die Windows-Firewall erlauben

MyPhoneExplorer wickelt bei einer WLAN-Verbindung den Kontakt über einen eigenen Port ab, der von der Windows-Firewall standardmäßig blockiert wird. Bei der ersten Verbindung meldet sich deshalb die Firewall und fragt nach, ob dieser Kontakt zulässig ist. Bestätigen Sie dies einfach. Eventuell müssen Sie anschließend in MyPhoneExplorer die Verbindung mit *Datei/Verbinden* erneut herstellen.

Die anderen Verbindungsmethoden funktionieren dementsprechend, nur dass dabei zunächst die USB-Verbindung hergestellt werden muss bzw. die beiden Geräte per Bluetooth gekoppelt werden müssen.

Termine, Kontakte und mehr synchronisieren

Ist die Verbindung zwischen PC und Tablet via MyPhoneExplorer hergestellt, können Sie beliebige Synchronisierungen durchführen lassen:

- Unter *Kontakte* haben Sie Zugriff auf die gespeicherten Kontaktdaten.
- Hinter dem Punkt *Organizer* verbergen sich die Termine. Sie können direkt am Bildschirm angezeigt und bearbeitet werden.
- *Anruflisten* und *SMS* bieten Ihnen Zugriff auf die hierzu gespeicherten Daten des Mobilgerätes, wobei dies eher für Smartphones von Interesse ist.
- *Dateien* erlaubt den direkten Zugriff auf die gespeicherten Dateien. Besonders praktisch: Für den regelmäßigen Datenabgleich lassen sich Profile definieren, die diese Aufgabe vollautomatisch erledigen (siehe hierzu den Tipp auf Seite 185).
- Unter *Sonstiges* können Sie die technischen Daten des Tablets wie z. B. den Akkustand und den Speicherstatus überwachen.

Mit AirDroid jederzeit völlig unkompliziert auf Ihr Tablet zugreifen

Nicht immer lässt sich eine direkte Verbindung zwischen Tablet und PC realisieren. Etwa wenn unterwegs bei einem Bekannten das USB-Kabel fehlt oder bei einem Kunden eine direkte Verbindung keine Option ist. Auch die Cloud hilft nicht weiter, wenn dazu erst passende Software installiert werden muss. Die App *AirDroid* ist für solche Fälle das ultimative Mittel. Sie aktiviert auf Ihrem Tablet einen einfachen Webserver, der über das lokale WLAN-Netzwerk zugänglich ist. Jeder PC im selben Netzwerk kann einfach über den Webbrowser darauf zugreifen und etwa Dateien vom Tablet herunterladen. Selbstverständlich ist der Zugang mit einem Passwort gesichert.

1 Wenn Sie die kostenlose AirDroid-App aus dem Play Store installiert haben, brauchen Sie diese lediglich zu starten.

2 Der Webserver wird dann direkt aktiviert, und Sie können auf dem Bildschirm Ihres Tablets die Adresse ablesen, die Sie nur im Webbrowser eines anderen PCs einzutippen brauchen. Meist geht es auch einfach über web.airdroid.com (Achtung: *web* und nicht *www*!).

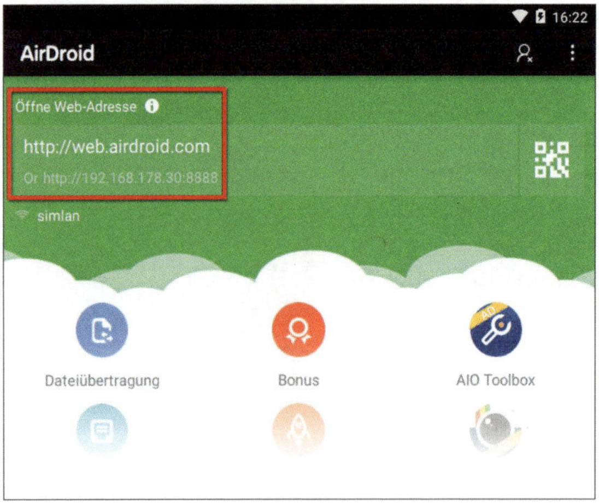

3 Im Webbrowser am PC stellt Ihnen der AirDroid-Server dann eine bequeme Weboberfläche zur Verfügung, mit der Sie alle wesentlichen Daten und Funktionen Ihres Android-Gerätes erreichen können. Fotos und Videos etwa können Sie mit der Downloadfunktion des Webbrowsers einzeln oder komplett auf den lokalen PC herunterladen.

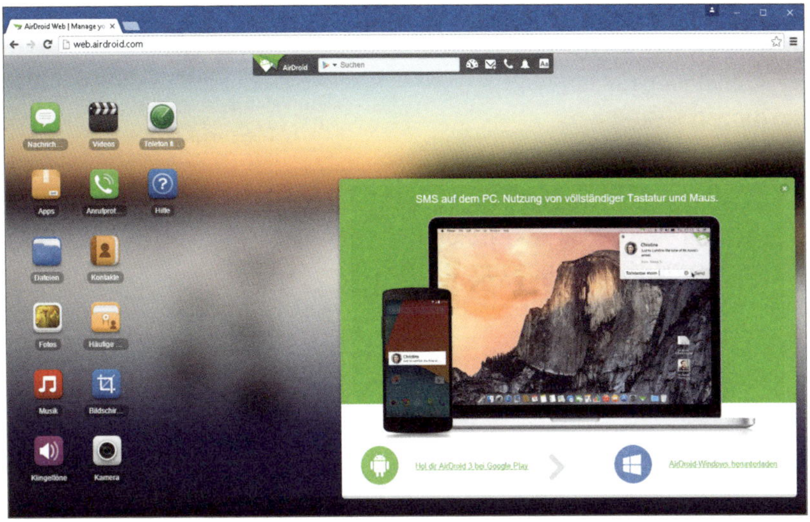

Firefox-Sync – Lesezeichen, Verlauf und Kennwörter abgleichen

Wenn Sie die Mobilversion von Firefox auf Ihrem Android-Tablet einsetzen und Firefox gleichzeitig auch auf dem Desktop-PC nutzen, können Sie sich die Cloud sinnvoll zunutze machen. Mit der Sync-Funktion von Firefox lassen sich Lesezeichen und andere wichtige Daten wie gespeicherte Passwörter, Chroniken und Einstellungen automatisch zwischen verschiedenen Firefox-Browsern austauschen.

An dieser Stelle gehe ich davon aus, dass Sie mit dem Desktop-Firefox bereits eine Synchronisierung eingerichtet haben. Dieser können Sie nun mit dem mobilen Firefox beitreten. Dazu benötigen Sie sowohl Tablet als auch Desktop-PC nebeneinander.

1 Starten Sie am Tablet den mobilen Firefox, öffnen Sie oben rechts dessen Menü und tippen Sie dort auf *Einstellungen*.

2 Wählen Sie in den Optionen den Bereich *Sync* und beginnen Sie die Anmeldung für den Synchronisierungsdienst.

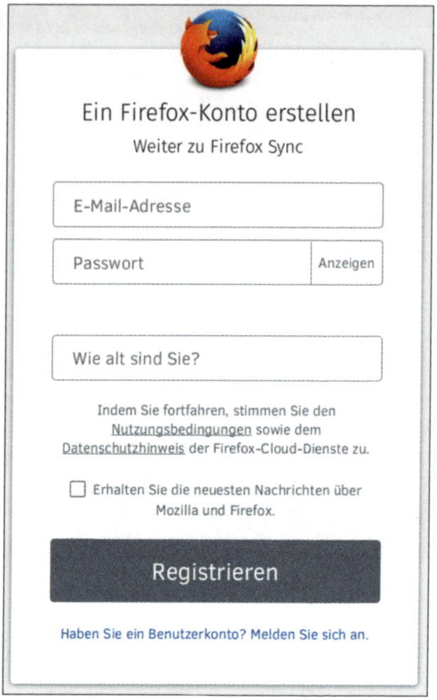

3 Richten Sie hier nun ein Synchronisierungskonto für Firefox ein, indem Sie eine E-Mail-Adresse und ein Passwort dafür angeben. Diese müssen Sie anschließend einmal bestätigen.

4 Anschließend können Sie in den *Sync-Einstellungen* auswählen, was genau zwischen Ihren Firefox-Browsern auf Android-Gerät(en) und PC abgeglichen werden soll.

5 Nun wird die Verbindung hergestellt und Firefox beginnt direkt damit, die Synchronisierungsdaten herunterzuladen. Gerade beim ersten Mal kann das ein wenig dauern. Aber es passiert stets unauffällig im Hintergrund. Sie können den Dialog also einfach schließen und weitermachen.

Ab sofort gleichen alle Firefox-Installationen, die mit diesem Synchronisierungskonto verbunden sind, ihre Daten regelmäßig ab. Wenn Sie also z. B. auf dem PC ein neues Lesezeichen anlegen, finden Sie es kurze Zeit später auch auf dem Tablet vor und umgekehrt.

Einen gemeinsamen Onlinespeicher für alle Geräte nutzen

Verschiedene Anbieter stellen mittlerweile kostenlos Onlinespeicherplatz zur Verfügung. Google Drive ist nur ein Beispiel dafür. Es zeichnet sich dadurch aus, dass es eine große Auswahl an Geräten unterstützt. So sind Google-Drive-Programme für alle gängigen Desktop-PCs und viele Mobilgeräte erhältlich. Und notfalls ist immer der Zugriff per Webbrowser möglich.

Außerdem haben Sie für Ihr Android-Tablet vermutlich ohnehin schon ein Google-Konto eingerichtet, mit dem Sie auch Google Drive sofort nutzen können. Ein Onlinespeicher wie Google Drive ermöglicht einfaches Austauschen von Daten via Cloud.

Bilder, Videos oder sonstige Dateien speichern Sie auf einem Gerät in Google Drive und können sie dann auf jedes andere Gerät, das mit demselben Google Drive verbunden ist, herunterladen.

1 Sollte Google Drive auf Ihrem Tablet noch nicht installiert sein, können Sie es kostenlos aus dem Play Store laden.

2 Ist Ihr Tablet bereits mit einem Google-Konto verbunden, wird dieses automatisch dafür verwendet. Beim ersten Start brauchen Sie deshalb nur noch eine kurze Einleitung zu absolvieren.

3 Dann zeigt Ihnen die App sofort den Inhalt Ihres Google Drive. Im Ordner *Meine Ablage* sehen Sie, welche Dateien Sie bereits auf das Cloud-Laufwerk hochgeladen haben. Hier können Sie die Dateien auch herunterladen und nutzen.

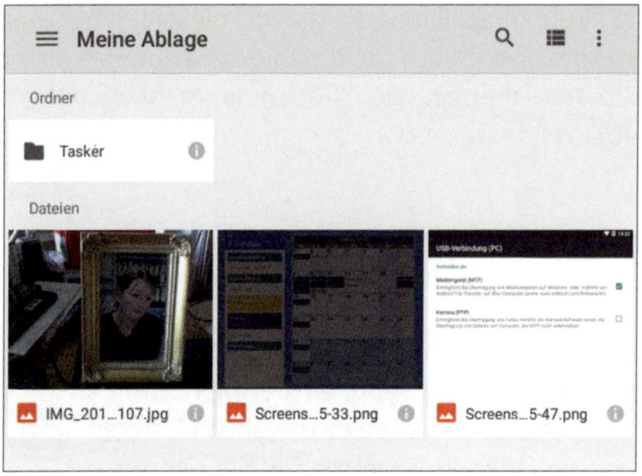

4 Wie bei vielen Apps können Sie am linken Bildschirmrand eine Seitenleiste „hereinwischen", in der Sie weitere Ordner und Einstellungen finden.

5 Um eines oder mehrere der in Google Drive gespeicherten Dokumente zu verwenden, tippen Sie eines länger an. Anschließend können Sie der Auswahl weitere Dokumente durch einfaches Antippen hinzufügen.

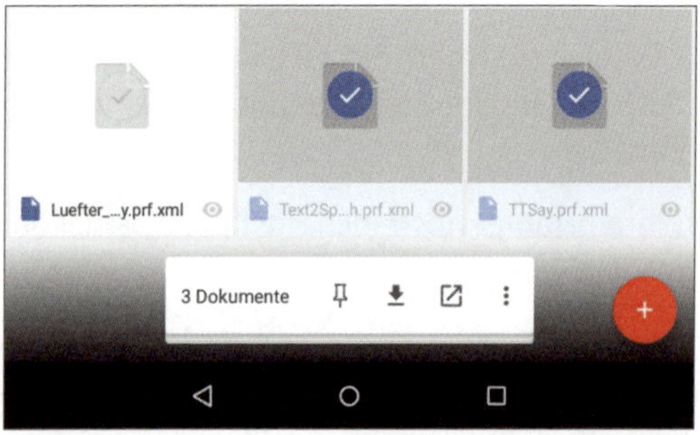

6 Am unteren Rand wird dann ein kleines Menüfeld mit Symbolen für verschiedene Aktionen eingeblendet:

- Möchten Sie dauerhaft lokale Kopien von Dateien auf dem Tablet zur Verfügung haben, können Sie diese „anpinnen". Sie stehen Ihnen in der Google-Drive-App dann immer zur Verfügung, selbst wenn Sie nicht mit dem Internet verbunden sind. Wenn das Tablet online ist, werden solche Dateien aber immer automatisch auf den aktuellsten Stand gebracht.

- Mit dem mittleren Symbol können Sie eine Datei herunterladen. Diese lokale Kopie können Sie beliebig weiterverwenden. Sie wird aber nicht mehr durch Google Drive aktualisiert.
- Mit dem Senden-Symbol ganz rechts übergeben Sie die Datei(en) an eine andere App, etwa um sie per E-Mail zu versenden.

Um von Ihrem Tablet Dokumente auf Google Drive hochzuladen, verwenden Sie einfach die Teilen-Funktion. Ist Google Drive installiert, finden Sie im Teilen-Menü (siehe Seite 203) einen Eintrag dafür und können Bilder, Videos und andere Dateien auf diese Weise jederzeit unkompliziert online speichern.

Einen echten Dateimanager installieren

Was vielen Android-Geräten von Haus aus fehlt, ist ein Dateimanager, der den flexiblen Zugriff auf Ordner und Dateien erlaubt. Erstaunlicherweise gehört der nicht zum Standardumfang des Android-Betriebssystems. Im Play Store finden sich aber verschiedene Apps, die diese Lücke füllen. Alle haben ihre Stärken und Schwächen, sodass sich das Ausprobieren lohnt. Eine gute Empfehlung ist der ASTRO-Dateimanager, der auch Cloud-Speicherorte wie Google Drive, Dropbox oder OneDrive einfach einbinden kann.

- Im Wesentlichen zeigt der Dateimanager Ihnen die Ordner und Dateien im Speicher Ihres Tablets an.
- Um einen Ordner oder eine Datei zu öffnen, tippen Sie einfach kurz darauf.
- Um eine Datei auszuwählen, tippen Sie etwas länger darauf, bis sie farbig unterlegt wird.

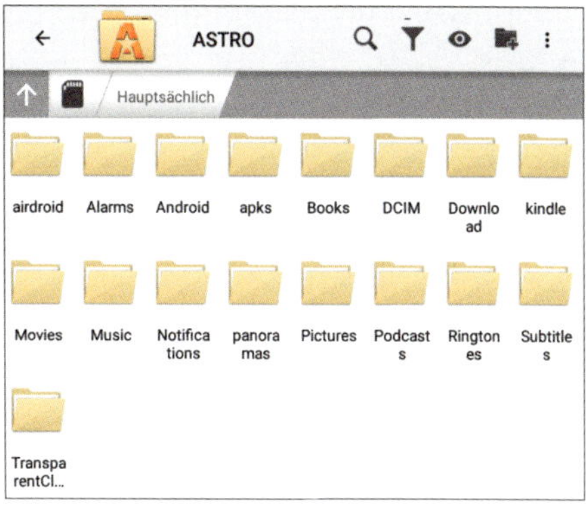

- Sind Dateien markiert, können Sie oben rechts ein Menü mit Bearbeitungsoptionen öffnen, die sich dann stets auf alle ausgewählten Objekte beziehen.

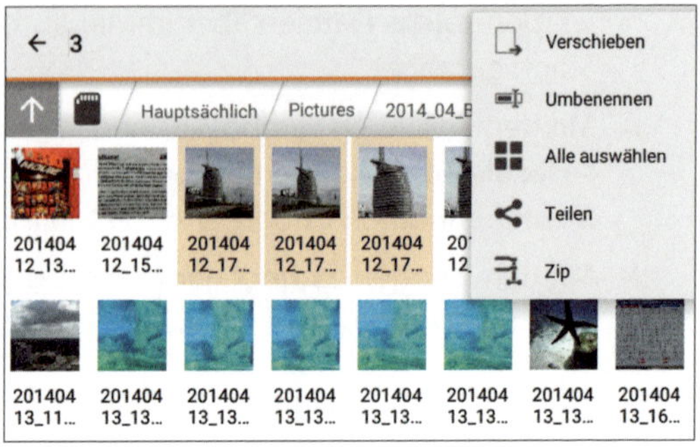

Direkter Zugriff auf Cloud-Speicher

Mit dem ASTRO-Dateimanager können Sie auch direkt auf Onlinespeicherorte wie Google Drive zugreifen. Sie sind also nicht auf die App des jeweiligen Anbieters angewiesen, sondern können Cloud-Dokumente direkt per Dateimanager kopieren, verschieben, löschen etc. Dazu müssen Sie lediglich den jeweiligen Onlinespeicherort einmalig einrichten.

1 Tippen Sie im ASTRO-Dateimanager ganz oben links auf das Pfeilsymbol, um die Seitenleiste anzuzeigen.

2 Darin finden Sie ganz oben den Eintrag *Speicherorte*, den Sie durch Antippen ausklappen können.

3 Tippen Sie auf den Eintrag Ihres Cloud-Anbieters. Zum Google-Konto Ihres Tablets beispielsweise gehört automatisch Speicherplatz bei *Google Drive*.

4 Tippen Sie dann auf *Google Drive Account hinzufügen* und wählen Sie das Google-Konto aus, dessen Speicherplatz Sie nutzen möchten.

5 Anschließend können Sie noch eine Bezeichnung für diesen Speicherort angeben und dann auf *Weiter zu Google Drive* tippen.

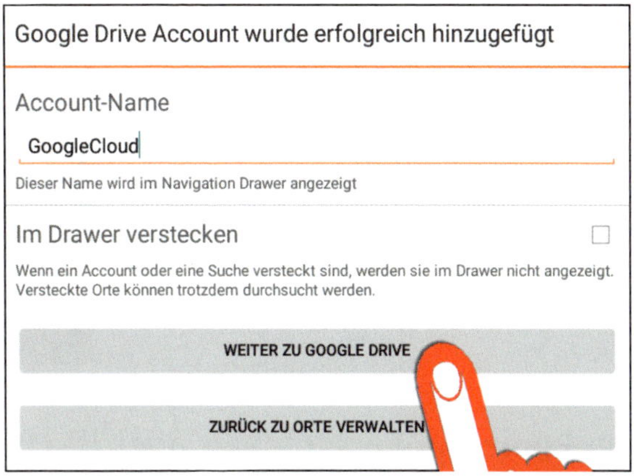

6 Genehmigen Sie dann den Zugriff des ASTRO-Dateimanagers auf Ihr Google Drive mit *Allow*.

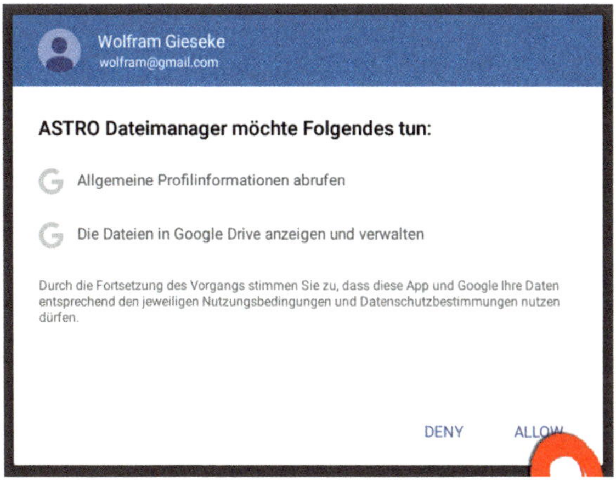

7 Anschließend öffnet der Dateimanager direkt den Onlinespeicher.

Einmal eingerichtet, finden Sie Ihr Google Drive ab sofort in der Liste der Speicherorte und können es von dort aus jederzeit genau wie den lokalen Speicher nutzen.

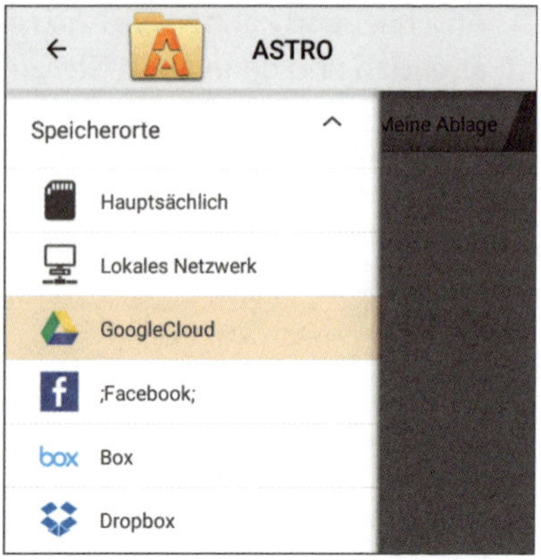

Mehrere Dateien kopieren, verschieben oder löschen

Mit einem Dateimanager können Sie manuell in die Datenbestände auf Ihrem Tablet eingreifen und z. B. Dateien beliebig verschieben oder löschen, wenn der Speicherplatz mal eng werden sollte. Einzelne Dateien lassen sich durch langes Antippen und das Kontextmenü behandeln.

Wollen Sie gleich mehrere Dateien bearbeiten, geht das beim ASTRO-Dateimanager wie folgt:

1. Öffnen Sie zunächst den Ordner, in dem sich die fraglichen Dateien befinden.
2. Tippen Sie dann länger auf eines der Symbole, das Sie auswählen möchten. Dieses wird farblich unterlegt.
3. Nun können Sie weitere Dateien im Ordner einfach durch kurzes Antippen auswählen. Diese Objekte werden ebenfalls farblich hervorgehoben. Das erneute Antippen einer Datei entfernt sie wieder aus der Auswahl.
4. Wollen Sie schnell alle Objekte eines Ordners markieren, tippen Sie länger auf ein bereits ausgewähltes Objekt.

5 Sind in einem Ordner alle Objekte ausgewählt, können Sie dies rückgängig machen, indem Sie einfach eines davon länger antippen.

6 In der Symbolleiste unten finden Sie wichtige Dateiaktionen wie *Kopieren* und *Löschen*, die sich nun auf alle ausgewählten Dateien beziehen.

Die besten Tipps zum Synchronisieren Ihres Tablets

Das Synchronisieren von Dateien im Detail steuern

Wenn Sie MyPhoneExplorer nutzen, um Dateien mit Ihrem PC zu synchronisieren, können Sie dies über Jobs ganz genau steuern.

1 Öffnen Sie dazu auf dem PC mit *Datei/Einstellungen* die *Optionen* und wechseln Sie dort in die Kategorie *Multi-Sync*.

2 Klicken Sie hier unten rechts auf *Anpassen* und konfigurieren Sie im anschließenden Dialog die Synchronisierungsdetails.

3 Dazu geben Sie einen Ordner auf dem PC und einen auf dem Tablet an. Zusätzlich können Sie die Richtung und den Modus wählen, also etwa, ob geänderte Dateien im Zielordner überschrieben werden sollen oder nicht. Filter sorgen dafür, dass z. B. nur Bilder oder Musikdateien berücksichtigt werden.

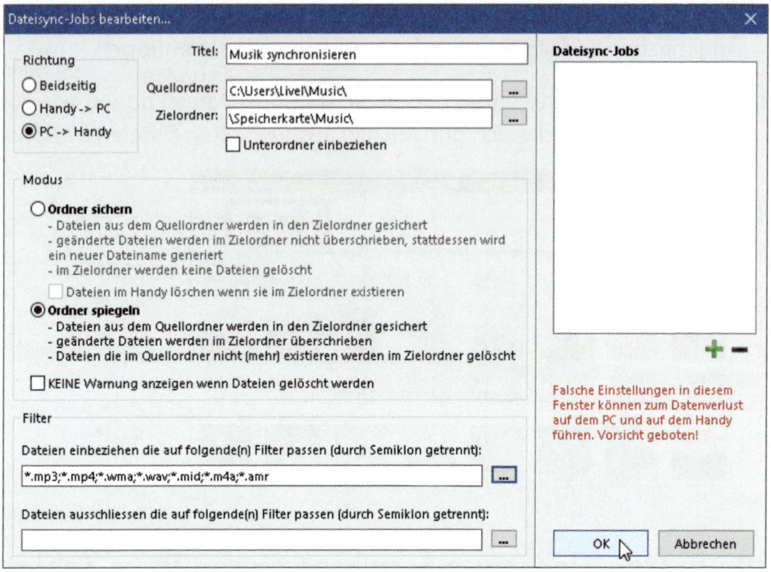

4 Steht die Verbindung zwischen PC und Tablet, können Sie die definierten Jobs über die *Synchronisieren*-Schaltfläche jederzeit ausführen.

Automatisch synchronisieren

In der Kategorie *Multi-Sync* der MyPhoneExplorer-Einstellungen können Sie auch festlegen, dass z. B. beim Herstellen der Verbindung zwischen PC und Tablet die festgelegten Synchronisierungsjobs automatisch durchgeführt werden sollen.

Aktivieren Sie dazu die Optionen *wenn Verbindung ... hergestellt wurde* sowie ganz unten *Dateien abgleichen*. Mit *Jobs auswählen* können Sie dann festlegen, welche der Jobs automatisch ausgeführt werden sollen.

Fotoschnappschüsse automatisch in Google Drive hochladen

Die Google-Drive-App bietet eine praktische Funktion, um alle Bilder, die Sie mit Ihrem Tablet fotografieren, automatisch immer gleich zu Google Drive hochzuladen. So landen alle Schnappschüsse automatisch auf Ihrem PC, ohne dass Sie einen weiteren Handschlag machen müssten.

1 Öffnen Sie in der Google-Drive-App die Seitenleiste und wählen Sie im Menü den Punkt *Einstellungen*.

2 Hier finden Sie in den Optionen recht weit oben im Bereich *Google Fotos* die Einstellung *Automatisch hinzufügen*.

3 Darunter ist das Google-Konto vermerkt, auf dessen Google Drive die Bilder gespeichert werden. Dies ist wichtig, falls Sie mehr als ein Google-Konto verwenden.

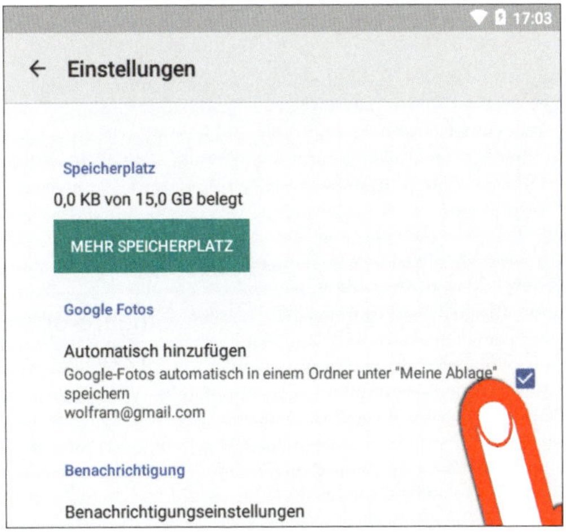

4 Um ein anderes Google-Konto als Bilderspeicher zu nutzen, wählen Sie zunächst in der Seitenleiste das entsprechende Konto aus und nehmen dann die hier beschriebene Einstellung vor.

10. Kamera läuft – die besten Tipps für attraktive Bilder und Videos

Die in Ihrem Tablet eingebauten Kameras reichen für Schnappschüsse und spontane Videoclips allemal. Mit den optimalen Einstellungen sowie den richtigen Apps zum Nachbearbeiten können damit schöne Erinnerungen oder sogar kleine Kunstwerke entstehen.

- Wie kann ich mit meinem Tablet Fotos knipsen? >> Seite 189
- Kann ich die Aufnahmeautomatik abschalten und die Parameter selbst bestimmen? >> Seite 191
- Kann ich mit meinem Tablet auch Panoramabilder erstellen? >> Seite 194
- Wo finde ich die selbst gemachten Aufnahmen auf meinem Tablet wieder? >> Seite 207
- Was kann ich machen, wenn ich mit der Kamerafunktion meines Tablets nicht zufrieden bin? >> Seite 196
- Wie kann ich Fotos direkt am Tablet optimieren oder mit Effekten versehen? >> Seite 201
- Wie übertrage ich Bilder und Videos von meinem Tablet bequem auf den PC? >> Seite 205
- Wie kann ich mit meinem Tablet Videos aufnehmen und speichern? >> Seite 204
- Wie kann ich Fotos automatisch mit Standortdaten versehen lassen? >> Seite 199

Schnelle Schnappschüsse – so gelingen Bilder auf Anhieb

Eine Kamera gehört bei jedem Tablet zur Grundausstattung. Meist sind es sogar gleich zwei, eine (bessere) auf der Rückseite und eine einfachere auf der Frontseite. Damit können Sie Bilder von sich selbst machen, vor allem aber Ihr Tablet für Videokonferenzen nutzen (z. B. mit der Skype-App). Beide Linsen können Sie mit der mitgelieferten systemeigenen Kamera-App verwenden.

Allerdings ist es so, dass gerade die Kamera meist zu den „Vorzeigefunktionen" von Android-Tablets gehört, weshalb jeder Hersteller hier sein eigenes Süppchen kocht. So wird die Kamera-App oft modifiziert oder durch eine ganz eigene App ersetzt. Deshalb sieht die im Folgenden beschriebene Bedienung der Kamera auf Ihrem Tablet eventuell etwas anders aus.

1 Wenn Sie die Kamera-App starten, wird direkt die Kamera aktiviert und deren Bild auf dem Display angezeigt. Rechts daneben sehen Sie in einem Kreis angeordnet die Bedienelemente für die Aufnahmen:

- Zentrales Bedienelement ist der große, runde Auslöser, der sich an einer schmalen Seite mittig befindet. Mit einem Tipp darauf lösen Sie eine Aufnahme aus.
- Mit dem Symbol daneben schalten Sie zwischen Rück- und Frontkamera um.

- Mit den drei Symbolen oben steuern Sie den Selbstauslöser, den Modus für HDR-Aufnahmen sowie die Blitzautomatik.
- Mit dem Einstellungen-Symbol links öffnen Sie einen Seitenbereich mit verschiedenen Aufnahmeprogrammen und den Einstellungen (mehr dazu im nachfolgenden Abschnitt).

- Im Kreis neben dem Auslöser sehen Sie immer eine Miniatur des zuletzt gemachten Fotos. Mit einem Tipp darauf gelangen Sie direkt in die Fotogalerie zu Ihren Aufnahmen.

2 Die Kamera in Ihrem Tablet verfügt über einen Autofokus und bemüht sich automatisch um die richtige Bildschärfe. Ein Kreis im Vorschaubild zeigt dabei jeweils kurz an, welcher Bereich des Bildes scharf gestellt wird.

3 Wenn Sie mit dem Ergebnis nicht zufrieden sind oder einen ganz bestimmten Bereich fokussieren möchten, tippen Sie einfach im Vorschaubild auf diese Stelle.

4 Um die Zoomfunktion zu benutzen, können Sie wie sonst auch zwei Finger auf den Bildschirm setzen und dann auseinanderspreizen. So zoomen Sie einen Bildausschnitt heran. Die umgekehrte Bewegung zoomt wieder heraus.

5 Fällt das Motiv im Vorschaubild zu Ihrer Zufriedenheit aus, tippen Sie kurz auf den Auslöser und das Bild wird aufgenommen.

6 Aufgenommene Bilder werden automatisch in der Galerie gespeichert. Eine Abkürzung finden Sie oben rechts in der Kamera-App, wo Sie immer eine Minivorschau des zuletzt erstellten Bildes sehen. Durch Antippen sehen Sie das Bild größer und können es an andere Apps weitergeben, um es z. B. mit Ihren Freunden zu teilen.

Blitz, Belichtung, HDR – mehr Kontrolle über Ihre Bilder

Wenn Sie, wie vorangehend beschrieben, eine einfache Aufnahme machen, verwendet die Kamera-App den vollen Automatikmodus. Der macht bei normalen Bedingungen durchschnittlich gute Bilder. Wenn die Bedingungen extremer sind und/oder Sie optimale Ergebnisse erzielen wollen, sollten Sie selbst in die Aufnahmeparameter eingreifen. Die Möglichkeiten sind zwar nicht so umfangreich wie etwa bei vollwertigen Spiegelreflexkameras, aber sie reichen für individuelle Ergebnisse.

Die Blitzautomatik steuern

Mit dem Blitzsymbol steuern Sie den eingebauten LED-Blitz Ihres Tablets. Üblicherweise schaltet der sich bei zu wenig Licht automatisch ein, was nicht immer zu optimalen Ergebnissen führt. Alternativ können Sie ihn nach Wunsch unabhängig von den Lichtverhältnissen ein- oder ausschalten. Durch Antippen wechseln Sie zwischen drei Varianten:

- Immer Blitz 
- Nie Blitz 
- Automatisch je nach Lichtverhältnissen 

Meine Empfehlung: Verwenden Sie den Automatikmodus, der meist recht zuverlässig funktioniert. Nur wenn der mal versagt oder wenn (beispielsweise in Museen) Blitzfotos ausdrücklich untersagt sind, sollten Sie umschalten.

Manuelle Belichtung bei schwierigen Lichtverhältnissen

Auch die Belichtungsautomatik bringt nicht immer optimale Ergebnisse. Bei Situationen mit schwacher Beleuchtung oder Gegenlicht kann es deshalb besser sein, die Belichtung selbst zu optimieren. Dies müssen Sie allerdings zunächst in den Einstellungen aktivieren.

1 Öffnen Sie die Seitenleiste und darin die *Einstellungen*.

2 Wählen Sie hier *Erweitert* und schalten Sie die Option *Manuelle Belichtung* ein.

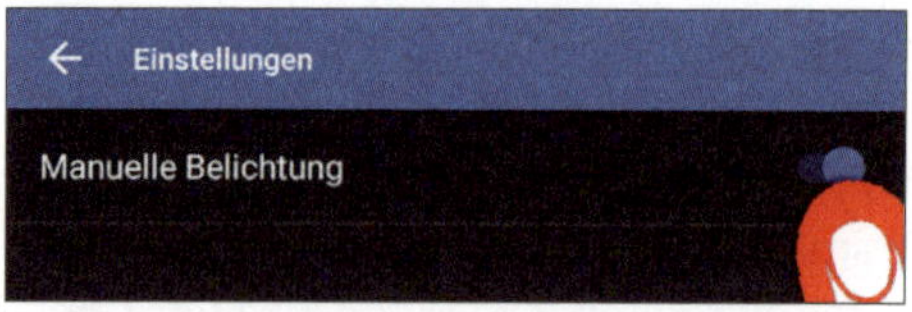

3 Anschließend finden Sie im Vorschaubild der Kamera oben ein zusätzliches Symbol für die Belichtung vor. 

4 Mit einem Tipp darauf öffnen Sie eine kleine Skala, wo Sie die Belichtungsdauer jeweils um ein oder zwei Stufen erhöhen oder verringern können. Mit 0 bleibt es bei der automatisch ermittelten Belichtungszeit.

HDR-Aufnahmen für den Wow-Effekt

High-Dynamic-Range-Aufnahmen sorgen für besonders eindrucksvolle Licht- und Farbeffekte. Dabei verwendet man einen einfachen Trick: Anstelle einer einzelnen Aufnahme macht die Kamera drei Bilder schnell hintereinander mit jeweils anderer Belichtung. Direkt im Anschluss wird daraus ein einzelnes Bild berechnet, wobei aus den drei Einzelaufnahmen jeweils die Bildbereiche mit optimaler Belichtung verwendet werden, während unter- oder überbelichtete Bereiche ausgeblendet werden. So entsteht ein Bild, das einen größeren Dynamikumfang hat, als eine einzelne Aufnahme sie überhaupt aufweisen könnte (daher der Name).

Was sich zunächst recht kompliziert anhört, ist mit Ihrer Tablet-Kamera ganz einfach zu machen. Tippen Sie einfach auf das HDR-Symbol, sodass es nicht durchgestrichen ist, und nehmen Sie dann das Motiv auf.

Zu beachten ist lediglich, dass Sie das Tablet wegen der verlängerten Aufnahmezeit etwas länger still halten sollten. Für optimale Ergebnisse stützen Sie es an einer Wand, einer Mauer, auf einem Stuhl oder Ähnlichem ab. Da der Berechnungsprozess des Endergebnisses recht aufwendig ist, dauert es etwas länger als sonst, bis das fertige Bild in der Galerie gespeichert wird.

Bildauflösung und -qualität bestimmen

Die Kamera beherrscht verschiedene Bildformate und Qualitätsstufen. Es liegt nahe, immer das größte Format in der besten Qualität zu verwenden, wenn es um wichtige Bilder geht, die man dauerhaft aufbewahren möchte. Wenn Sie aber nur Schnappschüsse machen, um sie online mit Freunden zu teilen, ist weniger manchmal mehr.

1 Um die Bildgröße und -qualität zu wählen, öffnen Sie im Seitenbereich die *Einstellungen*.

2 Tippen Sie dort auf *Auflösung & Qualität*.

3 Im anschließenden Dialog wählen Sie dann die Kamerafunktion aus. Die meisten Tablets haben eine bessere Rückseiten- und eine etwas schwächere Frontkamera. Beide Linsen können sowohl Bilder als auch Videos aufnehmen.

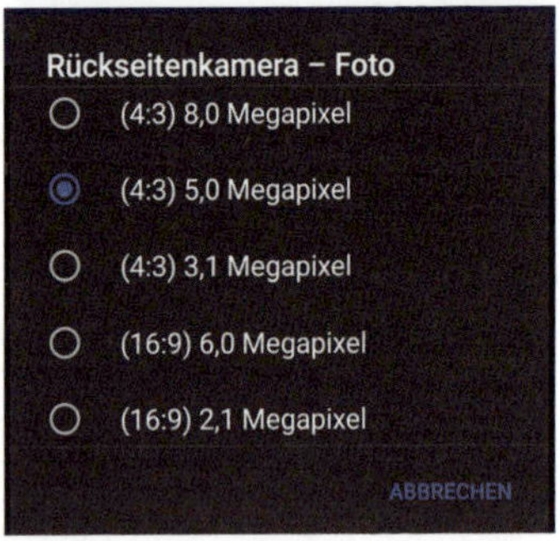

4 Bei Fotos haben Sie die grundsätzliche Wahl zwischen zwei Formaten. 4:3 ist ein klassisches Fotoformat und eignet sich besonders, wenn man Bilder tatsächlich auf Papier belichtet bzw. ausdrucken möchte. 16:9 entspricht hingegen dem typischen Breitbildformat aktueller Monitore und TV-Geräte und eignet sich insbesondere für die digitale Präsentation von Bildern.

5 Die Qualitätsstufen hängen von den Fähigkeiten der verbauten Fotolinsen ab. Je höher die Auflösung, desto feiner das Bild, aber desto mehr steigt auch der Speicherbedarf. Am besten erstellen Sie einmal Probeaufnahmen desselben Motivs mit verschiedenen Qualitätsstufen. Dann können Sie im direkten Vergleich sehen, welche Auflösung für welchen Zweck akzeptabel ist.

Einmal im Kreis – perfekte Panoramafotos ohne Mühe

Mit einer Panoramaaufnahme lässt sich die Atmosphäre vieler Orte besser einfangen als mit vielen einzelnen Aufnahmen. Solche speziellen Fotos können Sie auch mit Ihrem Tablet machen. Bei aktuellen Android-Versionen unterstützt Sie die Kamera-App dabei mit einem speziellen Modus, der einen passenden Schwenk anzeigt, automatisch Einzelbilder aufnimmt und aus diesen dann eine Panoramaaufnahme berechnet.

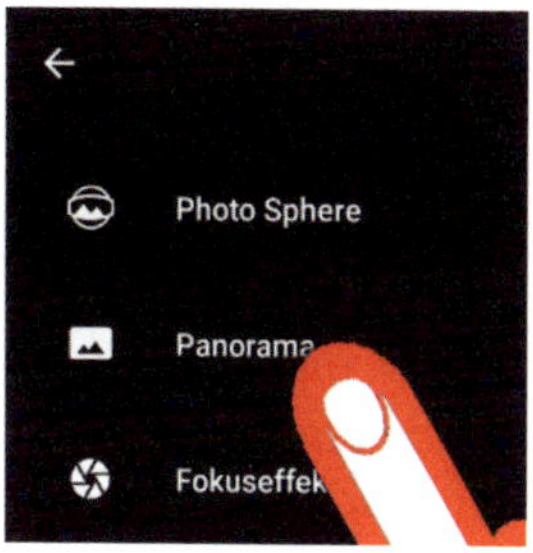

1 Wählen Sie dazu in der Seitenleiste der Kamera-App den Modus *Panorama*.

2 Nun können Sie oben zunächst die Art des Panoramas einstellen. Neben einem vertikalen und einem horizontalen Rundumblick können Sie auch eine Weitwinkelaufnahme simulieren oder eine Sphäre aufnehmen, in deren Mittelpunkt Sie selbst stehen.

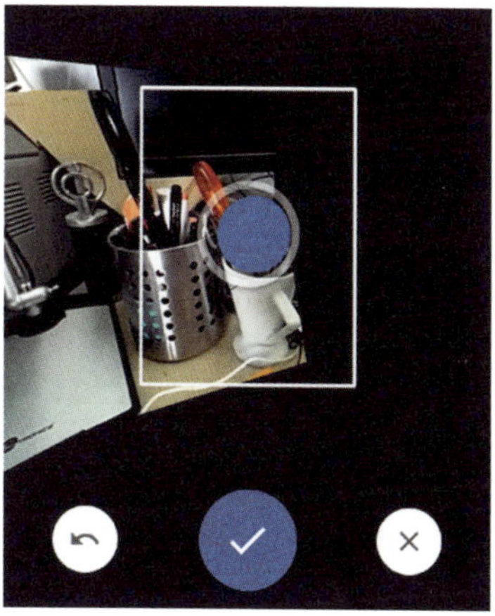

3 Richten Sie nun die Tablet-Kamera auf eine mittlere Position Ihres Motivs und drücken Sie den Auslöser.

4 Jetzt brauchen Sie nur den Vorgaben auf dem Bildschirm zu folgen. Richten Sie das Gerät jeweils langsam so aus, dass der angezeigte Zielpunkt genau in den Kreis in der Mitte des Bildschirms passt. Sowie das geklappt hat, bekommen Sie einen neuen Zielpunkt angezeigt.

5 Achten Sie darauf, das Tablet dabei gerade zu halten. Andernfalls zeigt die Kamera-App einen Hinweis an und Sie können die Haltung korrigieren.

6 Wenn Sie das gesamte Panorama abgeschwenkt haben, beendet die App die Aufnahme automatisch. Sie können aber auch jederzeit erneut auf den Auslöser tippen, um dies vorzeitig zu tun.

Nach einer Panoramaaufnahme muss die App im Hintergrund ein wenig rechnen, um aus den erstellten Einzelbildern ein Panoramabild zu machen. Dieses finden Sie anschließend wie ein herkömmliches Foto in der Galerie vor.

Schneller, besser, komfortabler: alternative Kamera-Apps für bessere Bilder

Eine Kamera gehört quasi zur Standardausrüstung bei Android-Tablets, und eine dazu passende App wird vom Hersteller in der Regel mitgeliefert. Allerdings kann die vorhandene Kamerahardware auch von anderen Apps genutzt werden, und es gibt Alternativen, die mehr Funktionen und gestalterische Möglichkeiten bieten. *Camera360* etwa bringt schon in der kostenlosen Version zahlreiche Funktionen und Effekte mit, durch die Sie Ihre Bilder aufpeppen können.

1 Nach der Installation finden Sie eine ganz normale App vor, die Sie einfach anstelle der „normalen" Kamerasoftware starten, wenn Sie Bilder aufnehmen möchten.

2 Im Hauptmenü wählen Sie *Effect Camera* für die klassische Kamerafunktion mit wählbaren Effekten. Für Selbstporträts gibt es alternativ den *Selfie*-Modus mit speziellen Funktionen.

3 Die Aufnahmefunktion präsentiert sich auf den ersten Blick ganz ähnlich wie bei der mitgelieferten Kamera-App. Auch hier finden Sie mittig und unübersehbar den Auslöseknopf. Direkt darüber befindet sich zusätzlich eine Zoomleiste. Sie können aber auch mit einer Spreizbewegung der Finger zoomen.

4 Wenn Sie im unteren Bereich vom rechten Rand in den Bildschirm hineinwischen, werden anstelle des Auslösers verschiedene Feineinstellungen angezeigt, mit denen Sie die Aufnahme steuern können (von oben nach unten):

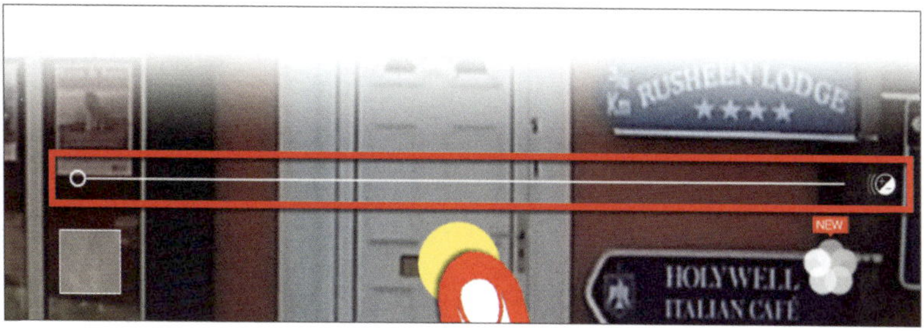

- Art des Fokus von Auto über Schärfentiefe bis hin zu Makroaufnahmen.
- Verschiedene Modi für den Weißabgleich.
- ISO-Wert für die Lichtempfindlichkeit der Kamera, der in mehreren Stufen zwischen 100 und 1600 die Anmutung klassischer Kamerafilme simuliert.
- Abweichung der Standardbelichtung von –2 bis +2.

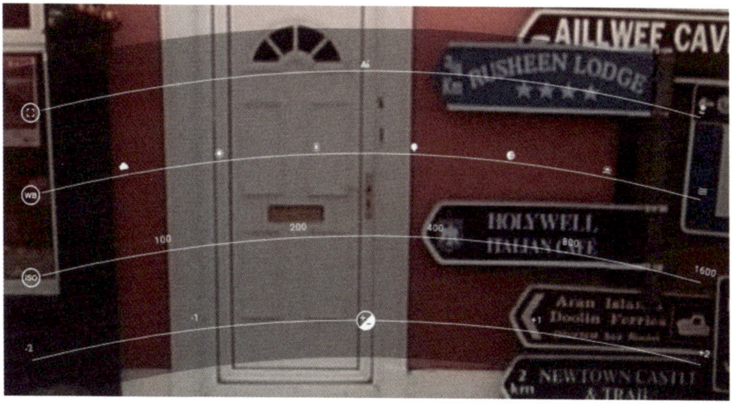

5 Mit Antippen des obersten Symbols öffnen Sie am oberen Rand eine Leiste mit weiteren praktischen Funktionen, mit denen Sie den Bildstabilisator steuern oder Serienaufnahmen veranlassen können.

Stimmungsvolle Bilder durch Spezialeffekte

Das Symbol mit dem Klecks rechts neben dem Auslöser öffnet eine Auswahl verschiedenartiger Echtzeiteffekte, mit denen *Camera360* Ihre Bilder versehen kann. Hier finden Sie Spezialprogramme für Porträts mit besonders schöner Haut, Schwarz-Weiß-Programme, lomoähnliche Bilder oder Effekte, die Ihren Fotos das Aussehen sehr alter Aufnahmen geben.

1 Tippen Sie auf das Symbol mit dem Klecks, um die Auswahl anzuzeigen.

2 Wählen Sie eine der Effektgruppen. *Magic Skin* etwa eignet sich besonders für Porträts, *Enhance* bietet verschiedene Filter für effektvolle Bilder, während *HDR* Bilder mit erweitertem Farbraum simuliert.

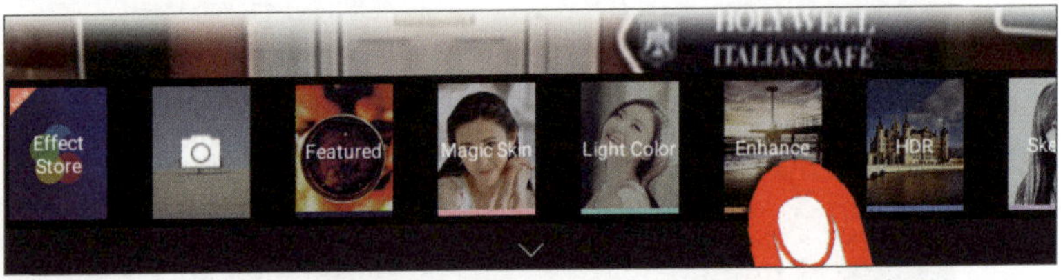

3 Innerhalb einer Effektgruppe finden Sie verschiedene Varianten von Effekten, die Sie antippen können. Die Auswirkung auf das Bild sehen Sie jeweils direkt. Wählen Sie den gewünschten Effekt und machen Sie dann einfach ganz normal Ihre Aufnahmen damit.

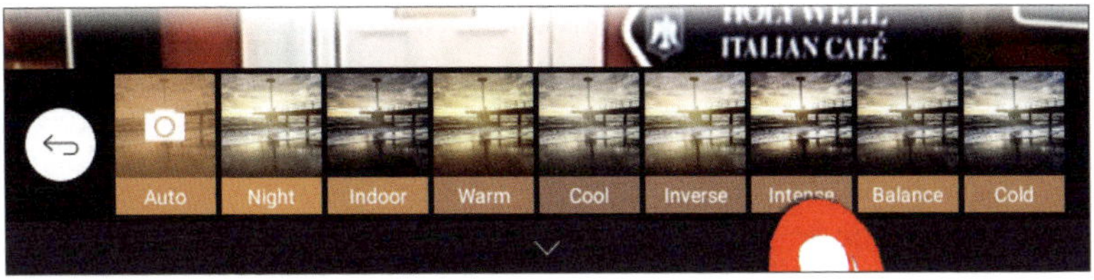

4 Wollen Sie später wieder eine klassische Aufnahme ohne Filter & Co. machen, wählen Sie in der Liste der Effekte ganz links *Original*.

Wo war das noch mal? – Fotoaufnahmen automatisch georeferenzieren

Tablets bieten mit eingebauter Kamera und GPS-Empfänger alle Voraussetzungen, georeferenzierte Fotos herzustellen (siehe Infokasten). Das ist ein zweischneidiges Schwert. Einerseits eine feine Sache, wenn man denn genau das will. Andererseits bedeutet es auch, dass veröffentlichte Bilder unter Umständen genaue Angaben enthalten, wann sie wo angefertigt wurden.

Ob Bilder mit Georeferenzen versehen werden, hängt von der jeweiligen Kamera-App ab. Die auf Seite 196 vorgestellte App *Camera360* etwa erlaubt es, diese Funktion genau zu steuern.

Georeferenzierung von Bildern

Unter Georeferenzieren versteht man das Versehen von Bildern mit Informationen über den Standort, an dem ein Bild aufgenommen wurde. Dies ermöglicht es anschließend, die Herkunft von Bildern geografisch zu erfassen und z. B. auf einer Karte zu visualisieren. Es bedeutet aber auch, dass im Bild exakte Informationen über den Standort des dargestellten Motivs enthalten sind. Gemeinsam mit dem Aufnahmezeitpunkt erlaubt das auch Rückschlüsse, wann Sie sich wo aufgehalten haben. Das sind allerdings Informationen, die Sie vielleicht – zumindest von Fall zu Fall – schützen möchten.

1 Klicken Sie im Aufnahmemodus oben rechts auf das Einstellungen-Symbol und dann auf *Settings*.

2 In den Einstellungen wählen Sie *Advanced Settings*, um das Konfigurationsmenü zu öffnen.

3 Suchen Sie die Rubrik *Photo* und tippen Sie dort zunächst auf *More*.

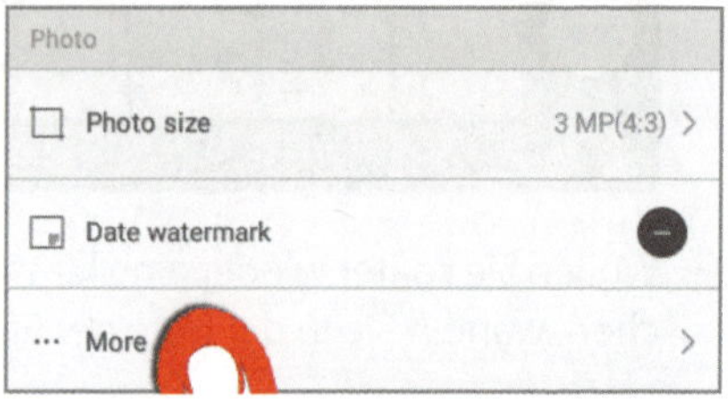

4 Hier finden Sie die Einstellung *Record photo location (GPS)*. Sie legt fest, ob Standortdaten erhoben und in den aufgenommenen Bildern vermerkt werden.

5 Ist diese Option aktiviert (Kreissymbol ganz rechts), wird jedes Bild mit GPS-Daten versehen. Das gilt allerdings nur, wenn der GPS-Empfänger Ihres Tablets aktiviert ist und die Position ermittelt hat.

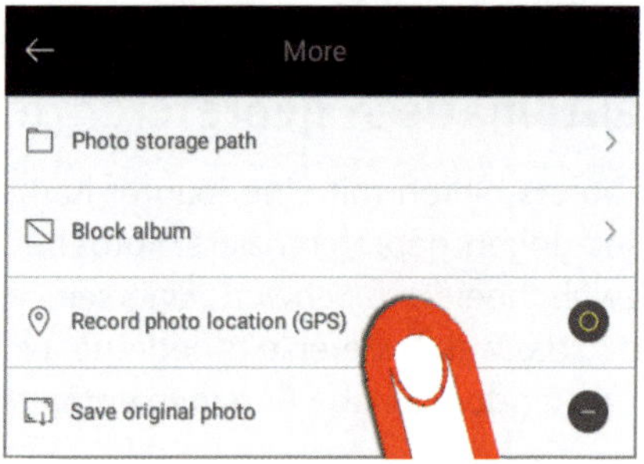

Georeferenz bei der Standardkamera-App

Bei neueren Android-Versionen kann auch die mitgelieferte Kamera-App Geodaten in Fotoaufnahmen einfügen, was aber standardmäßig deaktiviert ist. Um das zu ändern, öffnen Sie die Einstellungen der Kamera-App und schalten dort die Option *Standort speichern* ein.

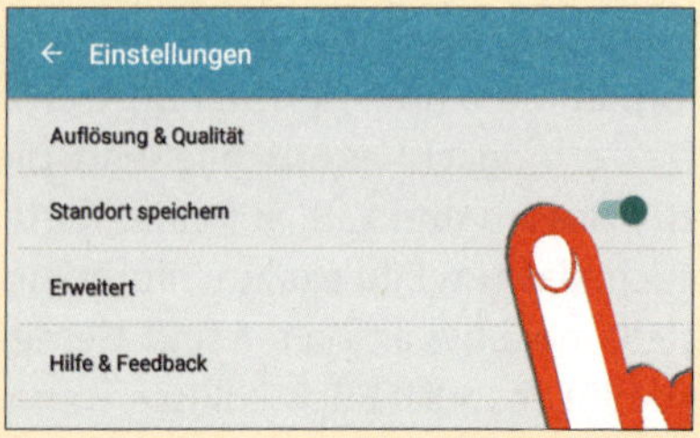

Photoshop Express: Bilder komfortabel am Tablet bearbeiten

Auch das Bearbeiten von Bildern ist mit Ihrem Tablet möglich, etwa um eigene Schnappschüsse zu optimieren oder kleine Fehler auszubügeln. Das kostenlose Photoshop Express etwa ist zwar mit seinem „großen Bruder" für PCs nicht vergleichbar, aber die App bietet einige praktische Funktionen und lässt sich einfach und intuitiv per Touch bedienen.

1 Um Bilder zu bearbeiten, die Sie bereits erstellt und auf dem Tablet gespeichert haben, wählen Sie nach dem Start der App den Menüpunkt *Gallery* aus.

2 Bestimmen Sie dann mit Ihrer bevorzugten Galerie-App das Bild, das Sie bearbeiten möchten.

3 Die App zeigt das gewählte Bild nun groß auf dem Bildschirm an. Am unteren Bildschirmrand finden Sie Symbole für die verschiedenen Bearbeitungsarten. Tippen Sie auf eines der Symbole, um die entsprechenden Werkzeuge anzuzeigen.

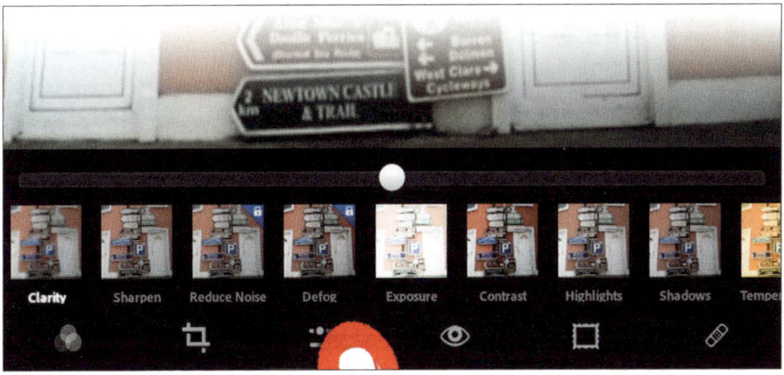

4 Das Bearbeiten des Bildes selbst ist recht intuitiv. Zum Beschneiden etwa wird ein Rahmen angezeigt, den Sie so anpassen, dass er genau den gewünschten Ausschnitt abdeckt.

5 Beim Ausrichten oder Rotieren vollziehen Sie einfach per Fingerwisch eine entsprechende Bewegung auf dem Touchscreen.

6 Bei den Filtern und Effekten können Sie einfach mit dem Finger nach links oder rechts wischen, um die gewünschte Intensität einzustellen.

7 Für alle Bearbeitungen gilt: Sie sind zunächst vorläufig. Erst wenn Sie oben links auf das Zurück-Symbol tippen, werden Sie gefragt, ob Sie die Änderungen mit *Save* speichern oder mit *Don't Save* verwerfen möchten.

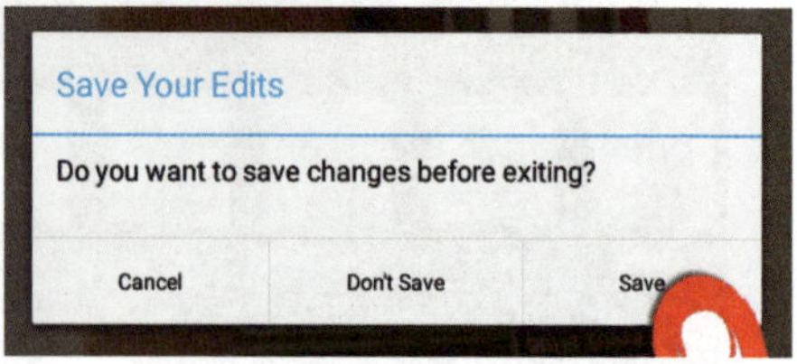

Wichtig zu wissen ist, Ihre so bearbeiteten Kunstwerke überschreiben nicht die ursprünglichen Bilder, sondern werden in eigenen Dateien gespeichert. Diese finden Sie in der Galerie im Bereich *Photoshop Express*.

Bilder aus beliebigen Anwendungen heraus mit anderen Apps teilen

Android ermöglicht es, Bilder aus beliebigen Anwendungen heraus in sozialen Netzwerken oder anderen Onlinegalerien zu veröffentlichen. Sie brauchen also nicht aus der Facebook-App heraus zu knipsen, sondern können umgekehrt ein Bild direkt aus der Kamera-App oder der Galerie bei Facebook, Twitter oder Instagram hochladen.

1 Hierfür finden Sie in den meisten bildbezogenen Apps wie etwa der Fotos-App ein spezielles *Teilen*-Symbol.

2 Ein Tipp darauf öffnet die Liste aller vorhandenen Apps, die etwas mit Bildern anfangen können. Hier sind auch die Apps für soziale Netzwerke und Onlineplattformen wie Facebook, Twitter, Instagram etc. versammelt (sofern die entsprechenden Apps installiert sind).

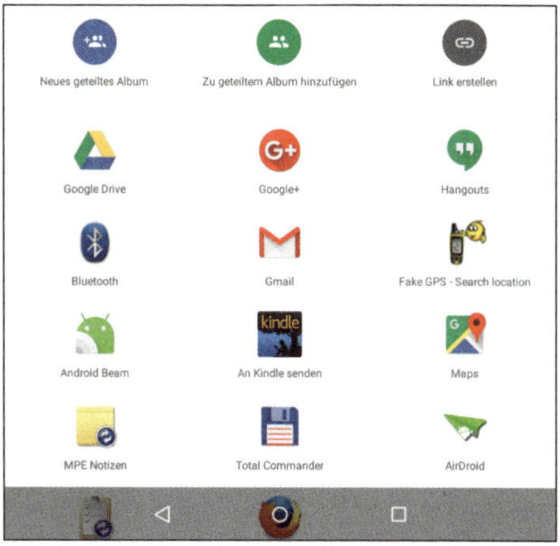

3 Tippen Sie den Dienst an, bei dem Sie das Bild veröffentlichen möchten.

4 Die App wird dann gestartet und die entsprechende Funktion direkt aktiviert. Ab hier geht es dann genauso weiter, als wenn Sie aus der gewählten App heraus das Hochladen von Fotos veranlasst hätten.

Besondere Momente als Videoclip aufnehmen

Die Kamera in Ihrem Tablet taugt nicht nur für Fotoaufnahmen, sondern kann auch bewegte Bilder als Videoclips aufzeichnen. Die Qualität kann mit einem guten Camcorder zwar nur selten mithalten, aber bei hellem Umgebungslicht lassen sich schöne Momente durchaus angemessen festhalten.

1 Starten Sie die Kamera-App und tippen Sie dort unten links auf das Videosymbol. Bei neueren Android-Versionen können Sie in der Kamera-App auch einfach nach rechts oder links wischen, um vom Kamera- zum Videomodus zu wechseln.

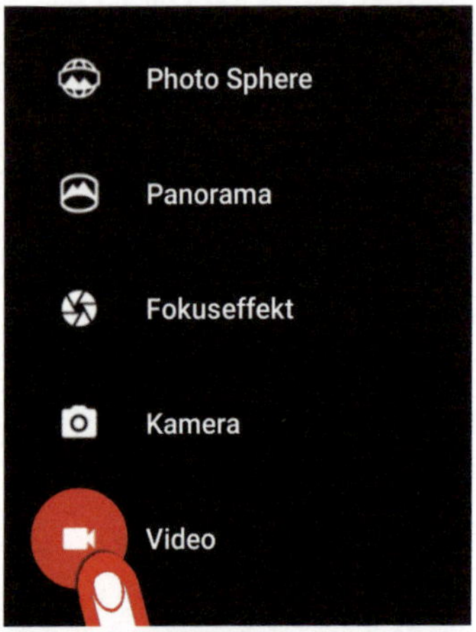

2 Damit aktivieren Sie den Videomodus, und ein Tipp auf den – nun visuell einer Kamera nachempfundenen – Auslöser startet die Aufnahme.

3 Während einer Aufnahme bleibt der Bildschirm bis auf die Aufnahmezeit und das Stoppsymbol frei. Trotzdem können Sie mit der bekannten Zwei-Finger-Zoomgeste den Bildbereich des Kameraobjektivs bestimmen.

4 Um die Aufnahme zu beenden, tippen Sie erneut auf den Auslöser. Das Video wird dann automatisch gespeichert und Sie können es in der Galerie abrufen.

Bilder & Videos vom Tablet auf den PC übertragen

Bilder und Videoaufnahmen lassen sich auf verschiedenen Wegen vom Android-Tablet auf einen PC transferieren. Für Windows-PCs bietet sich das Anschließen per USB-Kabel an. Ein eigener Windows-Assistent sucht dann alle Bild- und Videodateien auf der SD-Karte zusammen und übernimmt sie komfortabel in Ihre PC-Mediensammlung.

1 Verbinden Sie Ihr Tablet per USB-Kabel mit dem PC und wählen Sie am Mobilgerät gegebenenfalls den Modus für den Speicherkartenzugriff aus.

2 Windows erkennt das Gerät automatisch und fragt nach, welche Aktion Sie damit durchführen wollen. Wählen Sie *Fotos und Videos importieren*.

3 Haben Sie eine andere Anwendung für diesen Zweck installiert wie z. B. die Windows Live Fotogalerie, können Sie auch diese wählen.

4 Aktivieren Sie die Option *Alle neuen Elemente jetzt importieren*. Außerdem können Sie die Bilder mit einem Stichwort markieren.

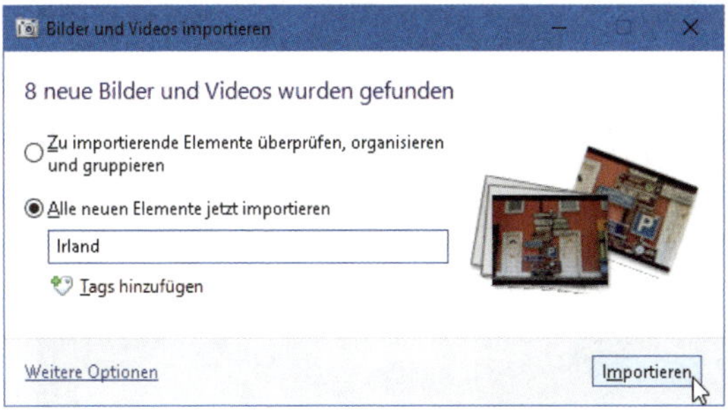

5 Anschließend startet der eigentliche Transfer. Falls Sie die Bilder nach dem Import direkt vom Tablet löschen wollen, setzen Sie vor Abschluss des Vorgangs ein Häkchen bei *Nach dem Import löschen*.

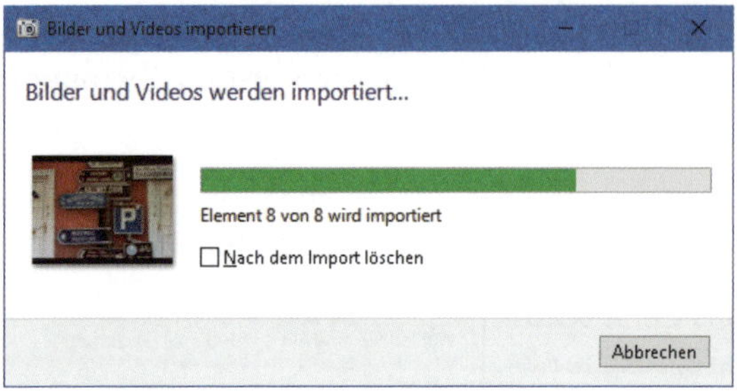

Ist der Transfer abgeschlossen, finden Sie die importierten Bilder am PC direkt in der Fotosammlung vor. Dabei ist es egal, ob Sie in der Fotos-App, in der Fotogalerie-Anwendung oder mit dem Windows-Explorer in der Bilderbibliothek nachschauen. In letzteren beiden wurde ein neuer Ordner mit dem aktuellen Datum sowie gegebenenfalls dem gewählten Schlagwort angelegt. In der Fotos-App finden Sie die Bilder schnell über das Aufnahmedatum.

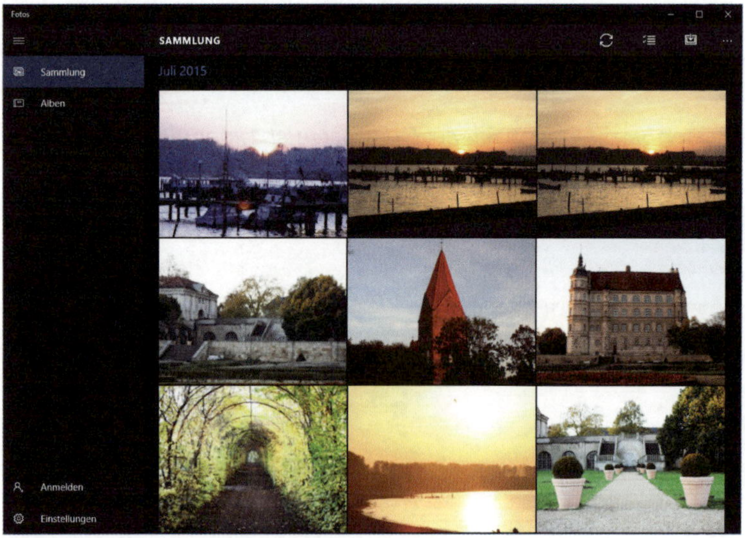

Die besten Tipps zu eigenen Bildern und Videos

Auf schnellstem Weg zu den neuen Bildern und Videos

Selbst erstellte Fotos und Videos werden automatisch gespeichert. Über die Kamera-App können Sie sie jederzeit wiederfinden, aber es geht auch schneller.

1 Öffnen Sie die Fotos-App. Diese erfasst alle Bilder und Videos, die auf Ihrem Tablet gespeichert sind.

2 Auf der Startseite dieser App finden Sie standardmäßig ganz oben die neusten Bilder. Frisch geknipste Aufnahmen sollten also stets hier angezeigt werden.

3 Alternativ öffnen Sie die Seitenleiste und wählen dort *Geräteordner* aus.

4 Zu diesen Ordnern gehört *Kamera* mit einer Liste aller Aufnahmen, die Sie mit der Kamera-App als Fotos oder Videos erstellt haben. Die Liste ist chronologisch sortiert, sodass die neusten Aufnahmen immer ganz am Anfang zu finden sind.

Die automatische Standortbestimmung grundsätzlich unterbinden

Selbst wenn eine Kamera-App sich in Bezug auf die Georeferenzierung nicht steuern lässt, können Sie Standortbestimmungen durch Anwendungen generell unterbinden, wenn Sie diese Information schützen möchten.

1 Öffnen Sie in den *Einstellungen* die Rubrik *Nutzer* und dort den Eintrag *Standort*.

2 Hier können Sie oben rechts mit dem Schalter zunächst pauschal den Standortdienst auf Ihrem Gerät ein- oder ausschalten.

3 Im Untermenü *Standortmodus* können Sie außerdem auf die Methode der Standortbestimmung Einfluss nehmen:

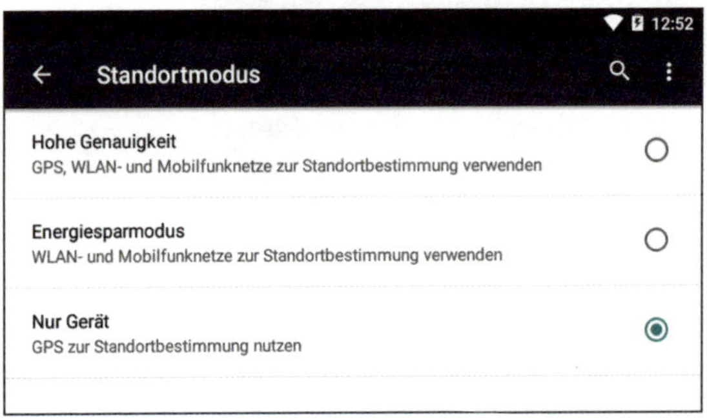

- So kann Android für *Hohe Genauigkeit* die Informationen von GPS, WLAN und Mobilfunknetz kombinieren, was aber auch erhöhten Stromverbrauch bedeutet.
- Im sogenannten *Energiesparmodus* beschränkt sich das Gerät auf das Mobilfunknetz und erreichbare WLANs. So lässt sich der Standort nur grob bestimmen, in dicht besiedelten Städten kann er aber auch auf unter 100 m genau sein.

- Die Bezeichnungen sind allerdings etwas irreführend, denn auch *Nur Gerät* verbraucht nicht zwangsläufig viel Energie. Hier wird nur der verbaute GPS-Empfänger bemüht, was eine hohe Genauigkeit bis auf den letzten Meter verspricht. Allerdings wird diese Komponente nur aktiviert, wenn eine App ausdrücklich Standortdaten abfragt.

Schnüffel-Apps enttarnen

Wenn Sie das automatische Beziehen von Standortinformationen erlauben, können Sie kaum kontrollieren, welche Apps davon in welchem Umfang Gebrauch machen. In den hier beschriebenen Einstellungen finden Sie aber unter *Kürzliche Standortanfragen* stets eine aktuelle Liste der Apps, die solche Daten in letzter Zeit abgefragt haben. Es lohnt sich, hier hin und wieder einen Blick reinzuwerfen. Sind Apps dabei, für die solche Informationen unangemessen erscheinen, sollten Sie zunächst versuchen, den Zugriff auf die Standortdaten in deren Einstellungen zu deaktivieren. Sollte eine App keine entsprechende Option bieten, sollten Sie diese – ehrlich gesagt – deinstallieren, denn das gehört sich einfach nicht.

11. Strom sparen – Energieverbrauch minimieren und Akkulaufzeit maximieren

Energiemangel und Stromsparen sind leider bei allen elektronischen Begleitern eine ständige Herausforderung. Aber mit den richtigen Stromsparstrategien machen Sie auch Ihr Tablet zum Langstreckenläufer, dem nicht im entscheidenden Moment die Puste ausgeht.

- Welches sind die großen Stromfresser bei meinem Gerät? >> Seite 216
- Wie kann ich Strom verbrauchende Funktionen abschalten? >> Seite 211
- Gibt es eine komfortable Alternative zu den gut versteckten Stromsparoptionen in den Einstellungen? >> Seite 212
- Gibt es wie beim PC einen Energiesparmodus? >> Seite 213
- Lassen sich Maßnahmen zum Stromsparen automatisieren? >> Seite 219
- Wie kann ich im Flugzeug oder im Krankenhaus alle Drahtlosfunktionen zuverlässig deaktivieren? >> Seite 213
- Welche Apps helfen beim Stromsparen? >> Seite 218
- Was sollte ich beachten, damit mein Tablet möglichst lange ohne Steckdose durchhält? >> Seite 225

Stromverbraucher ganz nach Bedarf ein- und ausschalten

Jedes Tablet verfügt über verschiedene Funktionen zum Kommunizieren mit anderen Geräten. Jede dieser Funktionen verbraucht Energie, solange sie aktiv ist. Deshalb ist es sinnvoll, solche Komponenten zu deaktivieren, wenn sie nicht benötigt werden. Dabei handelt es sich vor allem um:

- WLAN für den Zugang zu einem lokalen Netzwerk und ins Internet.
- Bluetooth für Headsets, Freisprecheinrichtungen etc.

- GPS zum Ermitteln des aktuellen Standorts.
- das GSM-Modem für Datenübertragungen per Mobilfunk.

Bei den meisten Android-Tablets lassen sich alle diese Komponenten einzeln aktivieren und deaktivieren. Wenn Sie dies befolgen und immer nur die Funktionen einschalten, die Sie gerade benötigen, können Sie die Akkulaufzeit deutlich steigern.

Funktionen bequem per Widget ein- und ausschalten

In den *Einstellungen* Ihres Tablets lassen sich die verschiedenen Komponenten nach Bedarf ein- und ausstellen, was aber umständlich ist. Einfacher geht es mit einer Schalterleiste als Widget direkt auf der Oberfläche Ihres Tablets.

1 Öffnen Sie die App-Übersicht Ihres Tablets und wechseln Sie dort in die Rubrik *Widgets*.

2 Suchen Sie hier das Widget *Energiesteuerung*.

3 Tippen Sie lange auf dieses Widget, um es „in die Hand zu nehmen".

4 Die App-Übersicht wird dann ausgeblendet, und Sie landen mitsamt dem festgehaltenen Widget auf einer Startseite, auf der Sie es an einer beliebigen Stelle platzieren und loslassen können.

Android fügt dann dieses Widget an der freien Stelle in die Oberfläche ein. Hier finden Sie fünf Schalter für die wesentlichen Funktionen (von links nach rechts):

- WLAN
- Bluetooth
- GPS
- Funktionen zur Datensynchronisierung
- Displayhelligkeit

Mit den ersten vier Symbolen schalten Sie die entsprechende Funktion jeweils ein bzw. aus. Beim ganz rechten Symbol für die Anzeigehelligkeit können Sie durch mehrfaches Antippen verschiedene Modi durchschalten.

Mit dem Flugmodus maximal Energie sparen

Im Flug(zeug)modus schaltet ein Mobilgerät sämtliche Funkkomponenten aus. Der Name kommt daher, dass man diesen Modus in Flugzeugen verwenden soll, um Störungen der empfindlichen Elektronik des Fliegers zu vermeiden. Ebenso eignet sich der Modus aber für Krankenhäuser, Kinos, Theater, das erste Date – eben für alle Situationen, in denen man keinesfalls gestört werden will oder darf.

Der Flugmodus ist allerdings auch ein guter Stromsparer, weil er praktisch alle Extraverbraucher lahmlegt. Wenn Sie z. B. nachts ohnehin nichts hören wollen oder wenn der Akku unbedingt noch eine Weile durchhalten soll, ist der Flugmodus deshalb ein echter Geheimtipp.

1 Ziehen Sie den Benachrichtigungsbereich Ihres Tablets mit zwei Fingern nach unten (siehe Seite 35).

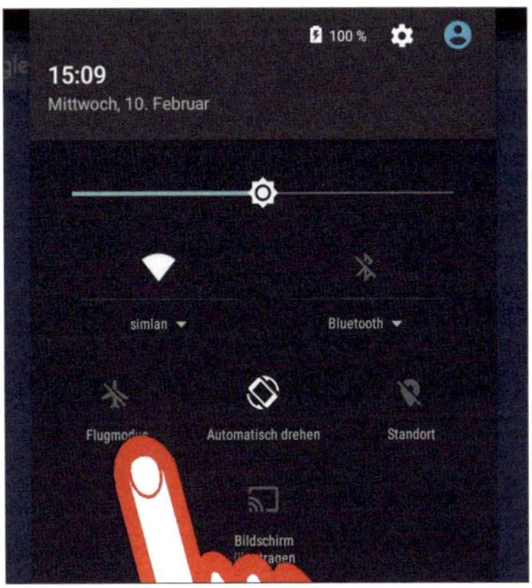

2 Dort finden Sie unter anderem die Option *Flugmodus*. Ist das Flugzeugsymbol durchgestrichen, tippen Sie einfach darauf, um den Flugmodus zu aktivieren.

3 Solange der Flugmodus aktiv ist, sehen Sie in der Statusleiste ein Flugzeugsymbol. Sämtliche drahtlosen Datenverbindungen werden nun unterbunden.

4 Um den Flugmodus wieder zu beenden, wiederholen Sie die Schritte 1 und 2. Das Tablet kehrt dann zur vorherigen Konfiguration zurück.

Geld und Strom sparen: Datenverbindungen und Roaming steuern

Ist Ihr Android-Tablet mit einem mobilen Internetzugang per 3G ausgestattet, kosten häufige Datenverbindungen für das Synchronisieren von Kontakten, Terminen, E-Mails oder Status-Updates für soziale Netzwerke sowohl Strom als auch Geld.

Das automatische Synchronisieren verhindern

Ein nicht geringer Teil der Onlinekosten wird für das Synchronisieren von E-Mails, Kontakten und Terminen verbraucht. Auch hier kann das Widget für Energiesteuerung gute Dienste leisten (siehe Seite 212).

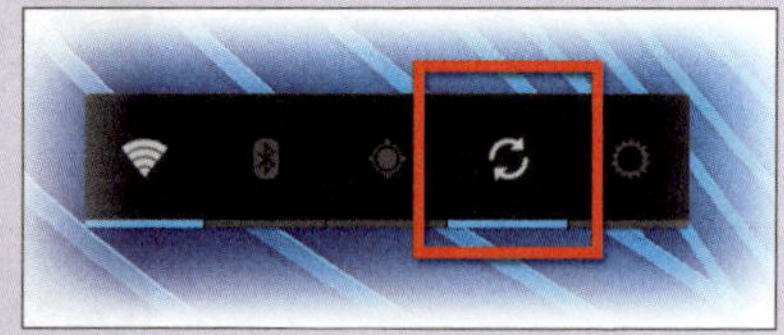

Das zweite Symbol von rechts schaltet den Datenabgleich ein und aus. Das bezieht sich allerdings nur auf die Synchronisierungsfunktionen von Android selbst. Zusätzliche Apps mit eigenen Abgleichfunktionen lassen sich dadurch meist nicht beeindrucken.

Mobilfunkverbindungen nur manuell bei Bedarf zulassen

Standardmäßig ist ein Android-Tablet mit Mobilfunkverbindung immer online, und die Apps können sich mit dem Internet verbinden. Das kostet nicht nur Geld, sondern zehrt auch am Akku.

1 Öffnen Sie in den *Einstellungen* den Punkt *Drahtlos & Netzwerke* und dort *Datenverbrauch*.

2 Hier finden Sie oben rechts einen Schalter, mit dem mobile Datenverbindungen aktiviert bzw. deaktiviert werden können. Bei älteren Android-Versionen finden Sie diese Option direkt bei den Einstellungen für Mobilfunknetze, beispielsweise mit der Bezeichnung *Daten aktiviert*.

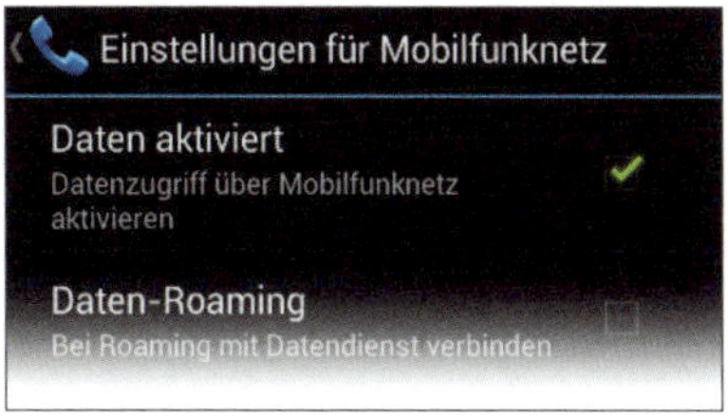

So können Sie jegliche Datenverbindungen via Mobilfunk unterbinden. Das Gerät kann Internetverbindungen dann nur noch per WLAN aufnehmen.

Das teure Daten-Roaming im Ausland vermeiden

Besonders problematisch ist das Nutzen von Datenverbindungen im Ausland, da die dann anfallenden Roamingkosten schnell zu einem teuren Vergnügen werden können. Auch beim Aufenthalt in grenznahen Gegenden kann man unfreiwillig in diese Kostenfalle geraten.

1 Öffnen Sie in den *Einstellungen* die Rubrik *Drahtlos & Netzwerke* und dort *Mehr/Mobilfunknetze*.

2 In den *Einstellungen für Mobilfunknetze* zeigt der Eintrag *Daten-Roaming* an, ob Ihr Gerät über ein „fremdes" Netzwerk Datenverbindungen aufnehmen darf. Standardmäßig sollte die Option deaktiviert sein.

3 Wollen Sie *Daten-Roaming* nutzen, tippen Sie darauf und bestätigen den anschließenden Warnhinweis.

Stromspartipp: Für E-Mail & Co. reicht die 2G-Verbindung völlig aus

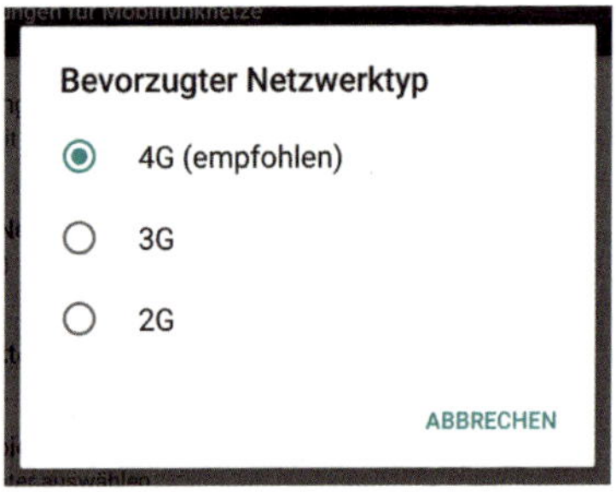

Solange es um schmalbandige Daten wie E-Mails, Synchronisierung, Tweets, Status-Updates etc. geht, können Sie ständig online sein und trotzdem den Akku schonen, wenn Sie das Funkmodem auf die langsameren, aber wesentlich stromsparenderen 2G-Verbindungen begrenzen. Wählen Sie dazu in den Mobilfunknetzeinstellungen bei der Option *Bevorzugter Netzwerktyp* die Einstellung *2G*. Bei neueren Geräten finden Sie diese Einstellungen teilweise auch unter *Netzwerk auswählen*. Wenn Sie dann doch mal unterwegs surfen möchten, sollten Sie aber daran denken, wieder in den schnellsten Modus umzuschalten.

Energiedetektiv: So spüren Sie Stromfresser schnell auf

Wenn Ihnen die Akkulaufzeit zu kurz ist, Sie aber Komfortfunktionen rund um die Uhr zur Verfügung haben möchten, muss ein Kompromiss her. Dabei stellt sich zunächst die Frage: Wofür wird der ganze Strom denn eigentlich genau verbraucht?

Hier hilft Android selbst weiter, denn es führt genau Buch über den Stromverbrauch der Komponenten. So können Sie jederzeit sehen, welche Funktion bei Ihrem Tablet über das größte Sparpotenzial verfügt.

1 Öffnen Sie in den *Einstellungen* von Android in der Rubrik *Gerät* den Punkt *Akku*.

2 Damit rufen Sie eine Statistik der Akkunutzung auf. Ganz oben sehen Sie, wie lange das Gerät seit der letzten Aufladung schon läuft und wie sich der Ladestand seitdem entwickelt hat.

3 Darunter werden die verschiedenen Komponenten, Funktionen und Anwendungen aufgeführt, die seither nennenswert Strom verbraucht haben. Die Reihenfolge wird dabei durch den Verbrauch bestimmt. Ganz oben findet sich also der größte „Energieverschwender".

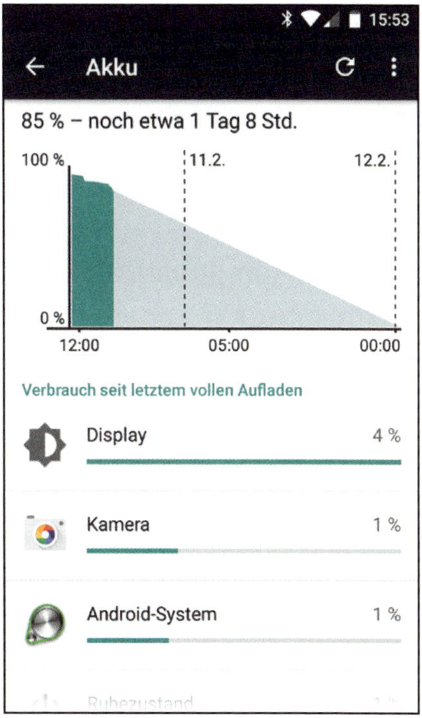

Der Teufel steckt im Detail

Sie können jeden Eintrag der Verbraucherliste antippen und sich so eine detaillierte Statistik dieser Elemente ansehen. So erfahren Sie z. B. auch, wie viel CPU-Zeit eine Anwendung im Hintergrund verbraucht hat. Außerdem finden Sie hier Abkürzungen direkt zu den App-Optionen oder anderen wichtigen Systemeinstellungen für den jeweiligen Bereich.

Diese Statistik sollte in etwa Ihrem Nutzerverhalten entsprechen. Dass *Display* und *Ruhezustand* bei einem Tablet weit oben stehen, ist nicht ungewöhnlich. Das Display ist nun mal der größte Energieverbraucher, und im Ruhezustand befindet sich das Tablet immer, wenn Sie den Bildschirm ausschalten und es weglegen. Wenn aber z. B. *WLAN* einen großen Anteil hat, obwohl Sie nur selten drahtlos surfen, ergibt sich hier ein großes Optimierungspotenzial.

Mit der App JuiceDefender jedes Tablet zum Stromsparer machen

Wenn Sie mit der Akkulaufzeit Ihres Android-Tablets nicht zufrieden sind, gibt es Apps, die Abhilfe schaffen. Die kostenlose Version von *JuiceDefender* etwa eignet sich für weniger erfahrene Nutzer genauso wie für Spezialisten, die jede Detaileinstellung selbst vornehmen möchten. *JuiceDefender* sieht auf den ersten Blick etwas kompliziert aus und die deutsche Übersetzung ist etwas holprig, aber letztlich ist die App einfach zu bedienen.

1 Warten Sie, bis nach dem Start das Hauptmenü in der Rubrik *Status* angezeigt wird. Ganz oben können Sie JuiceDefender insgesamt einschalten (*aktiviert*) oder ausschalten (*deaktiviert*).

2 Direkt darunter stehen verschiedene vorgefertigte Profile für das Energiemanagement zur Auswahl. Standardmäßig ist *abgestimmt* ausgewählt. Dieses Profil ist so ausgelegt, dass Sie das Gerät unbeschränkt nutzen können, aber trotzdem im Vergleich zur normalen Android-Konfiguration schon einiges an Energie sparen.

3 Mit *aggressiv* oder *extrem* können Sie jeweils mehr Strom sparen. Allerdings sollten Sie immer testen, ob dann alle Funktionen noch zu nutzen sind.

4 Mit *anpassen* und dann *bestätigen* können Sie das jeweils gewählte Profil individuell anpassen. JuiceDefender blendet dazu rechts einen zusätzlichen Einstellungsbildschirm ein. Darin können Sie z. B. Zeitpläne festlegen und bestimmen, welche Komponenten das Programm gegebenenfalls abschalten darf.

Strom sparen: Funktionen mit Timeriffic automatisch ein- und ausschalten

Wenn Sie Energiespar- und sonstige Einstellungen nach Zeitplan vornehmen möchten, empfiehlt sich die kostenlose App *Timeriffic*. Sie erlaubt es, beliebige Zeitpläne zu erstellen. Zu jedem Termin lässt sich eine Vielzahl von Systemeinstellungen bis hin zu Klingeltönen und ihrer Lautstärke vorgeben, die dann automatisch entsprechend gewählt werden.

Mit Timeriffic sind komplexe und flexible Einstellungen möglich. Es geht aber auch ganz geradlinig, wie das folgende Beispiel zeigt. So können Sie täglich von 23:59 bis 7:30 Uhr den Flugmodus aktivieren und so jede Nacht ganz einfach ordentlich Akkuenergie sparen.

1 Bei der Installation werden bereits ein paar fertige Profile mitgeliefert. Um diese zu entfernen, tippen Sie im Hauptmenü auf *Profile*. Um die vorhandenen Profile zu deaktivieren, entfernen Sie jeweils das Häkchen ganz links. Sie können die Profile auch mit dem Kontextmenü löschen, aber vielleicht wollen Sie sie ja später noch für eigene Zwecke nutzen.

2 Tippen Sie oben rechts auf das Menüsymbol und wählen Sie *Neues Profil*, um ein eigenes leeres Profil zu erhalten. Diesem geben Sie einen Namen und stellen sicher, dass bei *Aktiv* ein Häkchen ist.

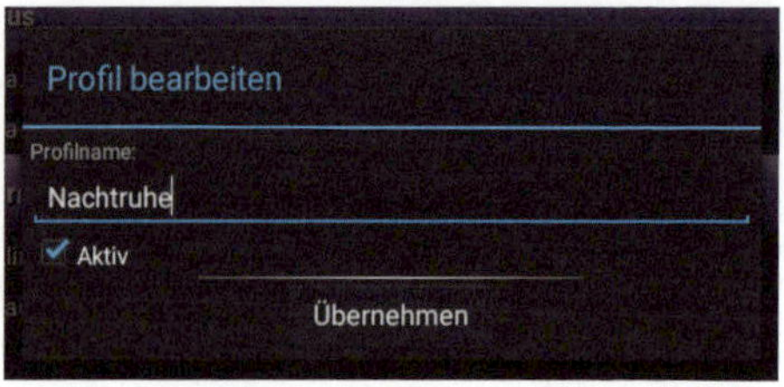

3 Anschließend finden Sie das neue Profil in der Übersicht vor. Drücken Sie lange darauf, bis das Kontextmenü angezeigt wird, und wählen Sie darin *Neue Aktion*.

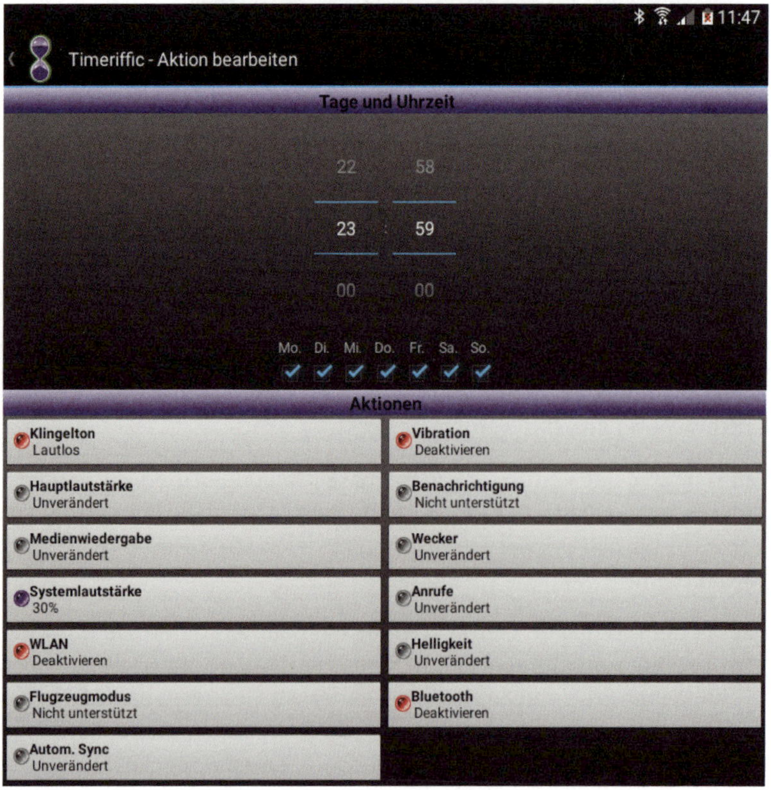

4 Im anschließenden Dialog legen Sie oben den Zeitpunkt fest, an dem die Aktion erfolgen soll. Bestimmen Sie dazu eine Uhrzeit und die Wochentage, an denen dieser Schaltpunkt aktiv sein soll. So können Sie z. B. für Arbeitstage und Wochenenden verschiedene Konfigurationen vornehmen.

5 Darunter können Sie festlegen, was genau zu diesem Zeitpunkt verändert werden soll. *Timeriffic* stellt Ihnen eine Vielzahl von Einstellungen zur Verfügung. Sie können jeweils *Aktivieren*, *Deaktivieren* oder *Unverändert* lassen. Teilweise lassen sich auch wie beispielsweise bei der Systemlautstärke konkrete Werte vorgeben.

Wenn Sie nun noch eine zweite Aktion z. B. morgens zur üblichen Weckzeit erstellen, mit der die benötigten Funktionen wieder eingeschaltet werden, haben Sie eine einfache und effektive Stromsparfunktion geschaffen.

Timeriffic-Aktionen außer Kraft setzen

Timeriffic nimmt einfach nach Zeitplan die festgelegten Einstellungsänderungen vor. Das ist genauso, als ob Sie selbst in diesem Moment in den *Einstellungen* des Gerätes etwas ändern würden. Anschließend legt *Timeriffic* sich wieder bis zum nächsten Termin schlafen. Wenn Sie abends mal noch spät unterwegs sind, können Sie also z. B. den Flugzeugmodus einfach wieder deaktivieren und das Tablet wie gewohnt nutzen. Am nächsten Abend schaltet Timeriffic dann wieder wie geplant den Flugzeugmodus ein.

Ortsabhängige WLAN-Einstellungen: So passt sich Ihr Tablet automatisch an

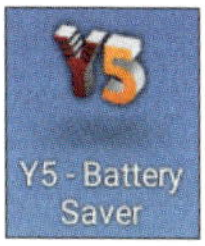

WLAN ist eine der besonders kritischen Einstellungen bezüglich des Stromverbrauchs. Zu Hause oder im Büro möchte man es gern nutzen, allein schon wegen der schnelleren und billigeren Datenübertragung. Überall sonst aber verbraucht es nutzlos reichlich Strom und saugt den Akku leer. Die App *Y5 - Battery Saver* verspricht mit einem cleveren Konzept Abhilfe.

Sie überprüft in regelmäßigen Abständen, ob ein bekanntes WLAN-Netzwerk, mit dem Sie schon mal verbunden waren, in Reichweite ist. Dann aktiviert es die WLAN-Funktion und bucht Sie ein. Verlassen Sie den Empfangsbereich, wird WLAN automatisch wieder deaktiviert.

Außer der Installation der App müssen Sie dazu gar nicht viel tun. Einmal aktiv, registriert das Programm automatisch alle WLANs, zu denen Sie mit Ihrem Tablet eine Verbindung herstellen.

1 Standardmäßig kann die WLAN-Funktion einfach ausgeschaltet bleiben.

2 Um an einem neuen Ort WLAN zu nutzen, aktivieren Sie die Funktion einmalig manuell und melden das Tablet bei diesem Drahtlosnetzwerk an. *Y5 - Battery Saver* „lernt" den neuen Ort dabei automatisch.

3 Wenn Sie das nächste Mal wieder hier sind, schaltet es WLAN also automatisch ein.

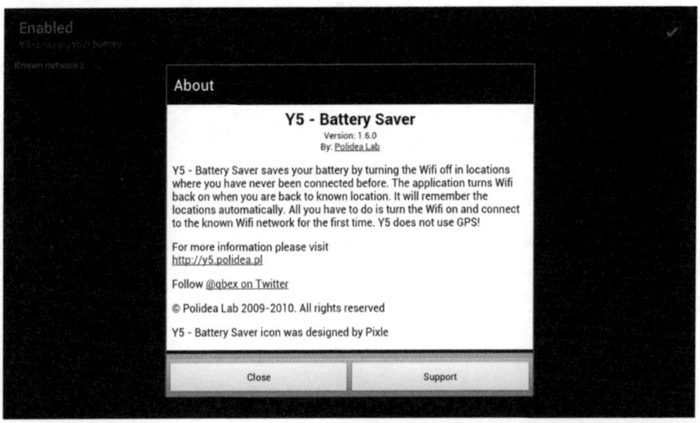

Weitere Einstellungen sind kaum nötig. Trotzdem können Sie die App ganz normal starten. Dann finden Sie einen kleinen Konfigurationsschirm vor, mit dem Sie die Funktion pauschal aktivieren bzw. deaktivieren können.

Gelernte WLAN-Standorte vergessen

Y5 - Battery Saver kann einmal gelernte WLANs auch wieder „vergessen". Tippen Sie dazu auf einen der Einträge im Konfigurationsdialog und bestätigen Sie im anschließenden Menü das Entfernen dieses Eintrags.

Die besten Stromspartipps für Tablets

Selbstverständlich ist jedes Gerät etwas anders, und auch die Anforderungen jedes Anwenders sind ganz individuell. Allgemein lassen sich aber einige Hinweise und Tipps geben, wie Sie die Akkulaufzeit Ihres Tablets maximieren können.

Bildschirmhelligkeit automatisch optimieren

Der größte Stromverbraucher bei jedem Tablet ist der Bildschirm. Deshalb ist es sinnvoll, die Helligkeit des Displays so weit wie möglich zu reduzieren, sodass Sie es noch gut ablesen können.

Allerdings müssen Sie dazu gar nicht ständig an der Bildschirmhelligkeit herumregeln, denn viele Tablets bieten die Möglichkeit, ihre Helligkeit automatisch dem Umgebungslicht anzupassen.

1 Um das zu aktivieren, öffnen Sie die *Einstellungen* und wählen im Bereich *Gerät* den Punkt *Display*.

2 Hier finden Sie die Option *Adaptive Helligkeit*. Damit passt das Tablet seine Bildschirmhelligkeit dynamisch an die Lichtverhältnisse an: Im hellen Tageslicht wird die Helligkeit erhöht, damit Sie alles gut erkennen können. Abends und in geschlossenen Räumen hingegen reduziert der Bildschirm die Helligkeit. Das ist angenehmer für die Augen und spart Energie.

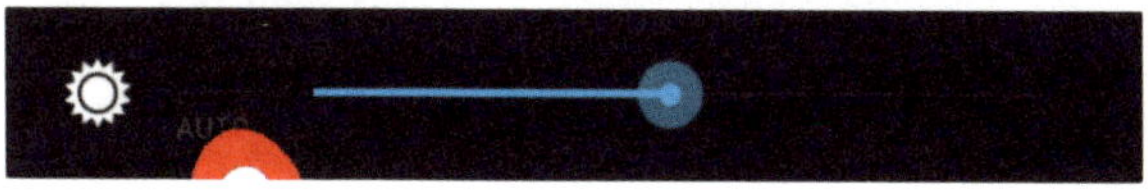

3 Wenn Sie die Option einschalten, wird der Bildschirm in dem Moment auch schon merklich dunkler. Im Weiteren registrieren Sie vielleicht hin und wieder kurze Helligkeitsschwankungen, wenn das Tablet sich an geänderte Lichtverhältnisse anpasst.

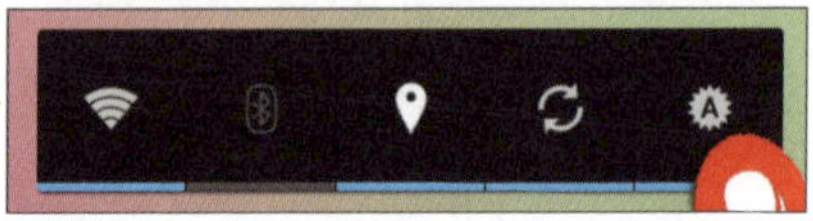

Sie können die automatische Helligkeitsregelung auch schnell über das Energiesteuerung-Widget erreichen. Tippen Sie dort so lange ganz rechts auf das Helligkeitssymbol, bis es in der Mitte den Buchstaben *A* enthält. Dieser steht für den Automatikmodus.

Hintergrunddaten nur periodisch aktualisieren

Das ständige Aktualisieren von E-Mails, Terminen und Social Media zieht Strom und verursacht (bei Mobilfunkverbindungen) Kosten. Ganz ohne Synchronisierung macht ein Tablet aber auch nicht mehr so viel Spaß.

Die App *JuiceDefender* bietet einen Mittelweg: Die Synchronisierungsfunktionen werden regelmäßig für eine kurze Zeit aktiviert, sodass alle Neuigkeiten Sie erreichen.

1 Wählen Sie ein angepasstes Profil und wechseln Sie dort in die *Einstellungen*.

2 Tippen Sie dann im Bereich *Zeitplan* auf *aktiviert*, um die Funktion einzuschalten.

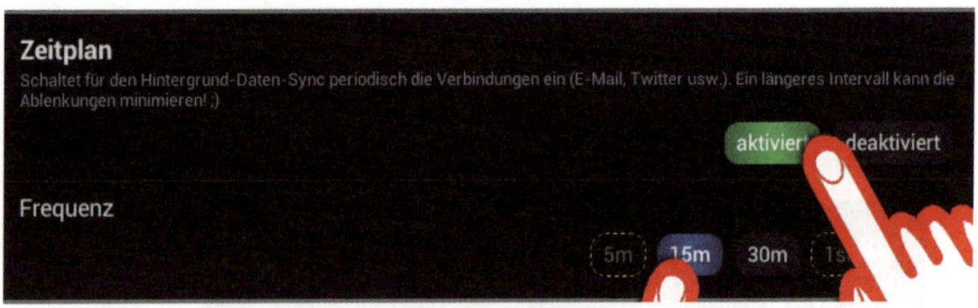

3 Darunter können Sie die *Frequenz* wählen, mit der die Synchronisierung jeweils aktiviert wird. Am besten probieren Sie die verschiedenen Werte aus, bis Sie ein zufriedenstellendes Ergebnis erzielen.

Die goldenen Regeln zum Energiesparen

Nicht nur Apps und Funktionen helfen beim Energiesparen. Ganz viel können Sie selbst erreichen, wenn Sie ein paar einfache Regeln beherzigen.

- Aktivieren Sie WLAN nur, wenn Sie es tatsächlich benötigen.
- Ein vorhandenes GPS-Modul wird automatisch nur aktiviert, wenn es tatsächlich von einer Anwendung genutzt wird. Allerdings setzen inzwischen viele Anwendungen auf standortbezogene Dienste und verwenden dazu auch einen vorhandenen GPS-Empfänger. Deshalb sollte dieser ebenfalls – auch im Hinblick auf den Datenschutz – nur eingeschaltet werden, wenn er benötigt wird.
- Bluetooth braucht weniger Energie als WLAN und GPS. Wenn Sie es regelmäßig nutzen (z. B. für die Freisprecheinrichtung), kann es also ruhig aktiviert bleiben. Ein wenig geht aber auch das zulasten des Akkus.
- Im Hintergrund laufende Datendienste erhöhen die Aktivität des Funkmodems und damit den Stromverbrauch. Das gilt für E-Mail-Abfragen, aber auch für Statusmeldungen von Twitter & Co. oder die beliebten Wetter-Gadgets. Wer darauf verzichten kann, spart Strom.
- Für schmalbandige Datenübertragungen wie E-Mail oder Twitter reichen 2G-Übertragungen. Viele Geräte bieten die Möglichkeit, sich darauf zu beschränken, was weniger Energie verbraucht. Allerdings sollten Sie vor dem Surfen oder Videoschauen dann jeweils in den 3G-/4G-Modus wechseln, wenn es Spaß machen soll.
- Bei schlechtem Empfang (WLAN oder GSM) regelt das Tablet automatisch die Antennenleistung hoch, was den Verbrauch erhöht. Wenn Sie sich regelmäßig an Orten mit schlechtem oder keinem Empfang aufhalten, sollten Sie solange den Flugzeugmodus wählen, der den Empfang ganz deaktiviert.

- Nicht nur Hardware, auch Software verbraucht Energie. Allerdings immer nur die gerade im Vordergrund laufende App. Wenn z. B. eine Startseite angezeigt wird, hält sich der Verbrauch also in Grenzen. Anders sieht es mit Diensten aus, die permanent im Hintergrund laufen und die Akkureichweite spürbar reduzieren können. Hier hilft nur, nach dem Installieren eines neuen Programms jeweils die Akkulaufzeit im Auge zu behalten und die App bei negativen Auswirkungen gegebenenfalls wieder zu deinstallieren.

12. Sicherheit – Tablet und Daten schützen

Sicherheit ist auch für Tablets ein wichtiges Thema, insbesondere wenn Sie Ihr Gerät überall mit hinnehmen. Da besteht immer das Risiko, dass es mal verloren geht oder gestohlen wird. Deshalb gilt es, Vorsichtsmaßnahmen zu treffen. So lässt sich der Zugang zum Gerät selbst durch Sperren blockieren, sensible Dokumente und wichtige Apps können zusätzlich geschützt werden, und ein Ortungsdienst hilft, ein verlegtes Gerät schnell wiederzufinden.

- Wie kann ich mein Tablet vor unbefugtem Zugriff schützen? ➢➢ Seite 227
- Gibt es komfortablere Alternativen zur sperrigen PIN-Eingabe? ➢➢ Seite 230
- Wie kann ich mein Tablet sicher mit anderen Benutzern teilen? ➢➢ Seite 231
- Kann ich wichtige Einstellungen und App-Daten sichern und bei Bedarf wiederherstellen? ➢➢ Seite 234
- Wie sieht es mit Viren und Trojanern bei Android aus? ➢➢ Seite 235
- Kann ich ein verlorenes Tablet über das Internet orten? ➢➢ Seite 237
- Wie kann ich den Zugriff auf sensible Apps beschränken? ➢➢ Seite 240
- Lassen sich auch einzelne Fotos, Videos oder Dokumente durch Verschlüsselung schützen? ➢➢ Seite 242

Eine sichere Bildschirmsperre verhindert ungebetene Gäste

Wenn Sie Ihr Tablet nur zu Hause verwenden und dort auch keine Gefahr von neugierigen Mitbewohnern droht, können Sie auf eine Bildschirmsperre zugunsten des Komforts gegebenenfalls verzichten. Wann immer Sie Ihr Tablet unterwegs dabeihaben oder andere Personen Zugang dazu haben könnten, sollten Sie den Zugang nur nach einer Authentifizierung freigeben. Das geht z. B. ganz klassisch per PIN.

1 Öffnen Sie die *Einstellungen*, wählen Sie dort im Bereich *Nutzer* den Punkt *Sicherheit* und tippen Sie hier auf den Menüpunkt *Displaysperre*.

2 Im anschließenden Menü können Sie die Art der Bildschirmsperre wählen. *Keine* und *Wischen* können von jedem genutzt werden und bieten keinen Schutz. Um das Tablet mit einer Zahlenkombination entsperren zu können, wählen Sie *PIN*.

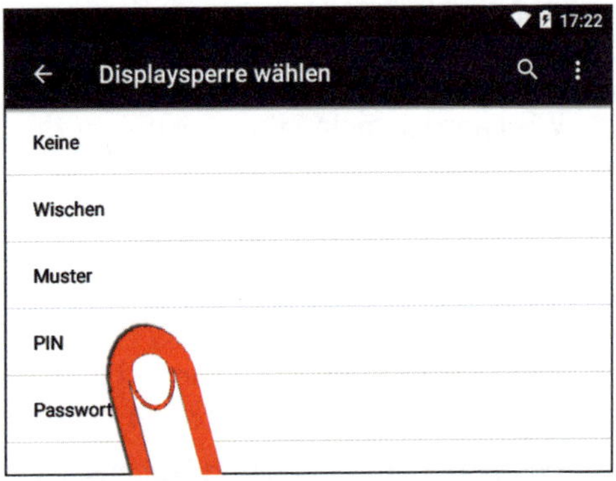

3 Geben Sie dann die gewünschte Zahlenkombination ein, tippen Sie auf *Weiter*, dann geben Sie noch mal die Kombination zur Bestätigung ein und tippen schließlich auf *OK*.

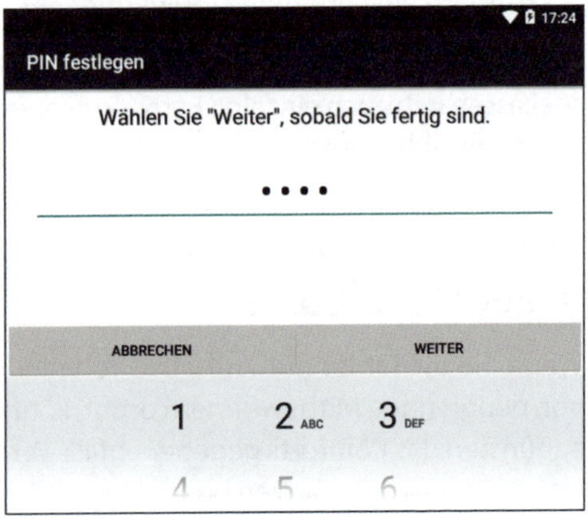

4 Anschließend können Sie noch entscheiden, ob und welche Art von Benachrichtigungen auf dem Sperrbildschirm angezeigt werden sollen. Dies ist ein potenzielles Sicherheitsrisiko, da beispielsweise bei vertraulichen E-Mails zumindest Absender und Betreff auch für Unbefugte sichtbar sind, ohne das Tablet entsperren zu müssen. Mit der Option *Sensible Benachrichtigungsinhalte ausblenden* vermeiden Sie das, während allgemeine Informationen wie etwa Warnungen bei niedrigem Akkustand zugelassen werden.

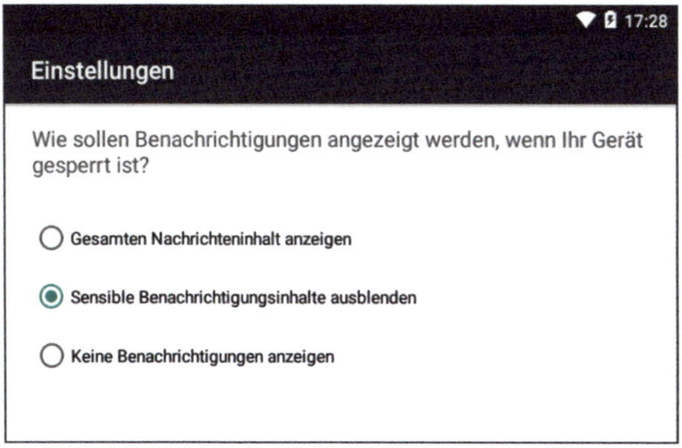

Wann immer Sie in Zukunft Ihr Tablet einschalten bzw. nach dem Stand-by entsperren möchten, wird dieser PIN-Code abgefragt. Tippen Sie ihn einfach auf der eingeblendeten Tastatur ein und tippen Sie dann auf *OK*, um das Tablet zu entsperren.

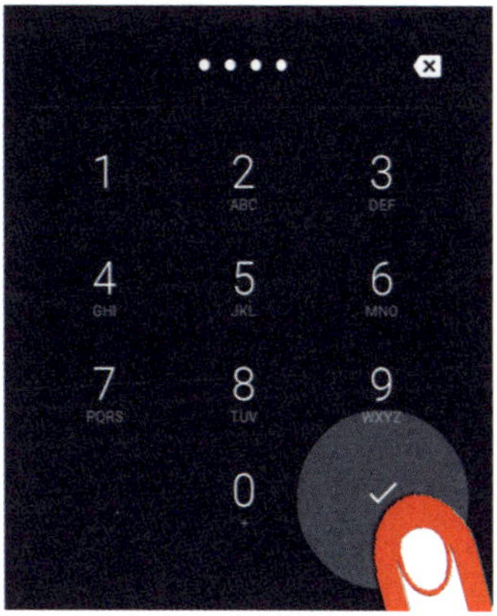

Passwort statt PIN

Sie mögen lieber ein Kennwort statt Zahlen? Dann benutzen Sie die Sperrvariante *Passwort*. Sie funktioniert im Prinzip genauso wie eine PIN, nur dass Sie dabei eine vollständige virtuelle Tastatur angezeigt bekommen und entsprechend aus dem vollen Vorrat an Buchstaben, Ziffern und Zeichen schöpfen können. Machen Sie es aber nicht zu kompliziert, denn Sie müssen dieses Passwort jedes Mal eintippen, wenn Sie das Tablet verwenden möchten.

Anmelden per Fingerwisch – entsperren Sie Ihr Tablet bequem und sicher

Wenn Sie sich Zahlen schlecht merken können oder einfach eine komfortablere Alternative suchen, sollten Sie es mit der Entsperrvariante *Muster* probieren. Hier müssen Sie einfach nur eine bestimmte Wischgeste mit dem Finger über ein angezeigtes Muster durchführen. Auch dabei gilt: Nur wer das richtige Muster kennt, kann das Gerät entsperren.

1 Öffnen Sie wie im vorangehenden Abschnitt beschrieben das Bildschirmsperrmenü in den *Einstellungen* und wählen Sie diesmal die Option *Muster*.

2 Auf dem Bildschirm sehen Sie nun eine Matrix aus drei mal drei Punkten. Ziehen Sie darauf mit einem Finger ein Muster, das mindestens vier der Punkte miteinander verbindet. Eine einfache gerade Linie reicht also nicht, da Sie so höchstens drei der Punkte erwischen. Sie können aber beliebig oft „abbiegen". Je mehr Punkte Sie verbinden, desto sicherer wird das Muster. Mit *Wiederholen* haben Sie beliebig viele Versuche.

3 Sind Sie mit Ihrem Muster zufrieden, tippen Sie unten rechts auf *Weiter*.

4 Nun brauchen Sie das Muster nur noch einmal zur Sicherheit zu wiederholen und dann unten rechts auf *Bestätigen* zu tippen.

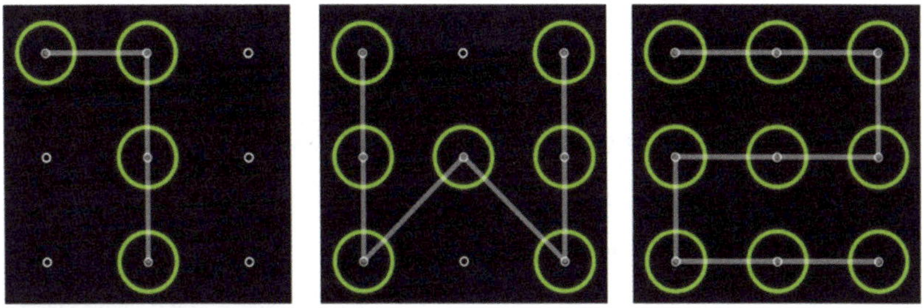

Von simpel bis komplex: So könnte Ihr Sperrmuster aussehen.

Wenn Sie jetzt Ihr Tablet einschalten, zeigt es auf dem Bildschirm zunächst nur die Punkte-Matrix an. Sowie Sie hier das festgelegte Muster eingezeichnet haben, wird das Gerät automatisch entsperrt.

Das Tablet mit anderen Benutzern teilen

Neuere Android-Versionen bieten eine Benutzerverwaltung an, mit der sich mehrere Personen ein Gerät teilen können. So kann jeder seine eigenen Apps installieren sowie eigene Konten und Postfächer einrichten. Trotzdem kann man jederzeit schnell zwischen verschiedenen Benutzern wechseln.

Eher für Komfort als für Sicherheit

Die Benutzerverwaltung von Android sollte eher als Komfortplus denn als Sicherheitsgewinn gesehen werden. Auf der Oberfläche werden die Bereiche der einzelnen Benutzer klar getrennt und es lassen sich für einzelne Benutzer Restriktionen definieren. Allerdings ist der Zugriff auf die Daten durch andere Benutzer über das Dateisystem immer noch möglich. Spätestens wenn man das Tablet per USB an einen PC anschließt oder die SD-Karte in ein anderes Gerät steckt, sind alle Dateien zugänglich.

Einen weiteren Benutzer anlegen

Standardmäßig gibt es bei Androids Benutzerverwaltung einen Benutzer und einen Gast. Sollen weitere Personen das Tablet mit eigenen Einstellungen und Apps nutzen, legen Sie für jeden ein eigenes Konto an.

1 Wischen Sie den Benachrichtigungsbereich mit zwei Fingern vom oberen Bildschirmrand nach unten.

2 Tippen Sie dann auf das Benutzersymbol oben rechts (wobei man recht genau treffen sollte).

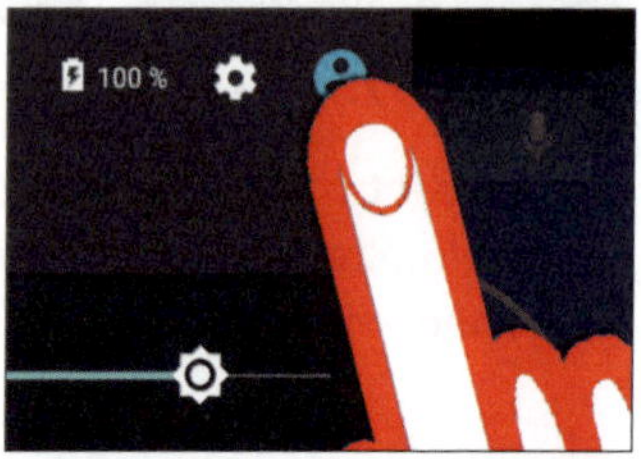

3 Dadurch werden die aktuell vorhandenen Benutzer angezeigt. Mit einem Tipp auf *Nutzer hinzufügen* legen Sie ein weiteres Konto an.

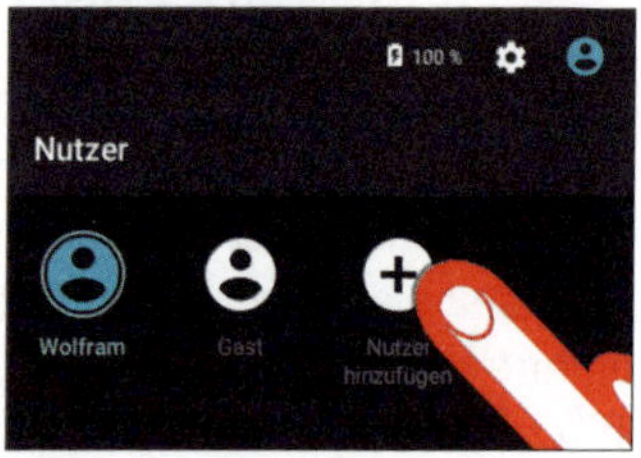

4 Bestätigen Sie dann den Hinweis zum Hinzufügen eines neuen Nutzers mit *OK*.

5 Das Gerät wechselt nun automatisch zum neuen Benutzerkonto. Hier wird der neue Benutzer begrüßt, kann sein Benutzerkonto personalisieren und mit einem (vorhandenen oder neuen) Google-Konto verknüpfen. Wichtig ist dabei das Angeben eines sinnvollen Vornamens, da dieser als Bezeichnung des Benutzerkontos verwendet wird.

6 Die weiteren Schritte entsprechen denen bei der Ersteinrichtung des Gerätes (siehe Seite 13).

Zwischen Benutzerkonten wechseln

Zwischen den eingerichteten Benutzerkonten können Sie jederzeit hin und her wechseln:

- Im normalen Betrieb des Tablets können Sie wie vorangehend beschrieben im Benachrichtigungsbereich eine Übersicht der Benutzer anzeigen. Tippen Sie hier einfach auf den Benutzer, zu dessen Konto gewechselt werden soll.

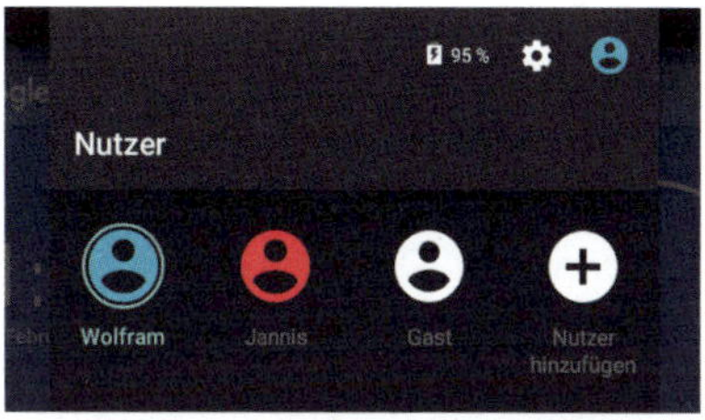

- Auf dem Sperrbildschirm können Sie oben rechts auf das Symbol des aktuell gewählten Benutzers tippen. Dann werden alle vorhandenen Konten angezeigt und Sie können das auswählen, zu dem Sie wechseln möchten.

Benutzerkonten für Kinder?

Neben weiteren Benutzerkonten können Sie in den Nutzereinstellungen auch Profile erstellen, die den Zugriff auf bestimmte Apps verhindern. Das könnte einen auf den Gedanken bringen, auf diese Weise eingeschränkte Benutzerkonten für Kinder anzulegen, die dann nur bestimmte Apps nutzen dürfen. Prinzipiell ist das auch möglich. Wenn Sie aber Kindern den sicheren Zugang zu Ihrem Tablet ermöglichen wollen, empfehle ich Ihnen eine Lösung wie *Kids Place* aus dem Play Store. Diese Kindersicherung bietet schon in der kostenlosen Basisversion einen Rundumschutz, der nicht nur Apps blockiert, sondern auch ungeeignete Webseiten herausfiltert und eine Zeitbegrenzung enthält, wodurch die Nutzung auf bestimmte Uhrzeiten und eine Höchstdauer pro Tag begrenzt werden kann.

Wichtige Daten für den Fall der Fälle bei Google sichern

Die Verknüpfung Ihres Android-Gerätes mit einem Google-Konto gibt Ihnen die Möglichkeit, wichtige Daten wie App-Einstellungen und WLAN-Zugangsdaten automatisch auf einem Google-Server zu speichern. So können die Einstellungen schnell wiederhergestellt werden, wenn Ihr Tablet z. B. nach einem Defekt oder im Rahmen eines Firmware-Updates vollständig zurückgesetzt werden muss. Das Ganze funktioniert aber auch, wenn Sie z. B. zu einem neuen Android-Gerät wechseln und Ihre Einstellungen dorthin mitnehmen möchten.

1 Öffnen Sie die *Einstellungen* und wechseln Sie dort im Bereich *Nutzer* zu *Sichern & zurücksetzen*.

2 Aktivieren Sie dort die Option *Meine Daten sichern*. Damit wird die Sicherung bei Google automatisch durchgeführt. Lassen Sie diese Option dauerhaft eingeschaltet.

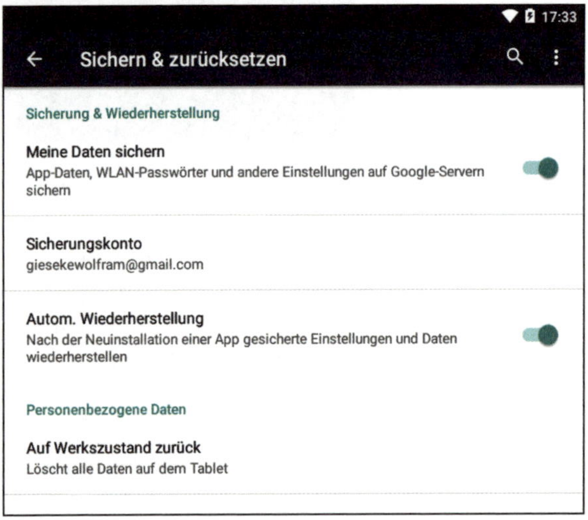

3 Sollten Sie mehrere Google-Konten auf dem Gerät eingerichtet haben, können Sie mit dem Menüpunkt darunter wählen, welches davon für die Sicherung verwendet werden soll.

4 Die Option *Autom. Wiederherstellung* schließlich sorgt dafür, dass beim erneuten Installieren einer bereits verwendeten App die dafür gesicherten Einstellungen und Daten automatisch wiederhergestellt werden.

Damit sind die notwendigen Einstellungen auch schon erledigt. Alles Weitere passiert automatisch. Wie aber kommen die gesicherten Daten im Fall der Fälle wieder auf das neue oder zurückgesetzte Gerät? Ganz einfach: Verknüpfen Sie dieses Gerät während des ersten Starts mit dem Google-Konto, das Sie hier für die Sicherung gewählt haben. Sie werden dann vom Assistenten gefragt, ob die vorliegenden Sicherungsdaten auf dem neuen Gerät eingespielt werden sollen. Wählen Sie *Von meinem Google-Konto auf diesem Tablet wiederherstellen*, und die Daten werden heruntergeladen und angewendet.

Schützen Sie Ihr Tablet vor Viren und Trojanern

Viren und Trojaner sind leider auch für Android-Geräte keine Fremdwörter mehr, und manche App im Play Store ist nicht das, was sie scheint. Vorsicht ist deshalb geboten, und neben gesundem Menschenverstand hilft dabei eine App wie *Mobile Security* von ESET. Am Ende dieses Buches finden Sie einen Gutscheincode, mit dem Sie die Premium-Version dieser App ein Jahr kostenlos nutzen können.

1 Beim ersten Start überprüfen Sie zunächst die Spracheinstellungen und stimmen den Nutzungsbedingungen zu. Außerdem können Sie dem ESET Live Grid beitreten und so das Erkennen von Gefahren in Echtzeit unterstützen.

2 Aktivieren Sie dann das Erkennen eventuell unerwünschter Anwendungen mit *Erkennung aktivieren*, damit die App Sie vor gefährlichen Anwendungen warnen kann.

3 Anschließend wird die Lizenz online überprüft und *Mobile Security & Antivirus* ist auf Ihrem Tablet aktiv.

4 Nach dem ersten Start überprüft die App zunächst die auf Ihrem Gerät vorhandenen Apps, um eventuelle Schädlinge sofort zu identifizieren. Dies kann eine Weile dauern. Sie bemerken davon aber nur das Symbol im Benachrichtigungsbereich. Hier können Sie sich auch jederzeit über den Fortschritt informieren.

5 Sollte die App bei der Überprüfung fündig werden, meldet sie sich mit einem Hinweis bei Ihnen. Andernfalls geht die Prüfung einfach kommentarlos zu Ende.

Nach dem ersten vollständigen Scan überwacht *Mobile Security* Ihr Tablet permanent im Hintergrund. Wenn Sie neue Apps hinzufügen oder vorhandene Apps per Update aktualisiert werden, bekommt das Sicherheitsprogramm dies also mit und kontrolliert den neuen Code automatisch auf verdächtige Spuren. Solange Sie *Mobile Security* installiert lassen und die Scan-Funktion nicht deaktivieren, ist Ihr Tablet dauerhaft geschützt. Zusätzlich können Sie in der Rubrik *Virenschutz* jederzeit eine erneute vollständige Überprüfung des Gerätes veranlassen.

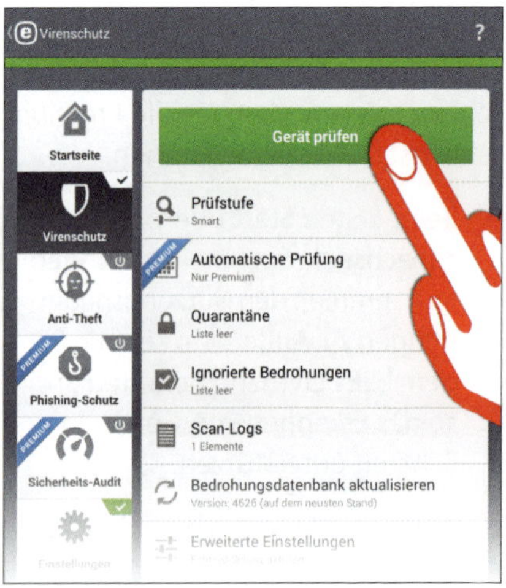

Vorbeugung: Machen Sie Ihr Tablet per GPS ortbar

Wenn Sie Ihr Tablet nicht nur zu Hause nutzen, sondern damit auch mal unterwegs sind, sollten Sie sich für den schlimmsten Fall vorbereiten: Das Tablet könnte verloren gehen oder Ihnen sogar entwendet werden. In dem Fall wäre es praktisch, wenn man das Gerät einfach orten könnte.

Mit der im vorangehenden Abschnitt vorgestellten App *Mobile Security* ist genau das möglich. Einmal eingerichtet, können Sie über eine Website jederzeit abfragen, wo sich das Gerät derzeit befindet. Dabei handelt es sich um eine Premium-Funktion, die kostenpflichtig ist. Mit einer kostenlosen Probelizenz können Sie sie aber zumindest ausprobieren. Oder mit dem Gratiscode im Buch ein Jahr kostenlos nutzen.

1 Aktivieren Sie dazu in der Rubrik *Anti-Theft* oben rechts diese Funktion. Sie müssen dann ein Passwort (zweimal) sowie eine beliebige Erinnerungsphrase eintippen.

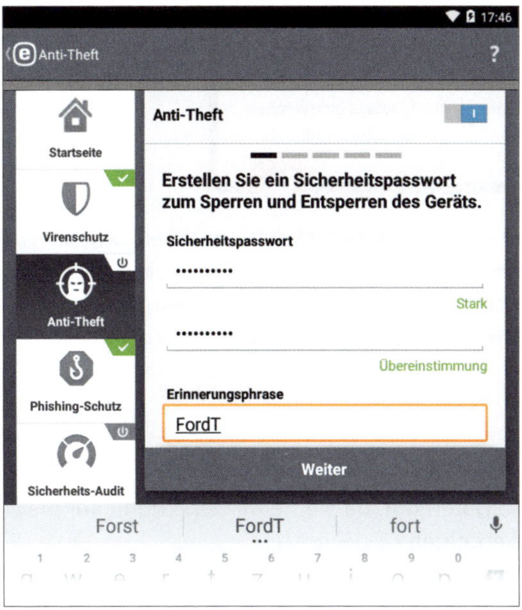

2 Anschließend muss der Deinstallationsschutz aktiviert werden, damit ein Dieb oder unehrlicher Finder die Mobile-Security-App nicht einfach deinstallieren kann. Dazu muss die App als Geräteadministrator eingerichtet werden. Tippen Sie einfach auf *Weiter* und bestätigen Sie die Rückfrage des Android-Systems mit *Aktivieren*.

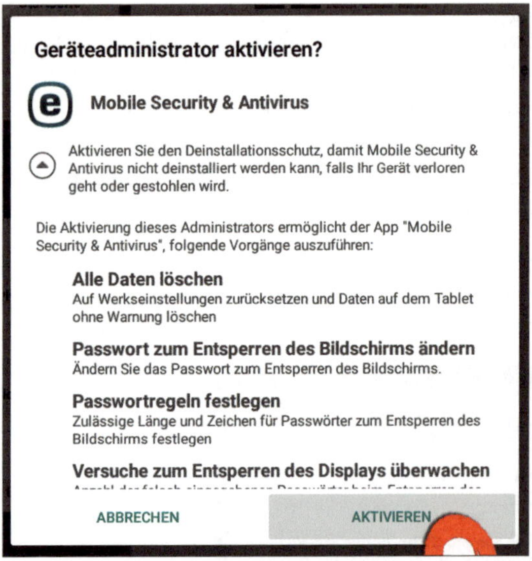

3 Um mit einem „verschwundenen" Gerät kommunizieren zu können, werden SMS verwendet. Hierfür wird ein weiteres Passwort benötigt, damit Ihnen niemand falsche SMS-Befehle unterjubeln kann. Dieses ist leider nur bei Tablets mit Mobilfunkfähigkeit möglich.

4 Um Ihr Tablet im Verlustfall orten zu können, melden Sie sich nun für my.eset.com an. Geben Sie hierzu Ihren Namen, Ihre E-Mail-Adresse und ein Passwort an.

5 Merken Sie sich diese Daten gut, da Sie sie für den Zugriff auf die Fernortungsfunktionen benötigen.

Ist die Anti-Theft-Funktion aktiv, können Sie Ihr Tablet jederzeit auf der ESET-Webseite orten:

1 Dazu können Sie mit einem beliebigen Webbrowser my.eset.com öffnen und sich mit den festgelegten Zugangsdaten *Anmelden*.

2 Klicken Sie dort auf *ESET Anti-Theft*.

3 Wählen Sie dann das Gerät aus (falls Sie mehrere verwenden) und setzen Sie dessen Status auf *Gerät wird vermisst*.

4 ESET beginnt dann die Nachverfolgung des Gerätes. Dazu wird der Standort ermittelt, und es werden regelmäßig Fotos mit der eingebauten Kamera angefertigt und heruntergeladen.

5 Das Ermitteln des Standorts kann einige Zeit dauern. Es klappt nur, wenn das Tablet mit dem Internet verbunden ist und seine GPS-Position erkennen kann. Hier ist also gegebenenfalls etwas Geduld erforderlich, der Vorgang kann bis zu drei Minuten dauern.

6 Im Erfolgsfall zeigt Ihnen die Webseite die Position des Gerätes auf einer Karte an. Beachten Sie neben der Position unbedingt auch den Zeitpunkt der Ortung.

7 Ist das Gerät wegen eines leeren Akkus schon abgeschaltet, erfahren Sie hier nur den Ort, an dem es sich kurz vor dem Abschalten befunden hat.

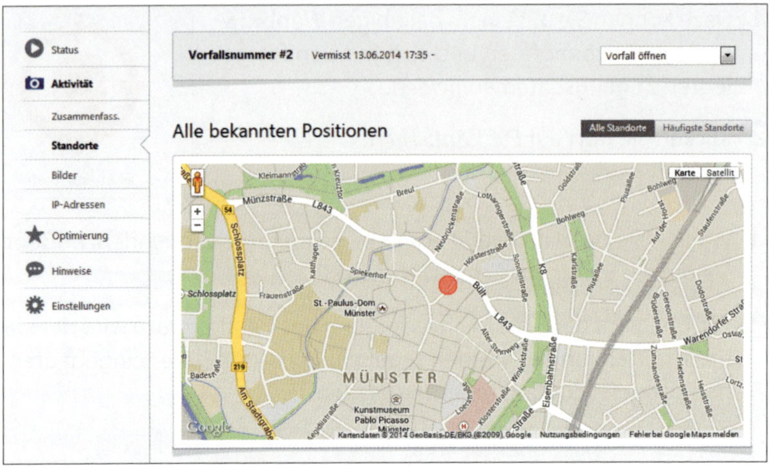

Nur für Sie – einzelne Apps vor unbefugten Zugriffen schützen

Wenn Sie Ihr Tablet mit anderen teilen oder bestimmte Zugangsdaten oder Dokumente verwenden, die keinesfalls in fremde Hände geraten dürfen, können Sie mit *AppLock* ausgewählte Apps mit einem zusätzlichen Schutz versehen.

Um diese Apps zu öffnen, muss dann jeweils ein zusätzliches Kennwort (bzw. PIN oder Sperrmuster) eingegeben werden, um sie freizuschalten.

1 Beim ersten Start von *AppLock* geben Sie zunächst eine PIN (zweimal) an, die Sie zum Entsperren von Apps verwenden möchten.

2 Diese können Sie später noch ändern bzw. durch eine andere Entsperrmethode ersetzen.

3 Zusätzlich können Sie eine Sicherheitsfrage mit Antwort angeben. Diese wird verwendet, falls Sie Ihre PIN einmal vergessen sollten.

4 Danach landen Sie mitten in einer Liste der auf Ihrem Tablet vorhandenen Funktionen und Apps. Aktivieren Sie überall, wo der Zugriff geschützt werden soll, rechts das Schlüsselsymbol.

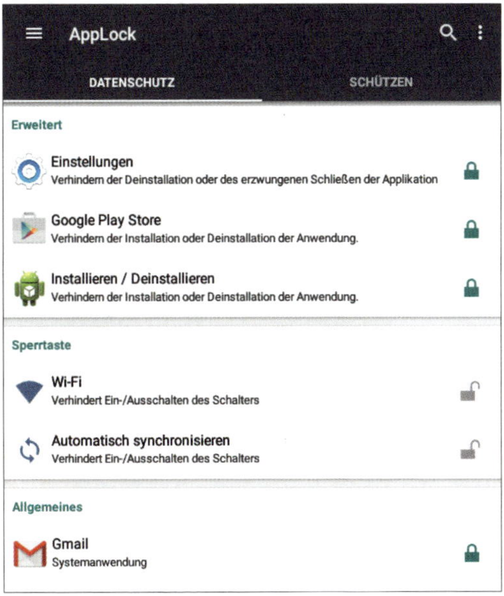

5 Anschließend können Sie *AppLock* einfach wieder mit der Zurück-Taste Ihres Tablets verlassen.

Wenn Sie nun eine der geschützten Apps auf Ihrem Tablet aufrufen, wird zunächst ein zusätzlicher Passwort-Dialog angezeigt, in dem Sie die festgelegte PIN angeben. Erst dann wird die App gestartet.

Vertraulich – Bilder, Videos und Dokumente sicher wegschließen

Nicht nur Apps möchte man manchmal vor unbefugten Augen schützen. Auch einzelne Bilder, Videos oder vertrauliche Dokumente könnten einen zusätzlichen Schutz vertragen.

Hier hilft die App *File Locker* weiter. Damit können Sie einzelne Dateien mit einem Passwort schützen, sodass der Zugriff darauf nur nach vorheriger Eingabe dieses Kennworts gelingt.

1 Nach dem Start präsentiert sich File Locker ähnlich wie ein Dateimanager. Sie können damit die Ordner im Speicher Ihres Tablets erforschen und die Dateien suchen, die Sie schützen möchten.

2 Wenn Sie eine solche Datei gefunden haben, tippen Sie rechts auf das geöffnete Schloss-Symbol.

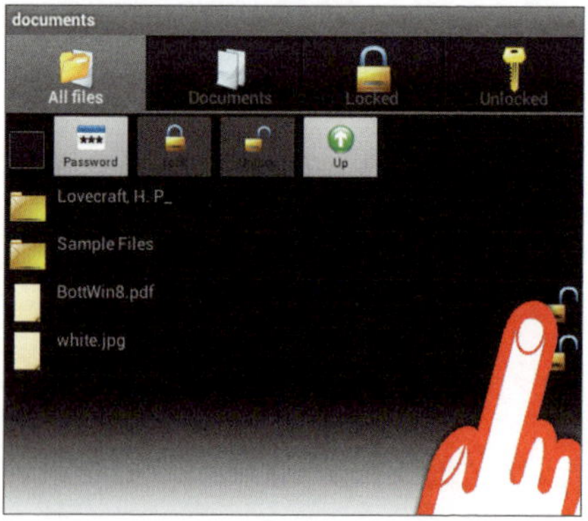

3 Geben Sie nun (zweimal) das Passwort ein, mit dem Sie diese Datei verschlüsseln möchten.

4 Tippen Sie darunter auf *Lock*, um die Verschlüsselung durchzuführen.

Die so verschlüsselte Datei ist für andere Apps nicht mehr sichtbar. Um sie zu nutzen, öffnen Sie wiederum *File Locker* und tippen dort ganz oben auf *Locked*. Damit zeigt der integrierte Dateimanager nur Dateien an, die mit einem Schutz versehen sind (sowie die Ordner, in denen sie gespeichert sind). So können Sie weiterhin auf die geschützten Dateien zugreifen:

1 Suchen Sie die geschützte Datei, die Sie öffnen möchten, und tippen Sie darauf.

2 Geben Sie das Passwort ein, mit dem das Dokument verschlüsselt ist.

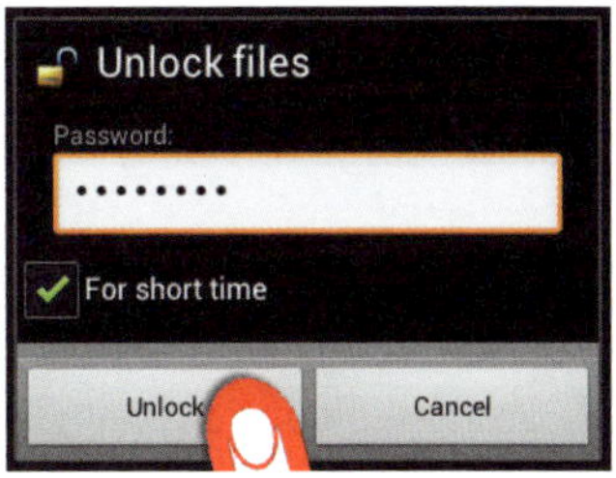

3 Um die Datei einfach nur für kurze Zeit zum Betrachten oder Bearbeiten zu entschlüsseln, tippen Sie dann einfach auf *Unlock*.

4 Um die Verschlüsselung zu entfernen und die Datei wieder dauerhaft für alle freizugeben, deaktivieren Sie zuvor die Option *For short time*.

Die besten Tipps für mehr Sicherheit

Passwörter bei der Eingabe zuverlässig verbergen

Standardmäßig gibt sich Android beim Eingeben von Passwörtern recht großzügig und zeigt die getippten Zeichen zumindest kurz an. Das ist auch nicht verkehrt, denn bei der virtuellen Tastatur kann es immer mal sein, dass man eine Taste verfehlt und die falsche trifft. Andererseits ist das ein Sicherheitsrisiko, denn es besteht dadurch immer die Gefahr, dass Ihnen jemand heimlich über die Schulter schaut und so Ihre Zugangsdaten ausspähen kann. Wollen Sie hier absolut sicher sein, können Sie das Anzeigen von Passwörtern abschalten.

1 Öffnen Sie in den *Einstellungen* im Bereich *Nutzer* den Punkt *Sicherheit*.

2 Entfernen Sie hier im Bereich *Passwörter* das Häkchen bei *Passwörter sichtbar*.

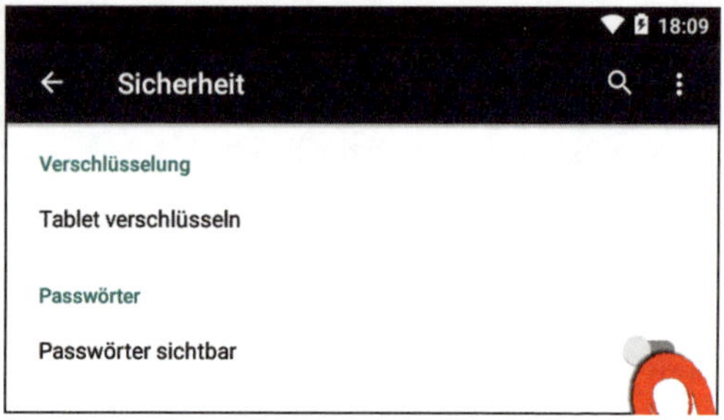

Apps mit einem Muster statt mit einer PIN entsperren

Der App-Wächter *AppLock* (siehe vorangehende Anleitung) arbeitet standardmäßig mit einer PIN. Genau wie bei der Bildschirmsperre Ihres Tablets können Sie hier alternativ auch ein Muster verwenden, das sich besser merken und flüssiger eingeben lässt.

1 Wechseln Sie in *AppLock* zur Rubrik *Schützen* und tippen Sie dort oben auf *Einstellungen entsperren*.

2 Wählen Sie im anschließenden Dialog oben rechts die Option *Entsperrmuster*.

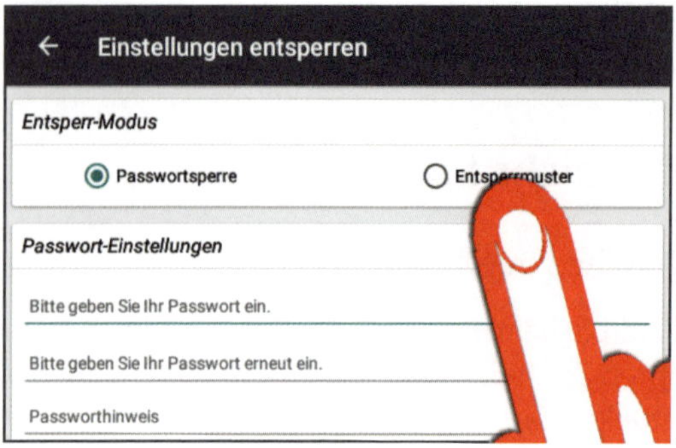

3 Dadurch wird eine Matrix von drei mal drei Punkten angezeigt. Zeichnen Sie, ohne den Finger abzusetzen, ein Muster mit geraden oder schrägen Linien, das mindestens vier der Punkte miteinander verbindet. Tippen Sie dann rechts unten auf *Weiter*.

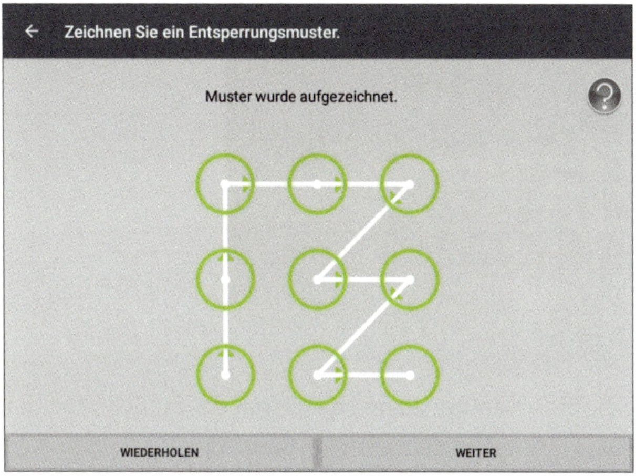

4 Wiederholen Sie das Muster zur Sicherheit und tippen Sie auf *Bestätigen*.

Ab sofort fragt *AppLock* beim Starten einer geschützten App nicht mehr nach einer PIN, sondern zeigt das Punktemuster an, mit dem Sie schnell und komfortabel die festgelegte Geste ausführen können.

Voller Schutz: So verschlüsselt File Locker noch gründlicher

Die App *File Locker* arbeitet flott und verschlüsselt auch größere Dateien wie z. B. Videos sehr schnell. Das geht aber nur mit einem Trick, denn standardmäßig verschlüsselt die App nur den Anfang einer Datei. Versierte Hacker finden das schnell heraus und können die Dokumente dann zumindest teilweise wiederherstellen.

Verhindern Sie das, indem Sie die volle Verschlüsselung aktivieren, die zwar etwas länger dauert, aber eben auch mehr Schutz bietet.

1 Öffnen Sie das Menü der App und dort mit *Preferences* die Einstellungen.

2 Entfernen Sie hier das Häkchen bei der Option *Encode partially*. Damit aktivieren Sie die vollständige Verschlüsselung.

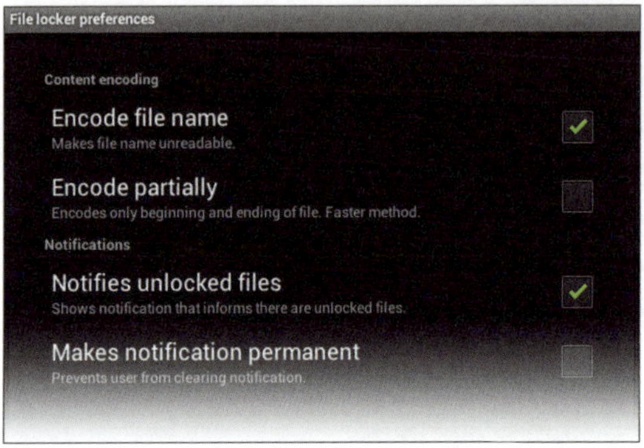

3 Verlassen Sie die Einstellungen dann einfach mit der Zurück-Schaltfläche Ihres Tablets.

App-Verzeichnis

A

V

W

Y

Z